4차 산업혁명 시대의

인성과 리더십

김은영 · 이우언 · 김영아 · 김영희 · 김이영 · 노미라 · 이종화 · 장현철 공저

양 성 원

머리말

오늘날 사회의 변화속도는 점점 빨라지고 있는 추세이다. 구체적으로 수렵채집사회에서 농경사회로 이행하는 데 수천 년이 걸린 반면 농경사회에서 산업사회로 이행하는 데는 불과 3백 년 밖에 걸리지 않았으며, 산업사회에서 정보사회로의 이행은 수십 년 만에 이루어졌다. 우리나라는 1960년대와 1970년대를 전후로 농경사회에서 산업사회로 변화하였으며, 2000년도를 전후로 산업사회에서 정보화사회로 전환되었으며, 최근에는 4차 산업혁명 시대가 도래하게 되었다. 즉, 오늘날 우리는 4차 산업혁명 시대에 진입한 사회에서 살아가고 있으며, 인공지능을 바탕으로 한 4차 산업혁명 시대에는 기존의 3차에 걸친 산업혁명과는 전혀 다르게 인간과 인공지능(AI)이 공존과 경쟁을 하는 초연결 사회로 변화되고 있고, 인간과 인공지능(AI) 기계가 함께 공존하는 사회에서 인간의 존엄성을 유지하면서 삶을 더욱 더 유용하고 풍요롭게 할 수 있는 새로운 시대에 맞는 인간관의 형성이 매우 절실하게 요구되고 있는 실정이다.

4차 산업혁명 이전까지는 지식이 강조되었지만 4차 산업혁명 시대에는 지식의 중요성이 상대적으로 약화되고 있다. 따라서 4차 산업혁명 시대가 요구하는 인재는 많은 지식을 쌓아 상대보다 더 많은 것을 아는 사람이 아닌 통찰, 직관, 비전, 창의, 책임감을 바탕으로 관계를 중요시하는 소통형 인재를 요구하고 있다.

이런 다변화하는 사회에서 살아가기 위해 갖추어야 할 덕목으로 강조되고 있는 것이 인성과 리더십이다. 즉, 무한경쟁 사회인 현대사회는 인성과 리더십을 가진 인재를 요구하고 있으며, 그 중요성이 더욱 강조되고 있다. 전자는 인간이 갖추어야 하는 바람직한 모습이며, 가치를 추구하고 실현하는 삶을 실천할 수 있는 역량을 갖추는 것으로 정의되며, 후자는 구성원들이 자발적으로 행동 동기를 유발하고 구성원으로서 역할을 수행하도록 유도하는 과정으로 정의되고 있다. 이와 같이 인성과 리더십의 중요성에도 불구하고 대학생을 포함한 청소년들은 성적위주의 학업풍토, 물질만능주의 및 대중매체의 영향으로 올바른 인성과 리더십을 형성하지 못하고 학습된 무기력, 낮은 자존감, 의사소통의 능력과 문제해결능력의 부재를 보이는 경우가 많다.

그래도 희망을 가져 볼 수 있는 것은 인성과 리더십이 선천적인 영향으로만 형성되는 것이 아니라 후천적인 노력에 의해서도 결정될 수 있다는 것이다. 즉, 사람으로 태어났다 하여 누구나 제대로 된 인성을 가지게 되는 것이 아니며, 누구나 리더가 될 수 있어도 아무나 리더가 될 수 없듯이 자신의 인성을 키워 나가고 리더십을 구성해 나가는 노력에 의해 달라질 수 있다.

따라서 본 책은 이러한 관점에 기반을 두고 있으며, 대학생들이 시대에 맞는 인성과 리더십을 함양하도록 하기 위해 2부 총10장으로 구성하였다. 구체적으로 1부 4차 산업혁명 시대의 인성과 리더십에서는 총5개의 장으로 구성하였는데, 1장 4차 산업혁명 시대에 대한 이해에서는 산업혁명에 따른 인재상의 변화, 4차 산업혁명의 시대에 대해 소개하였으며, 2장 4차 산업혁명 시대와 인성에서는 인성의 의미와 구성요소, 대학생의 직업인성 역량, 4차 산업혁명과 인성 및 인성 기르기에 대해 기술하였다. 3장 4차 산업혁명 시대와 창의성에서는 창의성의 개념과 특징, 4차 산업혁명과 창의성, 창의적인 사람의 특징 및 창의성 기르기에 대해 기술하였고, 4장 4차 산업혁명 시대와 리더십에서는 리더십의 개념 및 필요성, 리더십의 유형과 특징, 4차 산업혁명 시대의 글로벌 리더십 및 리더십 기르기에 대해 소개하였으며, 5장 4차 산업혁명 시대와 의사소통에서는 의사소통의 개념, 갈등관리 및 4차 산업혁명 시대의 의사소통에 대해 기술하였다.

2부 대학생활의 인성과 리더십에서는 총5개의 장으로 구성하였는데, 6장 대학생의 적응에서는 대학생의 적응과 구성요소 및 대학생활 적응 높이기에 대해 기술하였고, 7장 자기계발에서는 자아의 발견, 자아존중감, 자기효능감에 대해 소개하였고, 8장 대인관계 역량개발에서는 대인관계능력, 인상형성, 개인 이미지 관리 및 팀워크에 대해 기술하였다. 9장 꿈과 비전에서는 나의 꿈, 꿈 이루기, 꿈 실행하기, 비전 및 비전 설정하기에 대해 기술하였으며, 10장 건강하고 행복한 삶에서는 우울증, 스트레스 및 사랑에 대해 구체적으로 소개하였다.

인성과 리더십을 가지는 것은 성공적인 삶을 살도록 하는 데 매우 중요한 요인 중의 하나이며, 올바른 인성과 리더십을 가지기 위해서는 많은 노력과 연습이 필요하다. 본 책을 통해 자신을 긍정적인 관점으로 바라보고 수준 높은 인성과 리더십의 함양으로 개인적 차원에서는 행복한 삶을 실현하고 사회적 차원에서는 더 나은 사회발전을 리더하는 지도자가 될 수 있었으면 한다.

끝으로 저자들은 앞으로도 학생의 올바른 인성과 리더십 향상을 위한 연구와 프로그램 개발에 혼신의 힘을 쏟을 것을 약속하며, 이 책의 출판을 도와주신 양성원 강철원 사장님과 직원 여러분께 감사의 말씀을 전한다.

2021년 4월

저자 일동

차례

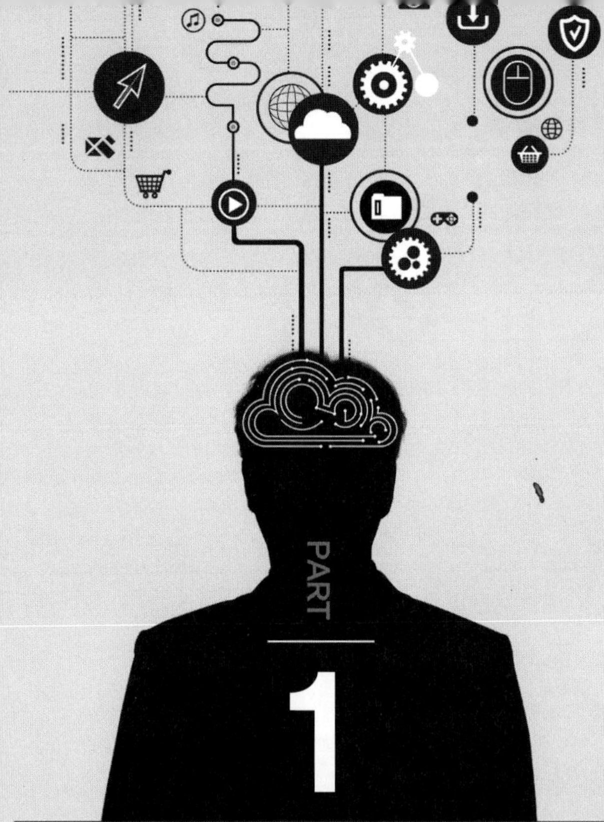

PART 1

4차 산업혁명 시대의 인성과 리더십

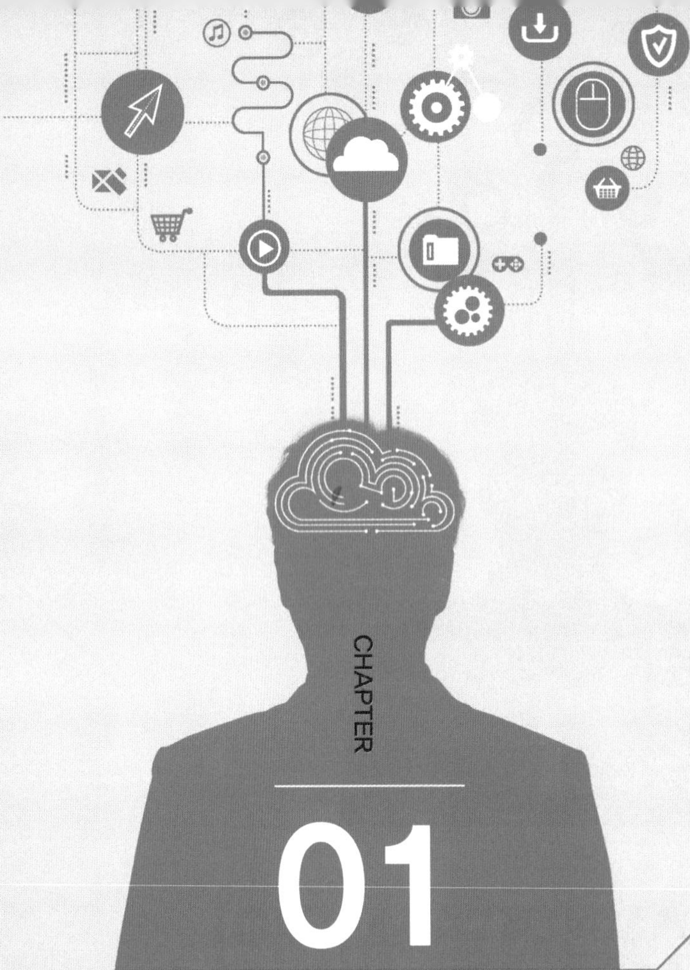

CHAPTER

01

4차 산업혁명 시대에 대한 이해

배울 내용

1. 산업혁명에 따른 인재상의 변화
2. 4차 산업혁명의 시대

학습목표

1. 4차 산업혁명에 대한 자신의 인식과 기술에 대해 파악해 본다.
2. 산업혁명에 따른 시대가 필요로 하는 인재에 대해 알아본다.
3. 4차 산업혁명 시대의 개념을 이해하고 시대가 요구하는 인재상에 대해 생각해 본다.

활동 1. 자신의 4차 산업혁명에 대한 생각 파악하기

- 4차 산업혁명이라는 단어를 들어 본 적이 있습니까?

  ☐ 예 ☐ 아니오

- 있다면 4차 산업혁명이라고 하면 떠오르는 단어는 무엇입니까?

....

....

....

활동 2. 4차 산업혁명에 대한 자신의 인식 파악하기

다음은 여러분들의 4차 산업혁명에 대한 인식 정도를 알아보는 질문입니다. 여러분들의 생각을 가장 잘 설명하고 있는 항목에 체크해 봅시다.

표 1-1. **4차 산업혁명에 대한 인식과 관련 기술 파악하기**

구분	내 용	1 전혀 그렇지 않다	2 약간 그렇지 않다	3 보통이다	4 약간 그렇다	5 매우 그렇다
4차 산업혁명 일반문항	1. 나는 4차 산업혁명에 대해서 들어 본 적이 있다.	①	②	③	④	⑤
	2. 나는 최신기술과 기술변화에 대해서 관심이 많다.	①	②	③	④	⑤
	3. 나는 최신기술이 내 삶을 변화시킬 것이라고 생각한다.	①	②	③	④	⑤
4차 산업혁명 관련 특정기술 문항	1. 나는 인공지능(Artificial Intelligence)에 대해서 알고 있다.	①	②	③	④	⑤
	2. 나는 빅데이터(Big Data)에 대해서 알고 있다.	①	②	③	④	⑤
	3. 나는 신경망 기계학습(Machine Learning)에 대해서 알고 있다.	①	②	③	④	⑤

	4. 나는 음성인식(Speech Recognition) 및 음성합성(Text to Speech) 기술에 대해서 알고 있다.	①	②	③	④	⑤
	5. 나는 사물인터넷(Internet of Things)에 대해서 알고 있다.	①	②	③	④	⑤
	6. 나는 증강현실(Augmented Reality)과 가상현실(Virtual Reality)에 대해서 알고 있다.	①	②	③	④	⑤
	7. 나는 3D 프린팅(3D Printing)에 대해서 알고 있다.	①	②	③	④	⑤

표 1-2. **자신의 4차 산업혁명 인식과 관련 기술 점수 기록하기**

구분	점수 산출	평균 점수
4차 산업혁명에 대한 일반문항	총 획득점수(　　　　)/3	
4차 산업혁명 관련 특정기술문항	총 획득점수(　　　　)/7	

■ 4차 산업혁명 시대에서 요구하는 인재는 무엇이라고 생각하십니까?

....

....

....

1. 산업혁명에 따른 인재상의 변화

현대 사회는 4차 산업혁명 시대라고 흔히들 말을 한다. 인류에게 닥친 산업혁명이라는 거대한 변화는 수차례 반복되어 왔다. 즉, 농업·산업혁명을 거치면서 인류는 사회적·경제적·문화적 발전을 지속해 왔다. 이 과정에서 인류가 추구하는 인재상도 끊임없이 변화해 왔고, 이는 4차 산업혁명 시대에도 마찬가지이다. 인류가 경험해 온 산업혁명의 흐름과 각 시대가 요구해 온 인간상에 대한 내용은 〈표 1-3〉과 같다.

표 1-3. **농업 · 산업혁명의 흐름과 인재상의 특징**

구분	시기	핵심기술	특징	인재상
농업혁명	BC 12,000	정착농업	인구증가, 도시의 출현	육체노동형 인재
1차 산업혁명	1784	증기기관	기계화	규율화된 인재
2차 산업혁명	1870	전기기관	노동의 분화, 대량생산	
3차 산업혁명	1969	정보통신	자동화	지식역량형 인재
4차 산업혁명	2016년 이후	사이버 물리 시스템, 인공지능	노동의 종말	융합 · 하이퍼형 인재

1) 농업혁명 시대의 육체노동형 인재

약 12,000년 전 인류는 여러 곳을 돌아다니며 수렵과 채집 생활을 통해 생활을 하던 것에서 밀을 경작하고, 동물들을 가축으로 키우는 농업혁명 새대로 변화하게 되었다. 기원전 9,500~8,500년경 터키 남동부, 이란 서부, 에게해 동부 지방에서 인류의 생활이 수렵에서 농업으로 변화해 온 흔적들이 발견되었다. 구체적으로 기원전 9,000년경에는 밀을 재배하고 염소를 가축화하기 시작하였으며, 기원후 1세기쯤 대부분의 사람들은 농업에 종사하게 되었다. 이 시기를 농업혁명이라고 한다. 이 시기에는 농업에 대한 기술을 요구하였고, 농사를 짓기 위해 인구가 증가하고 도시가 출현하게 되었다. 따라서 농업혁명 시대에서 요구하는 인재는 '육체노동형 인재'이었다. 왜냐하면 수렵을 포기하고 밀을 경작하거나 가축을 키우기 위해서는 인간의 노동력이 필요했기 때문이다.

농업혁명 이후 농사를 짓는 기술의 발달로 인간은 더 이상 수렵을 통해 식생활을 할 필요성이 없어졌다. 즉, 인간은 식물과 동물을 자신의 사용 목적에 맞도록 길들임으로써 동물의 포식자에서 주변 세계의 관리자로 자신을 승격시키게 되었다. 특히 인간에게 많은 이익이 되고 길들이기 쉬운 밀, 옥수수, 벼, 보리, 수수 등 12가지 식물과 양, 염소, 소, 돼지, 말 등의 5가지 동물이 그 대상이었다.

인간은 농업혁명을 통해 극단적인 식량 공급의 고갈로부터 벗어날 수 있었기 때문에 인간은 안정적인 삶과 활발한 종족 번식이 가능해지면서 공동체가 발달하게 되었다. 또한 소비하고 남은 여분의 식량을 거래하게 됨으로써 시장이 형성되고 사유 재산이 형성되었다. 따라서 농업혁명 시대 이전의 사냥을 잘하기 위한 민첩함은 더 이상 중요한 덕목이 아니었으며, 정해진 시기에 게으름을 피지 않고 열심히 일하는 것을 중요하게 인식하게 되었다.

농업혁명 시대에는 농사를 잘 짓는 사람이 인재로 여겨졌고, 농사를 잘 짓기 위해 필요한 여러 자질을 지닌 사람을 인재로 간주하는 경향이 있었다. 이를 바탕으로 농업혁명 시대에 추구되었던 인재상을 유추해 보면 육체노동형 인재, 근면·성실한 인재, 절약·인내하는 인재, 협동형 인재 등이라고 할 수 있다.

2) 1 · 2차 산업혁명 시대의 수동적 · 규율화된 인재

1차 산업혁명이란 18세기 중반부터 19세기 중반 사이에 영국에서 일어난 수공업에서 기계공업으로의 생산방식의 전환을 의미한다. 이러한 전환에는 석탄을 이용하여 물을 끓여 발생하는 증기의 사용, 기계적 도구들의 발달, 공장 체계의 발전이 포함된다. 이와 같은 발달과 더불어 경제적 측면에서는 국내 시장과 해외 식민지를 바탕으로 광범위한 자본축적이 이루어지고, 사회적 측면에서는 산업자본가와 임금노동자를 중심으로 한 계급사회를 형성하게 되었다(김성동, 2018; 송성수, 2017). 이 시기에 생산의 중심이 농업에서 공업으로 이동하였기 때문에 영국에서 농업에 종사하는 인구의 비중은 1759년에 48%였던 것이, 1841년에는 25% 수준으로 감소하게 되면서 농업에 종사하던 사람들은 일자리를 찾아 도시로 이동하게 되었고, 공장 운영자들은 공장을 운영하는 데 필요한 인력을 요구하게 되었다. 따라서 이 시기에 추구한 인간상은 시골에서 밀려난 농민, 제대군인, 빈민 등 지위나 개인의 능력에 상관없이 공장에서 할당된 자리와 임무를 잘 수행할 수 있는 사람이 우수한 인재로 간주되었다.

19세기 말에서 20세기 초까지 이어진 제2차 산업혁명 시대에는 전기와 생산 조립라인이 출현하게 되면서, 이러한 변화는 대량생산을 가능하게 하였다(Schwab, 2016). 즉, 제2차 산업혁명은 화학염료, 전기 등의 새로운 산업을 기반으로 전개되었으며, 가장 큰 특징은 최초로 과학에 기반을 둔 기술(science-based technology) 혁신이 일어났다

는 사실이다. 또한 시스템 질서 · 컨트롤 등의 개념이 핵심 가치로 등장하였고, 기술지향주의에 대한 믿음도 더욱 힘을 얻게 되었다(김지원, 2017). 또한 이 시기에 공장 운영자들이 대량생산을 위해 표준화와 이동조립법을 고안하게 됨으로써 인간은 기계와 같이 완전히 자동화 및 부품화되었으며, 정해진 작업을 오랜 시간 계속해야만 했다. 정해진 시간 안에 주어진 작업량을 채우지 못하는 노동자 한 명이 공장의 운영 자체를 멈출 수도 있는 방식이었기 때문에, 공장 운영자들은 시간표를 만들어 노동자들이 그에 따라 작업할 것을 요구하였다(공영일 외, 2015; 이참슬, 2020).

1 · 2차 산업혁명은 에너지 전환의 혁명이며, 그에 따른 기계의 발전이 핵심이다. 이 시기에는 기계적 기술을 바탕으로 대량생산체계가 만들어지고, 정해진 시스템에서 반복적인 작업을 하는 공장 노동자들의 역할이 중요했기 때문에 오랫동안 기술을 익히기 위한 훈련이 요구되었으며, '근면'과 '성실한 태도'가 주요 덕목이었다. 중요한 것은 노동자가 지닌 능력이나 기술이 아니라 집단 노동에 적합한지 여부였다. 집단 노동에 적합한 노동자가 되기 위해서는 단일한 목적을 위한 규칙적 작업과 정확한 동작을 수행할 수 있는 인간기계로 탈바꿈해야 한다. 따라서 이 시대에는 사고력이나 판단력이 뛰어난 사람보다는 근면 · 성실한 사람이 인재로 간주되었다.

출처: YouTube(세계경제포럼 회장 클라우스 슈밥 '제4차 산업혁명'의 시대를 선언하다!).

요약하면 1 · 2차 산업혁명 시대에는 새로운 기술과 산업구조의 변화 속에서 근면 · 성실하고 수동적이며 규율화된 사람을 높게 평가하는 경향이 있었다. 즉, 육체노동에 의존하던 일들을 각종 기계가 대신하게 되면서 인간은 육체적 힘을 사용하는 역할이 약화되었고, 그 대신 기계들과 협력하여 작업을 효과적으로 수행할 수 있는 인간이 중요한 인재로 부상하게 되었다.

3) 3차 산업혁명 시대의 지식역량형 인재

일반적으로 3차 산업혁명은 1960년대부터 최근까지 진행된 '정보통신기술 혁명'을 의미한다. 또한 반도체와 메인프레임 컴퓨팅(1960년대), PC(1970년대와 1980년대), 인터넷(1990년대)이 발달을 주도했기 때문에 '컴퓨터 혁명' 혹은 '디지털 혁명'이라고도 말한다(Schwab, 2016). 왜냐하면 컴퓨터는 아날로그 전기기술을 디지털 전기기술로 전환시켰으며, 컴퓨터와 컴퓨터를 연결하기 위해 인터넷이 생겨났고 컴퓨터의 개발이 인간의 두뇌를 확장시켰다면 인터넷은 신경망을 확장시킨 것과 같다고 볼 수 있기 때문이다.

1 · 2차 산업혁명이 큰 발전소와 공장 그리고 대기업을 중심으로 하는 집권적 경제모델이었다면, 3차 산업혁명 시대에는 수평적 분산성과 협업성이 중시되면서 대기업 이외에 벤처기업이 중요한 혁신 주체로 등장하였다. 참신한 아이디어와 기술을 바탕으로 사업에 도전하는 기업이 생겨났으며 기업가 정신을 가진 사람이 인재로 부각되었다(송성수, 2017). 따라서 이 시기는 다른 사람이 시도하지 않았던 새로운 것을 생각해 사업에 적용하는 유연성이 중요하였으며, 1 · 2차 산업혁명 시대처럼 수동적으로 시키는 일을 하는 사람은 주목받지 못했다.

3차 산업혁명 시대에는 인터넷이 삶의 방식을 가장 크게 변화시켰다. 인터넷은 새로운 형태의 상호접촉 방식을 개발하고 확대하였으며, 이를 바탕으로 온라인 쇼핑은 지역을 벗어나 광범위한 판매시장을 개척하게 되었다. 인터넷상에서의 기업 간 거래와 금융 서비스는 전체 산업계에 걸쳐 연쇄적인 생산 및 공급 과정에도 영향을 끼치고 있다. 이렇듯 인터넷으로 촉발된 급격한 변화를 겪으면서, 1 · 2차 산업혁명 시대의 노동자는 더 이상 3차 산업혁명 시대가 추구하는 바람직한 인재가 아니었다. 즉, 컴퓨터로 촉발된 정보화 사회에서는 지식과 정보가 사회의 가장 핵심적인 자원이었으며, 각 분야의 지식을 습득하고 효과적으로 활용하는 능력을 무엇보다 중요시하게 되었다(공영일 외, 2015).

3차 산업혁명 시대에는 인간을 대신하여 많은 일을 하게 된 컴퓨터 때문에 가능해진 다품종 소량생산 체제로 유연한 생산에 적합한 인재를 필요로 하게 되었다. 또한 다양한 상황과 각각의 회사들을 조율하고 함께 일해야 하기 때문에 협업능력이 무엇보다 중요하게 여겨졌다. 즉, 이 시기에 추구되었던 인간상은 지식역량형 인재를 요구하게 되었다.

4) 4차 산업혁명 시대의 도래

3차 산업혁명과 맞물려 논의되기도 하는 4차 산업혁명은 여러 방면에서 다양하게 정의되고 있다. 세계경제포럼(World Economic Forum, 2016)에 의하면, 4차 산업혁명이란 "사물 인터넷(IoT), 로봇(Robot), 인공지능(AI), 빅데이터(Big Data) 등의 기술이 나노기술(NT), 바이오기술(BT), 정보기술(IT), 인지과학(CS)의 융합기술로 발전하고, 이로 인해 지능형 사이버 물리 시스템(Cyber Physical System)이 생산을 주도하는 사회 구조로의 대변혁"을 의미한다. 기획재정부(2019)에서는 4차 산업혁명을 "물리적 세계, 디지털 세계, 그리고 생물적 세계가 융합되어 경제와 사회의 모든 영역에 영향을 주는 새로운 산업시대"로 정의하고 있다. 또한 한국정보통신기술협회(2019)는 4차 산업혁명을 "인공지능(AI), 사물인터넷(IoT), 빅데이터(Big Data), 모바일(Mobile) 등 첨단 정보 통신기술이 경제 · 사회 전반에 융합되어 혁신적인 변화가 나타나는 차세대 산업혁명"으로 정의하고 있다.

4차 산업혁명의 근원지 중의 하나로 꼽히는 독일은 일찍이(2011년) 미래의 급격한 변화에 대응하는 산업 차원에서의 대응책을 밝히며, 이를 '산업 4.0(Industrie 4.0)'으로 명명하였다. 하지만 실제로 '4차 산업혁명'이라는 구체적인 용어는 2016년 1월 스위스 다보스에서 열린 세계경제포럼(WEF)의 '4차 산업혁명의 이해(Mastering the Fourth Industrial Revolution)'라는 주제의 연차 회의에서 소개되었다.

세계경제포럼(WEF)의 창립자이자 회장인 클라우스 슈밥(Schwab)은 제4차 산업혁명을 '물리적 영역, 디지털 영역, 생물학적 영역의 경계가 허물어지는 융복합 산업혁명'으로 보았다. 그에 따르면, 4차 산업혁명 시대는 사람과 사물, 그리고 공간이 인터넷으로 초연결되어 있는 시대이다. 즉, 4차 산업혁명이란 초연결과 초지능의 혁명이라고 할 수 있으며, 핵심에는 인공지능(AI), 사물인터넷(IoT), 로봇(Robot), 드론(Drone) 등이 자리한다. 4차 산업혁명의 도래로 스마트 공장과 3D 프린팅을 활용한 맞춤 생산이 늘어나면서 종전의 대량생산 체제가 다품종 소량 체제로 더욱 가속화되고 있다(백종현, 2017).

출처: YouTube(세계경제포럼 회장 클라우스 슈밥 '제4차 산업혁명'의 시대를 선언하다!).

2016년 다보스 포럼의 연설에서 슈밥(Schwab)은 4차 산업혁명의 대표적 특징을 다음과 같이 제시하고 있다(Schwab, 2016). 첫째, 4차 산업혁명 시대의 속도는 선형적인 방식이 아니라 기하급수적으로 진행된다는 것이다. 둘째, 4차 산업혁명의 범위는 매우 포괄적으로 특정 분야에 국한되는 것이 아니기 때문에 모든 국가적 · 기업적 산업 등이 포함될 것이다. 셋째, 4차 산업혁명의 영향은 산업구조 일부만이 아니라, 산업 시스템 전반, 예를 들어 생산, 관리, 거버넌스 등 모든 분야에 영향을 준다는 것이다.

4차 산업혁명의 특징을 이야기하면서 슈밥(Schwab)은 이 혁명은 이전과는 달리 인간의 정신적 · 육체적 활동에만 영향을 주는 것이 아니라 인간의 정체성 그 자체마저 바꾸어 갈 것이라고 주장하였다.

스위스 세계경제포럼의 창립자이자 회장인 클라우스 슈밥(Klaus Schwab)은 『제4차 산업혁명』(2016)이란 저서에서 4차 산업혁명 시대의 인재는 상황맥락지능(정신), 정서지능(마음), 영감지능(영혼), 신체지능(몸) 등의 4가지 지능을 갖추어야 한다고 주장하고 있다. 구체적으로 상황맥락지능(정신)은 인지한 것을 잘 이해하고 적용하는 능력을 의미하고, 정서지능(마음)은 생각과 감정을 정리하고 결합해 자기 자신 및 타인과 관계를 맺는 능력을, 영감지능(영혼)은 변화를 이끌고 공동의 이익을 꾀하기 위해 개인과 공동의 목적, 신뢰성 및 여러 덕목 등을 활용하는 능력이며, 신체지능(몸)은 개인에게 다가올 변화와 구조적 변화에 필요한 에너지를 얻기 위해 자신과 주변의 건강과 행복을 구축하고 유지하는 능력을 의미한다고 주장한 바 있다.

출처: YouTube(세계경제포럼 회장 클라우스 슈밥 '제4차 산업혁명'의 시대를 선언하다!).

2. 4차 산업혁명의 시대

1) 4차 산업혁명의 개념

18세기 후반, 영국에서 인간의 노동력을 대신하는 기계가 발명된 이후로 인간 사회는 농업 중심사회에서 산업 중심사회로 전환되기 시작하였다. 기술의 발달은 인류의 물질적 생활 수준을 향상시켰고 정치 · 사회 구조에 커다란 변화를 가져왔다. 증기기관과 기계의 결합으로 1차 산업혁명이 본격적으로 시작되었고, 전기에너지와 컨베이어 벨트 시스템을 기반으로 2차 산업혁명이 발달하였다. 3차 산업혁명은 컴퓨터의 개발과 정보통신 기술을 바탕으로 한 정보화혁명이었다. 그리고 4차 산업혁명은 디지털 혁명을 기반으로 디지털적, 물리적, 생물학적 공간의 경계를 허무는 기술의 융합이다. 초연결과 초지능, 대융합을 특징으로 하는 4차 산업혁명은 사물인터넷과 인공지능, 빅데이터, 바이오, 로봇 등의 혁신 기술들이 선도하고 있다. 정보통신기술을 기반으로 한 혁신 기술의 발전으로 인해 기계는 인간을 이해하는 방향으로 진화하게 되어 인간과 기계의 간격이 줄어들게 되고, 이러한 기술들의 융합이 가속화될 것으로 예상하고 있다. 또한 4차 산업혁명의 대표기술인 빅데이터의 확산으로 인해 기존에 인간이 정보를 보관하던 방식뿐만 아니라 기록, 저장, 접근, 평가 등의 방식이 달라지고 있다. 빅데이터 기반의 자동화로 인한 연결과 융합은 개인 콘텐츠의 가치를 증대시키고 있다. 이로 인해 개방과 공유, 그리고 협업이 핵심가치로 부각되고 있다(김현철, 2017).

2) 4차 산업혁명의 특징

(1) 인공지능

인공지능(Artificial Intelligence)은 인간의 지능으로만 할 수 있었던 사고와 학습 등을 컴퓨터가 할 수 있도록 연구하는 컴퓨터 공학 및 정보기술의 한 분야로서, 컴퓨터가 인간의 지능적인 행동을 따라할 수 있도록 하는 것을 인공지능(AI)이라고 한다. 따라서 인공지능(AI)은 기술 그 자체로 실재하는 것이 아니라, 컴퓨터 과학의 다른 분야와 직접적, 간접적으로 많은 관련을 맺고 있다. 인공지능(AI)을 구현하기 위한 대표적 분야로는 머신러닝(machine learning)이 있는데, 컴퓨터가 학습하기 위한 알고리즘이나 기술을 개발하는 분야이다. 현대에는 정보기술의 여러 분야에서 인공지능적 요소를 적용하여 특정 분야의 문제해결에 활용하려는 시도가 매우 활발하게 이루어지고 있다.

(2) 빅데이터

빅데이터(Big Data)는 오늘날 정보통신 분야에서 관심을 집중시키고 있는 분야이다. 빅데이터는 기존 데이터보다 규모가 매우 방대하여 기존의 방법이나 도구로는 저장 · 수집 · 분석 등이 어려운 정형 및 비정형 데이터들을 의미한다. 1분 동안 구글(Google)에서는 200만 건의 검색, 유튜브(YouTube)에서는 72시간의 비디오, 트위터(twitter)에서는 27만 건의 트윗이 생성된다. 이러한 다양한 종류의 대규모 데이터는 현대 사회의 변화 방향에 대해 예측하여 효율적으로 대응할 수 있도록 하고, 개인에게는 맞춤형 정보를 제공한다. 세계적인 컨설팅 기관인 맥킨지(Mckinsey)는 빅데이터를 기존 데이터베이스 관리도구의 데이터 저장, 수집, 관리, 분석하는 역량을 넘어서는 규모로서 그 정의는 주관적이며 앞으로도 계속 변화될 것이라고 언급하고 있다.

빅데이터의 특징으로는 크기(Volume), 속도(Velocity), 다양성(Variety)을 들 수 있다. 크기는 일반적으로 수십 테라바이트 혹은 수십 페타바이트 이상 규모의 데이터 속성을 의미한다. 속도는 대용량의 데이터를 빠르게 처리하고 분석할 수 있는 속성이다. 융복

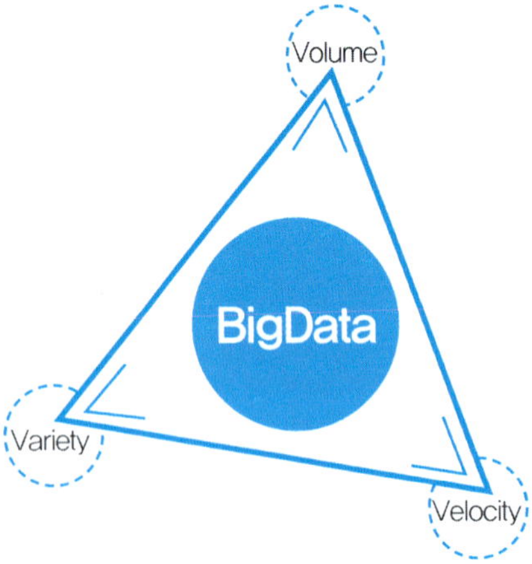

합 환경에서 디지털 데이터는 매우 빠른 속도로 생산되므로 이를 실시간으로 저장, 유통, 수집, 분석처리가 가능한 성능을 의미한다. 다양성(Variety)은 다양한 종류의 데이터를 의미하며 정형화의 종류에 따라 정형, 반정형, 비정형 데이터로 분류할 수 있다.

(3) 가상현실과 증강현실

① 가상현실

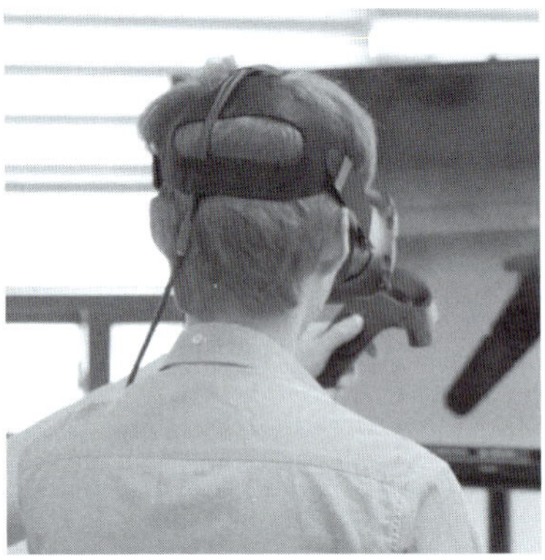

가상현실(Virtual Reality)은 실제에 없는 무엇인가를 컴퓨터에 의해 다양한 환경이나 상황을 만들어 가상세계의 현실감을 더한 입체를 현실에 구현하는 것이다. 일반 화면에서 보는 것과 달리 실제 주변의 환경과 상황이 상호작용하여 마치 실제인 것처럼 컴퓨터와 사람 사이의 간접적인 연결을 해준다. 대표적으로는 안경형 모니터를 머리에 착용하는 형식의 디스플레이 장치를 사용하여 가상현실기술과 접목하여 사용한다. 장치를 이용한 가상현실의 활용 목적은 경험하기 어려운 3차원 공간의 객체를 인지할 수 있도록 하기 위한 것이다. 즉, 실제 환경과 유사하게 구성하여 그 환경 안에서 동작을 하는 것이다. 안경형 모니터를 이용한 응용 분야는 설계에 필요한 건축과 더불어 교육, 게임, 국방, 의료, 인공위성을 이용한 탐사 자료 분석 등 다양한 분야에서 사용되고 있다.

② 증강현실

증강현실(Augmented Reality)은 3차원 가상의 객체를 영상과 겹쳐 현실 세계에 출력하는 기술을 말한다. 사용자의 실시간 실제 영상에 3차원을 겹쳐 새로운 이미지를 출력하여 마치 실제환경에 존재하는 사물처럼 보이도록 하는 기법이다. 이러한 특성 때문에 완전한 가상세계를 전제로 하는 가상현실과는 다르게 현실을 기반으로 하여 현실환경에 필요한 정보를 컴퓨터 그래픽을 통해 추가적으로 제공하는 역할을 한다. 증강현실의 대표적인 사용 분야는 스마트폰, 네비게이션이 있으며, 스마트폰의 카메라를 사용한 가상영상 초점인식, 얼굴인식, 추적인식 등의 고급기능을 통해 일반 사용자도 어렵지 않게 보정된 사진을 촬영할 수 있다. 오래전부터 국방 및 항공기에서 기술을 접목하여 고도와 좌표를 안개 속에서도 안정적으로 이용하고 있으며, TV에서 날씨를 알려줄 때, 기상 캐스터가 기상도를 설명하는 장면이 대표적이다.

(4) 사물인터넷

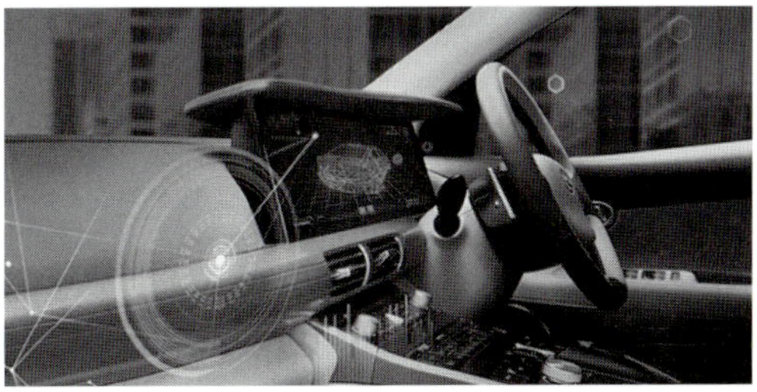

사물인터넷(Internet of Things)은 세상에 존재하는 유형 혹은 무형의 객체들이 다양한 방식으로 상호 연결되어 개별로 존재하는 객체들이 기존에 제공하지 못했던 새로운 형태의 서비스를 제공하는 것을 말한다. 사물인터넷은 단어의 뜻 그대로 '사물들(things)'이 '서로 연결된(Internet)' 것 혹은 '사물들로 구성된 인터넷'을 말한다. 기존의 인터넷은 컴퓨터 또는 무선 인터넷을 사용하는 것이 가능했던 휴대전화들이 서로 연결되어 구성되었다. 그러나 사물인터넷은 책상, 칠판, 자동차, 가방, 창문 등 현실에 존재하는 모든 사물이 연결되어 구성된 인터넷이라고 할 수 있다. 사물인터넷은 연결되는 대상을 자동차나 책상처럼 단순한 유형의 사물에만 국한하지 않으며, 교실, 버스정류장, 카페 등의 공간은 물론 상점의 결제 프로세스와 같은 무형의 사물까지도 그 대상에 포함한다.

(5) 3D 프린팅

출처: https://search.daum.net/

3D 프린팅이란 2D 혹은 3D의 이미지를 2차원 평면에 3차원의 형태로 인쇄하는 것을 의미한다. 2D 프린터는 앞뒤(x축)와 좌우(y축)로 작동하지만 3D 프린터는 상하(z축) 운동을 추가적으로 작동하여 입력한 3D 도면을 바탕으로 입체적인 물품을 만들어 낸다. 3D 프린터는 입체 프린터, 3차원 프린팅으로도 불리며, 입체적인 형태를 만드는 방식에 따라 크게 두 가지 방식으로 구분한다. 첫째는 파우더나 플라스틱 실과 같은 재료로 0.01~0.08mm의 층으로 겹겹이 쌓아 입체 형상을 만들어 내는 적층형(첨가형 또는 쾌속 조형 방식)이고, 둘째는 커다란 덩어리를 조각하듯이 깎아 내어 입체 형상을 만들어 내는 절삭형(컴퓨터 수치제어 조각 방식)이다. 3D 프린터는 본래 기업의 시제품을 만들어 내기 위한 용도로 개발되었다. 그러나 현재는 플라스틱 소재에 국한되었던 초기 단계에서 발전하여 나일론, 금속 등과 같은 소재로 범위가 확장되었고, 산업용 시제품뿐만 아니라 여러 방면에서 상용화 단계로 발전하게 되었다. 대표적인 예로 의료계에서 인공관절이나 인공 장기를 만드는 등 환자에게 딱 맞게 만들어야 하는 정밀도가 요구되는 분야에서 3D 프린터를 활용하고 있다.

3) 4차 산업혁명 시대가 요구하는 인재

세계경제포럼(WEF, 2016)은 '직업의 미래 보고서'에서 2020년에 요구되는 능력, 고용 상황과 직업에 대해 예측하여 발표하였다. 그중 가장 중요하다고 강조한 능력은 〈표 1-4〉에서와 같이 현실세계에서 정의되지 않은 복잡한 문제를 해결할 수 있는 문제해결 능력이 가장 높게 나타났다. 또한 다른 사람들과 협업하고 설득하는 기술, 교육하는 능력인 사회적 기술, 그리고 효율적으로 얻은 정보를 통해 합리적으로 추론하는 능력인 프로세스 기술 등이 주요 능력으로 나타났다.

표 1-4. 세계경제포럼(WEF)의 2020년에 요구되는 능력의 정의

직무	내용	요구정도 (%)
복잡한 문제해결능력	실세계에서 정의되지 않은 문제해결능력	36
사회적 기술	다른 사람들과 협업하고 설득, 교육하는 능력	19
프로세스 기술	적극적으로 정보를 얻어 합리적으로 추론하는 능력	18
시스템 기술	시스템을 파악해서 가장 좋은 조건을 찾는 능력	17
인지 능력	서로 다른 규칙들을 관찰해서 창조적으로 결합하는 능력	15
자원 관리 기술	목적을 위해 자금, 시간 등의 효율적 사용 능력	13
기술적 능력	기기를 관리, 검사하고 프로그래밍 하는 능력	12
콘텐츠 기술	말하기, 쓰기, 디지털 콘텐츠를 통해 표현하는 능력	10
육체적 능력	물건을 정교하게 다루거나 힘을 쓰는 능력	4

한국컴퓨터교육학회(2018)에 따르면, 4차 산업혁명 시대는 사회 · 경제 · 산업 · 직업과 일상의 삶의 모습에 이르기까지 큰 변화가 있을 것으로 예측되므로 이러한 환경에 대비할 수 있는 새로운 역량이 요구되고 있다고 주장하고 있다〈표 1-5〉.

표 1-5. **4차 산업혁명 시대에 필요한 역량**

구분	요구되는 역량
직업의 미래와 인적자원개발 전략(2016)	창의성, 전문성, 혁신
기술변화에 따른 일자리 영향 연구(2016)	의사결정, 창의성, 사회적 기술(의사소통, 협력), 복잡한 문제해결능력
4차 산업혁명에 대비한 SW 융합 인재 양성 방안(2017)	정보적 사고, 창의융합적 사고, 공유와 협업적 사고, 글로벌 사고, 공익적 사고, 변화 적응력

그리고 미국교육협회(National Education Association: NEA)는 50년 전 좋은 교육으로 간주되었던 교육은 21세기의 대학, 직업 및 사회에서의 성공을 위해서는 충분하지 않다고 주장하고 있다. 따라서 미국교육협회(NEA)가 제시하는 '4C에 대한 교육자 지침서(An Educator's Guide to the Four Cs)'는 '글로벌 사회를 위한 21세기 학생들의 준비(Preparing 21st Century Students for a Global Society)'에 어떤 요소가 필요한지를 제시하고 있다. 앞으로 21세기 학습자들이 갖추어야 할 역량은 4C로, 4C란 4가지 역량의 C를 뜻하는 말로, 비판적사고와 문제해결능력(Critical Thinking & Problem Solving), 창의력(Creativity), 협업(Collaboration), 의사소통(Communication)을 의미한다.

(1) 비판적 사고와 문제해결능력

비판적 사고(Critical Thinking)와 문제해결능력(Problem Solving)은 어휘 그대로 비판적 사고를 통해 복잡한 문제를 해결하는 역량이다. 다양한 관점에서 정의되고 있는 비판적 사고에 대해 살펴보면 첫째, 효과적인 이유를 만드는 것이다. 즉, 상황에 적절하게 다양한 추론을 사용해야 한다. 둘째, 시스템적 사고를 사용하는 것이다. 서로 간의 전반적 결과를 산출하기 위해 복잡한 시스템이 어떻게 전체적으로 상호작용하는지 분석해야 한다. 셋째, 판단과 결정을 내리는 것이다. 주장과 신념의 증거를 효과적으로 분석하고 평가해야 하고, 대안적 관점에서 분석하고 평가해야 하며, 정보와 논의 사이에서 융합하고 연결하고, 분석을 바탕으로 정보를 해석하고 결론을 도출해 내고, 학습경험과 프로세스에 비판적으로 반영하는 것이다. 넷째, 문제를 해결하는 것이다. 기존의 방식과 혁신적인 방식으로 다양한 종류의 생소한 문제를 해결해야 하고, 다양한 의견을 명확하게 하고 더 나은 해결책을 이끌어 내기 위해 중요한 문제를 식별해 내고 질문해야 한다.

(2) 창의력

창의력(Creativity)은 대량 생산의 차별화, 디자인 기술 등에 있어서 현재와 미래에 걸쳐 요구되는 역량이다. 왜냐하면 오늘날 우리는 모두 디자이너가 되어야 하기 때문이다. 창의력은 브레인스토밍과 같은 다양한 창작 기술을 사용하여 창조적으로 생각하는 것이다. 즉, 새롭고 가치 있는 아이디어를 만들고, 창조적 노력을 극대화하기 위해 정교하게 수정하고 분석하고 평가하는 것이다. 또한 창의력은 다른 사람들과 창의적으로 일하는 것으로 정의되기도 한다. 아이디어를 다른 사람들에게 효과적으로 전달하는 것, 피드백에 개방적으로 반응하는 것, 현실의 한계를 이해하는 것, 실패를 학습의 기회로 간주하는 것 등을 말한다.

(3) 협업

협업(Collaboration)은 개인적인 노력보다 더 많은 지식을 생성하거나, 현명한 결정을 내리기 위해 필요한 역량이다. 협업은 다른 사람들과의 공동작업으로 정의될 수 있다. 협업은 다양한 팀과 효과적으로 일하는 능력이며, 공동의 목표를 달성하기 위해 유연하게 타협하는 것이다. 협업은 개인으로서 기여하고 팀으로서 책임을 공유하는 것이다.

(4) 의사소통

의사소통(Communication)은 언어적 · 문화적으로 효율적인 청취, 공감을 위해서는 필수적인 역량이다. 의사소통은 여러 가지 방법으로 정의할 수 있는데, 첫째 의사소통은 명확하게 의사를 전달하는 것이다. 둘째, 생각과 아이디어를 효과적으로 표현하기 위해 말하기, 쓰기, 비언어적 의사소통능력을 사용하여 다양한 형태와 문맥을 나타내는 것이다. 셋째, 의사소통은 지식, 가치관, 태도 등에 대한 의미를 분명히 듣는 것이고, 정보를 제공하고 동기를 부여하기 위해 사용하는 것이다. 마지막으로 다문화와 같은 환경에서 효과적으로 의사를 전달하는 것이다.

활동 3. 4차 산업혁명 시대에 필요한 인재 알아보기

- 다음은 구글(Google)에서 찾는 인재입니다. 구글이 찾는 인재를 살펴보고, 4차 산업혁명 시대에 맞는 인재가 되기 위해 어떤 노력들이 필요한지에 대해 생각해 봅시다.

구글이 찾는 인재

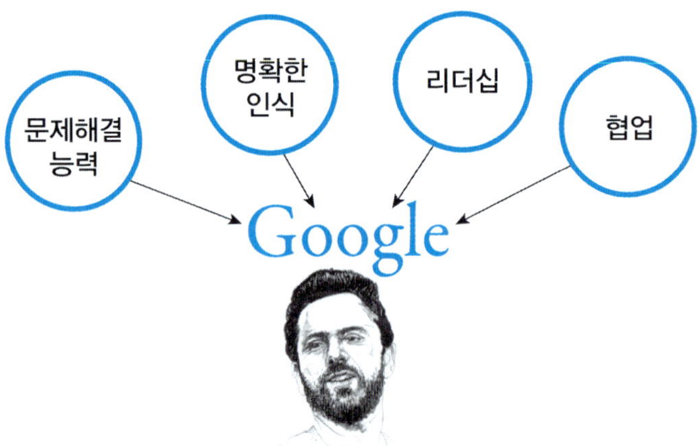

개개인 능력이 아무리 뛰어나도
다른 사람과 협업하지 못한다면 구글에서 일하기 어려울 것

■ 클라우스 슈밥(Klaus Schwab)은 4차 산업혁명 시대의 인재는 상황맥락지능(정신), 정서지능(마음), 영감지능(영혼), 신체지능(몸) 등의 4가지 지능을 갖추어 한다고 주장하고 있습니다. 각 지능은 어떤 지능을 의미하는지 살펴보고, 각 지능을 높이는 방안에 대해 생각해 봅시다.

구분	내용
상황맥락지능	
정서지능	
영감지능	
신체지능	

■ 미국교육협회(NEA)에서는 앞으로 21세기 학습자들이 갖추어야 할 역량으로 4C를 주장하고 있는데, 4C란 무엇이고 앞으로 어떻게 각 역량을 높일 수 있는지 생각해 봅시다.

4C	내용

■ 지금까지 살펴본 4차 산업혁명 시대가 요구하는 인재상에서 자신이 가장 중요하게 생각하는 인재와 그 인재가 되기 위해 본인이 어떤 노력을 해야 하는지에 대해 작성해 봅시다.

필요한 인재	본인의 노력

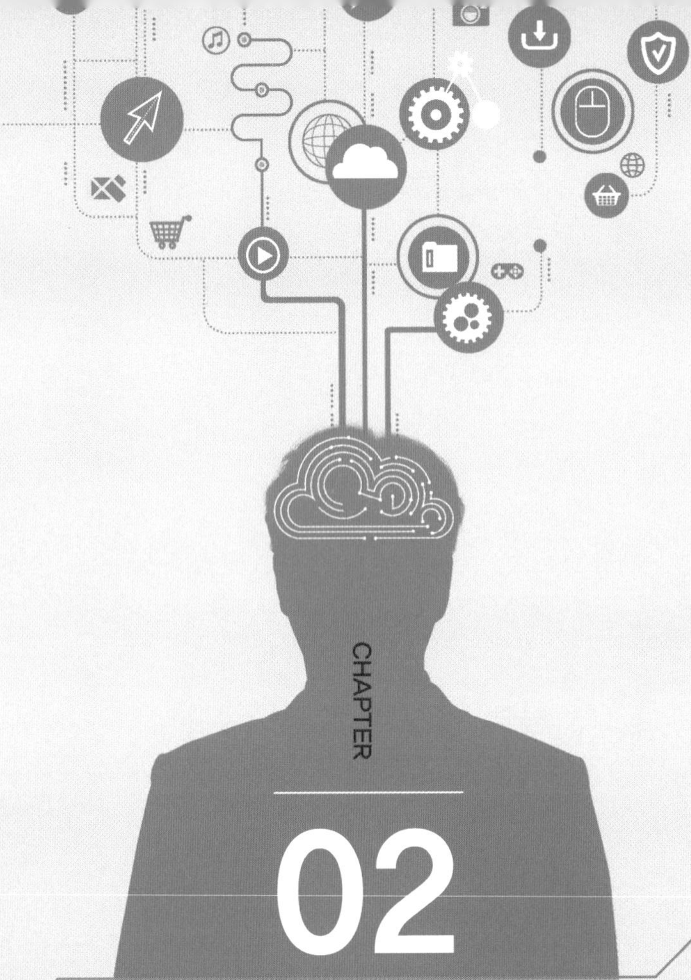

CHAPTER 02

4차 산업혁명 시대와 인성

배울 내용

1. 인성의 의미와 구성요소
2. 대학생의 직업인성 역량
3. 4차 산업혁명과 인성
4. 인성 기르기

학습목표

1. 인성의 의미와 구성요소를 파악한다.
2. 대학생의 직업인성의 중요성을 알고 자신의 직업인성을 파악해 본다.
3. 4차 산업혁명 시대가 요구하는 인성을 파악해 본다.
4. 인성 기르기 활동을 통해 자신의 인성을 함양하는 방법을 익힌다.

활동 1. 자신의 인성에 대한 생각 파악하기

■ 자신이 생각하는 인성은 무엇이라고 생각하십니까?

....

....

....

■ 자신의 삶과 앞으로의 직장생활에 있어 인성이 중요한 이유는 무엇이라고 생각하십니까?

....

....

....

활동 2. 자신의 인성 정도 파악하기

다음은 여러분들의 인성에 대한 정도를 알아보는 질문입니다. 여러분들의 생각을 가장 잘 설명하고 있다고 생각되는 항목에 체크해 봅시다.

표 2-1. 자신의 인성 정도 파악하기

구분	내 용	1 전혀 그렇지 않다	2 약간 그렇지 않다	3 보통 이다	4 약간 그렇다	5 매우 그렇다
도덕적 자기인식	1. 나는 주어진 문제상황을 해결하기 위해 정직의 필요성을 인식할 때가 있다.	①	②	③	④	⑤
	2. 나는 대중매체를 통해 전달되는 사회문제에 관심을 가져야 한다고 생각한다.	①	②	③	④	⑤

	3. 나는 사회문제를 해결하기 위해 정의로운 판단이 필요하다고 생각한다.	①	②	③	④	⑤
감정이입	1. 나는 가능하면 다른 사람을 배려해 주고 싶다.	①	②	③	④	⑤
	2. 나는 다른 사람과 대화할 때 그 사람의 입장에서 주의깊게 듣는다.	①	②	③	④	⑤
	3. 나는 다른 사람이 나와 의견이 달라도 올바른 의견이라면 수용할 수 있다.	①	②	③	④	⑤
도덕적 추론	1. 나는 내가 왜 올바른 행동을 하며 살아가야 하는지를 알고 있다.	①	②	③	④	⑤
	2. 나는 사회가 왜 바람직한 방향으로 나아가야 하는지 알고 있다.	①	②	③	④	⑤
	3. 나는 세계가 왜 올바른 방향으로 나아가야 하는지를 알고 있다.	①	②	③	④	⑤
양심	1. 나는 정직하지 않은 행동을 하면 양심의 가책을 느낀다.	①	②	③	④	⑤
	2. 나는 질서를 지켜야 할 의무가 있다고 생각한다.	①	②	③	④	⑤
	3. 나는 정직하지 못한 행동을 하고 나면 다음에는 그러지 않겠다고 결심한다.	①	②	③	④	⑤
반성적 의사결정	1. 나는 바람직하지 않은 행동(부정행위, 무단횡단 등)을 하고 나면 반성을 한다.	①	②	③	④	⑤
	2. 나는 사회문제(인종차별, 폭력 등)를 보면 구성원으로서 나의 잘못은 없는지 돌이켜 본다.	①	②	③	④	⑤
	3. 나는 세계적으로 당면한 문제(환경오염, 멸종위기 동물 등)에 대해 우리 모두가 책임이 있다고 생각한다.	①	②	③	④	⑤
역량(의지)	1. 나는 어떤 일이 결정되면 계획대로 추진한다.	①	②	③	④	⑤
	2. 나는 리더십 있게 행동을 한다는 이야기를 듣는다.	①	②	③	④	⑤
	3. 나는 옳은 일이라면 하기 힘들더라도 참고 한다.	①	②	③	④	⑤
습관	1. 나는 지속적으로 봉사활동을 한다.	①	②	③	④	⑤
	2. 나는 끊임없이 새로운 것에 도전하려고 한다.	①	②	③	④	⑤
	3. 나는 학교활동(행사, 동아리 등)과 사회활동(캠페인, 투표 등)에 적극적으로 참여하는 편이다.	①	②	③	④	⑤

표 2-2. **자신의 인성 정도 점수 기록하기**

구분	점수 산출	평균 점수
도덕적 자기인식	총 획득점수(　　　)/3	
감정이입	총 획득점수(　　　)/3	
도덕적 추론	총 획득점수(　　　)/3	
양심	총 획득점수(　　　)/3	
반성적 의사결정	총 획득점수(　　　)/3	
역량(의지)	총 획득점수(　　　)/3	
습관	총 획득점수(　　　)/3	

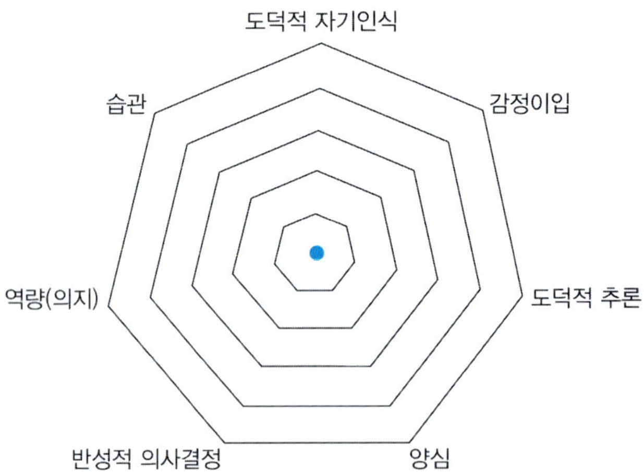

그림 2-1. **자신의 인성 정도 점수 기록하기**

1. 인성의 의미와 구성요소

1) 인성의 개념

인성은 개인의 인격, 도덕성, 기질 등의 개념을 가진 추상적이고 복합적인 개념이다. 이러한 인성에 대한 개념은 과거에는 종교적 믿음에 따른 규율을 행하는 것으로 간주되었지만 미국의 실용주의 철학자인 듀이(John Dewey)가 습관형성의 중요성을 강조하면서부터 현대적인 관점에서 인성에 대한 개념이 제시되고, 인성교육의 방향성이 나타나기 시작하였다. 이러한 인성교육에 대한 가치가 주목을 받게 된 계기는 2차 세계대전 전·후로 참혹한 전쟁을 경험하게 되면서 도덕적인 가치가 인류에게 얼마나 중요한지를 깨닫게 되기 시작하면서부터이다. 그러나 전쟁 직후에 많은 정치적, 인종적, 이념적인 갈등의 시기를 맞이하면서 지적 교육에 대한 중요성이 강조되면서 점차 인성에 대한 관심은 줄어들게 되었다. 하지만 오늘날 인성에 대해 '단일한 총체(unity)'가 아닌 세상 삶을 원만히 살아가는 데 요구되는 다양한 요소 중 하나에 해당하는 '다양성(multiplicity)'에 입각하여 그 특징을 강조하고 있다(이재호, 2014).

이와 같은 관점에서 인성에 대한 다양한 특징들은 크게 네 가지로 구분할 수 있는데, 그 내용은 〈표 2-3〉과 같다(강선보 외, 2008; 은지용, 2013; 이근철, 1996; 인성교육진흥법, 2019; 임현진, 2015; 추병완, 2004).

표 2-3. 인성의 특징

구분	내용
인간으로서의 성품	인성은 인간으로서 갖추어야 할 성품이다. 즉, 인간이 도달해야 하는 이상적이고 인간다운 성품으로 인간 본연의 모습과 품성, 인격이라고 주장한다. 한 사람의 마음과 사람됨을 바탕으로 인성은 그 사람이 어떤 사람인지를 알려 주는 것이다. 따라서 인성은 인간이 지닌 총체적인 성질로서 인격, 성격, 성질, 품격 등을 총괄적으로 내포하고 있다.

개인, 타인 및 사회와의 조화	인성은 개인, 타인 및 사회와의 조화를 강조하는 용어이다. 즉, 자신의 내면적 요구와 사회 · 환경적 요구를 지혜롭게 잘 조화시켜 세상에 유익함을 주는 인간의 특성으로 인성을 강조하고 있으며, 인간의 참된 본성과 전인성의 토대 위에 미래사회를 위한 도덕적, 사회적, 감성적 소양을 실천하는 것이라고 주장한다. 다시 말해, 긍정적이고 건강한 개인의 삶과 사회구성원으로서 삶을 살아가기 위한 바람직한 품성과 역량을 인성으로 보고 있다. 「인성교육진흥법」(2019)에 따르면, 인성교육은 자신의 내면을 바르고 건전하게 가꾸고 타인, 공동체, 자연과 더불어 살아가는 데 필요한 인간다운 성품과 역량을 기르는 것을 목적으로 하는 교육으로 정의하고 있다.
완성된 것이 아니라 교육을 통해 형성해 나가는 것	인성은 완성된 것이 아니라 교육을 통해 사회가 요구하는 인성을 형성해 나가는 것을 강조한다. 즉, 인성을 사람의 본성적인 성격이나 특질이 아니라 교육이나 학습에 의해 습득하거나 변화가 가능한 인간의 성품으로 본다. 따라서 성격은 도덕적 평가의 대상이 되지 않지만 인성은 개개인의 노력과 교육에 의해 형성되기 때문에 도덕적으로 평가를 받고 칭찬이나 비난을 받을 수 있는 것으로 본다. 인성은 환경에 대응하여 나타나는 태도, 동기, 경향성의 총합으로 시간과 상황에 걸쳐 지속되며 어떠한 경험을 하느냐에 따라 인성도 크게 변화될 수 있는 것으로 본다.
도덕성의 근본	인성을 도덕성의 근본으로 본다. 많은 연구들에서 성격적 특성, 도덕적 역량, 시민적 역량을 포괄하는 넓은 의미의 도덕성 개념과 인간성(사람됨, 품성, 덕성, 인격 등) 및 도덕성을 인성으로 정의하고 있다. 즉, 인성을 인간으로서 지녀야 할 바람직한 성향이라고 주장하며, 이 중에서 도덕성이 중심을 이루지만 개인의 성격특성을 배제해서는 안 된다고 주장한다.

인성의 사전적 개념을 살펴보면, '사람의 성품, 각 개인이 가지는 사고와 태도 및 행동 특성'으로 정의하고 있으며(국립국어원, 2018), 이를 지칭하는 용어로 Character, Personality, Humanity, 인성, 품성, 성품, 성격, 도덕성, 윤리성, 인격, 인간성, 전인성, 인품 및 개성 등 다양한 용어들로 표현되고 있다. 이처럼 인성의 개념에 대해서 이렇게 합의가 이루어지지 못하고 있는 이유는 인성에 따른 의미가 복잡하게 얽혀 있을 뿐만 아니라 동양과 서양, 학문별, 문화별, 사회 현상별로 다양한 관점에서 인성에 대한 정의를 내리고 있어 하나의 관점으로 인성에 대한 정의를 내리기 어렵기 때문이다(강선보 외, 2008).

이와 같이 인성에 대한 사전적인 의미나 다양한 용어의 사용에서 알 수 있듯이 인성의 의미는 포괄적이고 추상적인 의미를 지니고 있으며, 해석하는 관점에 의해 다양하게 이해될 수 있기 때문에 명확하게 정의를 내리기는 쉽지 않다. 하지만 여러 학자들의 인성에 대한 정의를 종합하면 인성은 세 가지 관점, 즉 개인적 관점, 사회적 관점 및 교육적 관점에서 정의하고 있는 것을 알 수 있다〈그림 2-2〉.

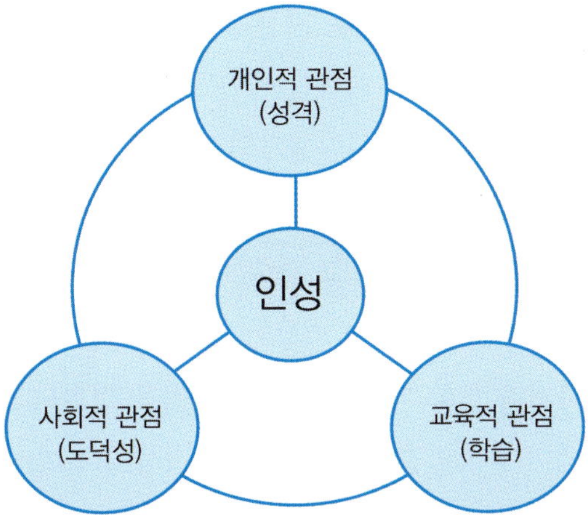

그림 2-2. **인성에 대한 관점**

첫째, 인성을 개인의 관점에서 성격으로 보는 것이다. 이 관점은 인성은 개인이 지니고 있는 심리적 특성으로 한 개인이 환경에 적응하고 조화되고 통제하는 기능을 중심으로 보는 것이다. 인성의 개인적인 측면은 주로 심리학에서 개인의 심리적 성숙 및 발달과 관련하여 연구되어 왔으며, 주로 성격으로 한정지어 연구가 이루어져 왔다. 그러므로 인성은 성격과 같은 선천적인 요인도 있지만 환경과 개인의 노력 여하에 따라 변화 가능하며 사회적응에 필요한 규칙과 대인관계기술을 형성하는 것이 바람직한 성격이자 인성이라고 본다. 이러한 측면에서 인성교육은 행동을 효율적으로 발달시키기 위해 자아의 내면 세계에 대한 이해와 자신의 행동에 대한 객관적인 이해를 조력하는 것으로 정의할 수 있다(손진희, 2008).

둘째, 인성을 사회적 관점에서 도덕성으로 보는 것이다. 이 관점에서 인성은 인간됨의 가치척도를 의미하는데, 여기서 인성은 사회구성원으로 속한 인간이 추구해야 할 품성이나 덕목, 마음씨 등 윤리적인 가치를 강조한다. 즉, 동물이 지니는 본능과 다른

'인간 본연의 성질', '인간다운 가치'가 내포된 사회적, 도덕적 의미의 품성(品性)을 의미한다(남궁달화, 1999). 즉, 인성은 한 개인이 속한 사회적 가치와 덕목으로 원만한 인간관계능력 또는 유능한 사회적 능력을 기르기 위해 함양되어야 하는 것으로 보는 것이다(이경민, 2010). 이러한 관점에서 인성은 자신이 속한 사회의 일원으로 살아가기 위한 사람다운 마음과 행동을 의미하는 사회적인 개인특성으로 정의하고 있다(전재선, 2011). 다양한 인간 환경에서 주변의 다른 사람들과의 관계를 통해 발달하는 특성으로서의 인성을 강조한 연구자들은 개인의 감성능력과 적응력 그리고 사회 규칙에 대한 이해와 순응력, 도덕성 등으로 인성을 정의하고 있다(우종욱, 2001).

셋째, 인성을 교육적 관점에서 학습이 가능한 것으로 보는 것이다. 이 관점은 교육이나 학습에 의해 습득하거나 변화 가능한 인간의 성품을 말한다. 교육기관에서의 인성과 인성교육은 넓은 의미에서 인간 교육이나 시민정신 교육이라는 말로 교육 전체를 포괄하기도 하고, 도덕교육이나 가치관 교육을 의미하기도 하며, 좁은 의미에서 예절교육이나 기본생활습관교육으로 사용되고 있다.

인성이란 개인이 사회에 적응하는 과정에서 개인적으로는 자아를 실현하고, 사회적으로는 더불어 살기 위한 도덕적, 친사회적인 가치를 추구하는 사회적인 특성이며, 교육이나 학습에 의해 습득하거나 변화가 가능한 인간의 성품으로 정의할 수 있다.

2) 인성의 하위요소

인성 발달은 기본적으로 인간의 생명이 시작되는 순간부터 죽음에 이르기까지의 전 생애에 걸쳐 이루어지지만(생애교육 관점), 생애 단계별로 인성 발달의 상대적인 중요도와 발달 목표가 달라질 수 있으며(민감한 시기 관점), 비록 민감한 시기에 발달 경험이 충분히 제공되지 못했다 하더라도 환경과의 능동적 상호작용을 통해 자신의 경험을 재구성하고 이를 바탕으로 발달적 변화를 추구할 수 있는 것이다(정창우, 2017). 인성 발달을 전 생애 과제로 인식한다면, 생애 단계별 학습 기회가 서로 단절되지 않고 지속적으로 연계될 수 있도록 생애 단계별 발달 과업을 연계할 수 있도록 하는 것이 중요하다.

이런 관점에서 무엇을 가르칠 것인가에 해답을 줄 수 있는 인성의 하위요소에 대한 연구들이 진행되었는데, 문용린 등(2010)은 인성의 하위요소를 크게 두 가지 영역, 즉 인간관계 중심덕목과 실천적 판단능력으로 구분하고 있다. 먼저 인간관계 중심덕목으로는 정직, 약속, 용서, 배려, 책임, 소유를 강조하고 있으며, 실천적 판단능력으로는 도덕적 예민성, 도덕적 판단력, 의사결정능력 및 행동실천능력을 하위요소로 구성하고 있다. 인성의 하위요소에 대한 구체적인 내용은 〈표 2-4〉와 같다.

표 2-4. 인성의 하위요소

구분	항목	내용
인간관계 중심덕목	정직	객관적인 기준에 따라 있는 그대로의 결과를 인정하고 받아들일 수 있음
	약속	자신에게 주어진 역할을 정확하게 이해함
	용서	타인의 입장과 견해를 이해하고 받아들일 수 있는 열린 마음
	배려	다양성을 받아들이고 상충되는 의견과 합의에 이르는 능력
	책임	자신의 능력을 조절하고자 하는 임무를 완성하고 나아가 자신의 역할을 다해 세상에 기여하고자 함
	소유	타인의 지적, 물적 능력, 성과 등을 인정하고 자신의 역량에 맞는 결과를 받아들임
실천적 판단능력	도덕적 예민성	상황을 도덕적 관점에서 받아들이고 인식할 수 있는 능력으로 도덕적 기준과 타인의 관점을 이해하고 해석하며 나아가 감정이입을 할 수 있는 공감 능력
	도덕적 판단력	정의롭고 공공의 관점에서 상황을 판단하여 행동 선택에 있어서 보다 바람직한 이유와 정당성을 추구하고 스스로 판단할 수 있는 능력
	의사결정능력	자신이 판단한 바람직한 가치와 일치하는 행동을 스스로 선택하는 능력
	행동실천능력	바람직한 행동을 선택한 후에 직접 행동으로 보이고 실천하는 능력

활동 3. 자신의 인성 하위요소 파악하기

다음은 여러분들의 인성 하위요소에 대한 정도를 알아보는 질문입니다. 여러분들의 생각을 가장 잘 설명하고 있다고 생각되는 항목에 체크해 봅시다.

표 2-5. 인성 하위요소 파악하기

구분		내 용	1 전혀 그렇지 않다	2 약간 그렇지 않다	3 보통이다	4 약간 그렇다	5 매우 그렇다
인간관계 중심 덕목	정직	1. 나는 대부분의 상황을 객관적인 기준에 따라 있는 그대로의 결과를 인정하고 받아들인다.	①	②	③	④	⑤
	약속	2. 나에게 주어진 역할을 정확하게 이해한다.	①	②	③	④	⑤
	용서	3. 나는 타인의 입장과 견해를 이해하고 받아들일 수 있는 열린 마음을 가지고 있다.	①	②	③	④	⑤
	배려	4. 나는 다양성을 받아들이고 상충되는 의견과 합의에 이르도록 노력한다.	①	②	③	④	⑤
	책임	5. 나는 나의 능력을 조절하고자 노력하며, 나아가 나의 역할을 다해 세상에 기여하고자 노력한다.	①	②	③	④	⑤
	소유	6. 나는 타인의 지적, 물적 능력, 성과 등을 인정하고 나의 역량에 맞는 결과를 받아들인다.	①	②	③	④	⑤
실천적 판단 능력	도덕적 예민성	1. 나는 대부분의 상황을 도덕적 관점에서 받아들이고 타인의 관점과 감정을 이해하려고 노력한다.	①	②	③	④	⑤
	도덕적 판단력	2. 나는 대부분의 상황에서 정의와 공공의 관점에서 상황을 판단하려고 노력한다.	①	②	③	④	⑤
	의사결정 능력	3. 나는 내가 판단한 바람직한 가치와 일치하는 행동을 스스로 선택하려고 노력한다.	①	②	③	④	⑤
	행동실천 능력	4. 나는 바람직한 행동을 선택한 후에 직접 행동으로 실천하려고 노력한다.	①	②	③	④	⑤

표 2-6. **인성 하위요소 점수 기록하기**

구분	항목	점수
인간관계 중심덕목	정직	
	약속	
	용서	
	배려	
	책임	
	소유	
실천적 판단능력	도덕적 예민성	
	도덕적 판단력	
	의사결정능력	
	행동실천능력	

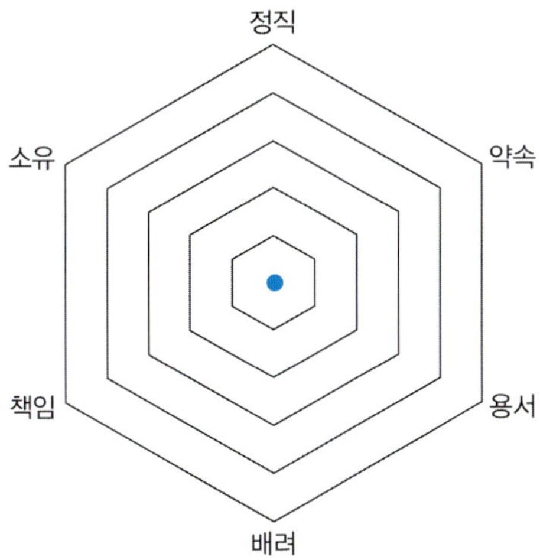

그림 2-3. **자신의 인간관계 중심덕목 점수 기록하기**

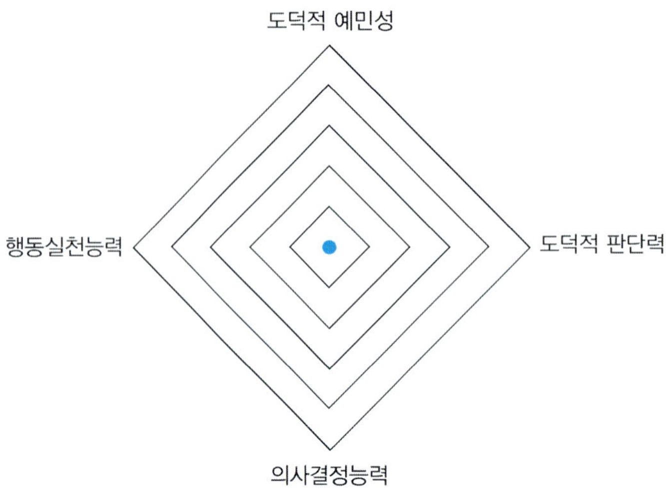

그림 2-4. **자신의 실천적 판단능력 점수 기록하기**

■ 자신의 인간관계 중심덕목을 향상시키기 위해 어떤 노력이 필요하다고 생각하십니까?

....

....

....

■ 자신의 실천적 판단능력을 향상시키기 위해 어떤 노력이 필요하다고 생각하십니까?

....

....

....

2. 대학생의 직업인성 역량

대학생 시기는 직업 세계에서 갖추어야 할 직무에 대한 올바른 인성과 직업윤리 등을 배양해야 하는 시기이다. 기본적으로 전문인에게 요구되는 식견과 기술을 소유해야 할 뿐만 아니라, 자신이 하고 있는 일에 대한 애착과 사명감을 가져야 하고 자신이 하고 있는 일에 대한 남다른 표준과 윤리를 가지기 위해 노력해야 한다. 즉, 훌륭한 직업인이 되기 위해서는 첫째, 일을 질적으로 높은 수준으로 수행할 수 있어야 하고, 둘째, 그 일에 대해 사회적으로 책임감을 가져야 한다. 아무리 뛰어난 직무수행능력을 가지고 있다고 하더라도 이익을 취하기 위해 자신의 위치를 이용하거나 자신이 가진 권한을 남용하는 사람들은 '훌륭한 직업인'이라고 할 수 없다(Gardner et al., 2008). 따라서 훌륭한 직업인이 되기 위해서는 높은 수준의 직무수행능력과 윤리성, 즉 개인의 정직성, 자기 직업분야에 대한 책임, 더 큰 사회적 책임을 겸비해야 하는 것이다.

대학생은 예비 직장인으로서 기업 현장뿐만 아니라 사회 구성원으로서 적응해야 한다. 따라서 개인적인 '나'와 기업 현장 및 사회생활에 필요한 '나'의 두 개념을 골고루 개발하여 융통성 있게 발휘해야 하고(박선영, 2005), 개인의 내적 변화와 사회적응 및 취업에 도움이 되어야 한다. 이를 기반으로 대학생에게 직업인성 역량 함양에 대한 중요성은 〈표 2-7〉과 같이 크게 3가지 관점에서 볼 수 있다(김정민, 2019).

표 2-7. 대학생의 직업인성 역량 함양의 중요성

• 생애단계에 맞추어 사회 진출을 위해 직업인성이 중요하다. 대학에서는 단순 지식과 기술만이 아닌 시장의 요구를 반영하여 참여하는 직업인, 사회인이 되기 위한 교육을 통해 직업세계의 변화가 일어날 때 개인이 다양한 직업으로의 전환이 가능하고 개인이 성장 기회를 제공받아야 한다. • 훌륭한 직업인으로서 필요한 역량과 태도를 기르도록 해야 한다. 훌륭한 직장인은 직무능력뿐만 아니라 개인의 정직성, 직업에 대한 책임감은 물론 사회적인 책임까지도 겸비해야 한다(Gardner et al., 2008). 아무리 훌륭한 직무능력을 갖추고 있다고 하더라도 개인적 이익만을 취하거나 사회적 물의를 일으킨다면 훌륭한 직업인이라 할 수 없으며, 사회적 요구에 따른 지적 역량과 더불어 사회적 역량의 토대가 되는 인성 역량의 함양이 이루어져야 한다. • 소프트 스킬(soft skills)이 되는 직업인성 역량의 중요성이 커지고 있다. 다양한 직업에서 필요로 하는

기본적 역량은 소프트 스킬, 직업기초능력, 비인지적 기술 등 다양하게 불리고 있지만 의미하는 바는 일맥상통한다. 실제로 대학생들은 직업기초능력에서 직무를 수행하기 위한 어학능력, 문제해결능력 등은 많은 준비를 하고 있으며, 그에 따른 역량을 갖추었다고 생각하고 있지만 소양 역량인 협동, 예절, 자기주도성, 책임감 등은 필요하지만 부족한 것으로 나타났다(권영주, 2013).

활동 4. 대학생의 직업인성 역량 파악하기

다음은 대학생의 직업인성 역량을 알아보는 질문입니다. 여러분들의 생각을 가장 잘 설명하고 있다고 생각되는 항목에 체크해 봅시다.

표 2-8. **대학생의 직업인성 역량 파악하기**

	내 용	1 전혀 그렇지 않다	2 약간 그렇지 않다	3 보통이다	4 약간 그렇다	5 매우 그렇다
자기관리	1. 나는 내가 바라는 직업, 진로목표를 위해 구체적인 실행 전략을 세운다.	①	②	③	④	⑤
	2. 나는 해야 할 일을 미루지 않고 성실하게 수행한다.	①	②	③	④	⑤
	3. 나는 상황에 따라 나 자신을 조절하여 행동할 수 있다.	①	②	③	④	⑤
개방성	1 나는 다른 문화와 사회현상에 대해 편견 없이 받아 들인다.	①	②	③	④	⑤
	2. 나는 다양한 사람들과 소통하는 것에 관심을 두는 편이다.	①	②	③	④	⑤
	3. 나는 나와 다른 견해나 배경을 가진 사람을 만나는 것을 꺼리지 않는다.	①	②	③	④	⑤
공감소통	1. 나는 상대방을 이해하기 위해, 그 사람의 입장에서 생각해 본다.	①	②	③	④	⑤
	2. 나는 상대방과 대화 도중 나와 의견이 다르더라도 중간에 끼어들거나 자르지 않고 일단 경청한다.	①	②	③	④	⑤
	3. 나는 상대방이 기분 나쁘지 않게 나의 요구, 의견 등을 표현한다.	①	②	③	④	⑤

협업	1. 나는 상대방에게 긍정적 또는 부정적 피드백을 받더라도 도움이 된다면 감정에 치우치지 않고 피드백을 잘 수렴하려고 한다.	①	②	③	④	⑤
	2. 나는 우리 팀이 달성해야 할 목표가 무엇인지 인지하고 있다.	①	②	③	④	⑤
	3. 나는 우리 팀 구성원과 과제 수행에 대해 원활하게 의사소통한다.	①	②	③	④	⑤
시민적 덕성	1. 나는 내가 속한 공동체(집단, 조직, 사회)에서 생긴 문제가 나와도 관련되어 있다고 생각한다.	①	②	③	④	⑤
	2. 나는 나에게 주어진 사회적 책무를 이행하는 것은 중요하다고 생각한다.	①	②	③	④	⑤
	3. 나는 질서를 유지하기 위해 만들어진 공식 · 비공식 규범들을 준수한다.	①	②	③	④	⑤
공동체 의식	1. 나는 내가 속한 집단, 조직, 사회의 사람들과 일체감을 느낀다.	①	②	③	④	⑤
	2. 나는 내가 속한 공동체(집단, 조직, 사회)에 어려운 일이 생기면 함께 해결하고, 공동의 발전을 위해 노력하는 편이다.	①	②	③	④	⑤
	3. 나는 법과 같은 공식 규범뿐만 아니라 비공식적인 사회적 약속이라도 지켜야 한다고 생각한다.	①	②	③	④	⑤

표 2-9. 대학생의 직업인성 역량 점수 기록하기

구분	점수 산출	평균 점수
자기관리	총 획득점수(　　　　)/3	
개방성	총 획득점수(　　　　)/3	
공감 · 소통	총 획득점수(　　　　)/3	
협업	총 획득점수(　　　　)/3	
시민적 덕성	총 획득점수(　　　　)/3	
공동체 의식	총 획득점수(　　　　)/3	

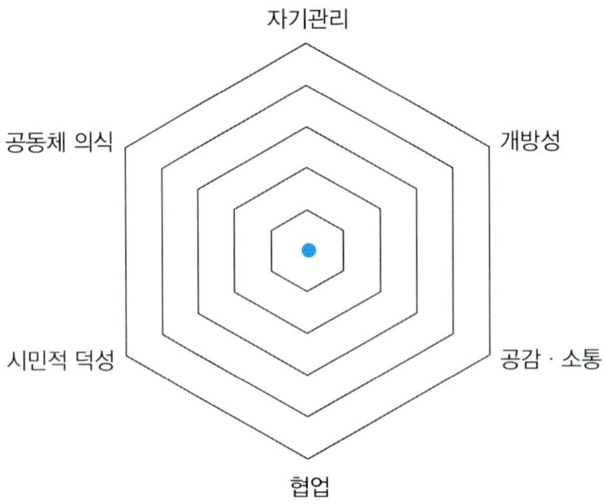

그림 2-5. **자신의 직업인성 역량 점수 기록하기**

■ 자신의 직업인성 역량을 향상시키기 위해 어떤 노력이 필요하다고 생각하십니까?

....

....

....

3. 4차 산업혁명과 인성

4차 산업혁명 시대가 도래함에 따라 변화하는 사회는 일자리 환경 변화는 물론 경력 패러다임의 전환이 일어나고 있다. 이에 따라 국내 · 외적으로 미래직업역량에 큰 영향을 미치게 되는 인성에 대해 강조하고 있는데, 그 내용을 구체적으로 살펴보면 다음과 같다(강현주, 조대연, 2017; 김은석 외, 2017; 대한상공회의소, 2013, 2018; 성태제, 2017; Cheng

& Furnham, 2012; Deming & Kahn, 2018; Deming, 2017; Hall & Farkas, 2013; Johnson, Brett, & Deary, 2010; Lancaster & Stillman, 2010; Prisecaru, 2016; World Economic Forum, 2016).

(1) 인공지능의 발달과 자동화로 인한 직무역량, 고용형태의 변화 및 개인 직무수행역량에 변화가 일어나게 된다

과거 인간이 수행했던 업무를 기계가 대신하게 되면서 인간은 인간 고유의 영역에서 어떠한 역량을 어떻게 발휘할 것인지에 대한 준비가 필요하게 되었다. 이에 따라 특정 기술과 융복합적인 역량이 점차 요구되고 있다. 슈밥(Schwab, 2016)은 로봇으로 대체 불가능하며 문제해결능력을 겸비한 감성적 지능을 가진 사람이 이 시대의 핵심 역량을 지닌 사람이라고 하였다. 또한 개인이 복잡한 문제를 극복하고 새로운 환경에 적응하기 위해 '영감지능, 신체지능, 정서지능'을 강조하며 기존의 지식, 기술, 태도뿐만 아니라 인간만이 가질 수 있는 고유 역량을 배양함으로써 사람-사람뿐만 아니라, 사람-기계, 사람-사회의 영역까지 시너지 효과를 낼 수 있는 인간만의 감성적 역량을 키워야 한다고 주장하였다. 이러한 미래의 일자리 환경의 변화에 따라 인간이 필요로 하는 역량의 변화와 내면적 요소를 함양해야 한다. 세계경제포럼(WEF)에서도 2020년에 필요한 모든 산업 분야에서 요구되는 능력을 조사한 결과, 복잡한 문제를 파악하여 해결하는 직무역량 다음으로 사회적 능력이 중요한 것으로 나타났다.

(2) 국내 · 외 주요기업현장에서는 인지적 역량뿐만 아니라 가치관, 정서, 공동체 의식 등의 비인지적 역량과 더불어 '사회정서역량'에 대한 요구가 높아지고 있다

기업현장에서는 직무에서 성과를 내는 사람, 일반적으로 말하는 우수 성과자의 특징에 대해 오랜 관찰과 연구를 통해 이들이 지닌 두 가지 특징을 발견하였는데, 하나는 직무에 필요한 기술, 지식, 경험을 두루 갖추고 있는 것과 또 다른 하나는 인성적 측면이었다. 직무능력과 인성 중에서 어떤 것이 더 중요하냐에 대해 기업현장에서는 인성을 더 중요하게 생각하는 것으로 나타났다. 직무능력은 변화와 성장이 가능한 영역으로 보기 때문에 관련된 지식이나 기술이 부족하면 교육 및 훈련을 통해 보완하여 해결 가능한 문제로 여긴다. 신입 사원을 채용할 때, 그 사람이 어떤 인성을 가지고 있느냐 하는 것은 단순히 개인의 업무를 넘어 조직에 소속된 구성원들과의 팀 분위기에 영향을 미치기 때문에 팀 내 업무 성과로까지 이어질 수 있는 중요한 문제이다. 또한 기업에서도 이제는 학습 성과 중심의 선발 관행에서 벗어나 인성, 창의성, 협업능력 등을 중심으로 하는 개인의 경험 및 개인의 인성 역량을 중시하고 있다. 인성 역량 중 비인지적 능력은 성인 시기의 지위 획득, 노동시장의 성과 등 사회적 성공을 설명하는 주요 요인으로 중요하게 여겨지고 있는 추세이다.

(3) 기술의 발전으로 인해 사회가 비인간화될 수 있어 감성, 영감, 공감 같은 인간의 고유 영역과 가치에 영향을 주므로 도덕성과 윤리적 문제가 중요시되고 있다

Sullivan(2016)은 새로운 미국 대학(NAC & U)을 소개하면서 학생들에게 전공분야의 전문지식과 기술, 인문학적 소양과 더불어 시민적 책임(civic responsibility)을 갖추어 개인적, 사회적, 시민적 책무성에 대한 성숙을 증가시키는 교육을 해야 한다고 주장하고 있다. 즉, 미래사회에서는 개인이 보유한 숙련 정도에 따라 취업의 기회와 소득의 불평등이 발생할 수 있기 때문에 다수가 민주시민역량을 통해 많은 사람들이 스마트한 능력을 갖도록 해야 한다.

(4) 미래시대는 노동자의 숙련 기술의 생명주기가 짧아지기 때문에 생애전반에 걸쳐 정보와 지식을 선별하여 직업에 연계시키고 개발시키는 역량을 함양해야 한다

다가오는 미래사회에서는 관심 분야에 대한 지적 흥미와 호기심을 가지고 스스로 학습하며 판단함으로써 새로운 것을 창조하는 것이 중요한 역량이다. 그러나 우리나라 대부분의 일자리는 경력만 쌓이고 숙련이 늘지 않는 것들로 구성되어 있다. 미래사회에서는 일자리의 개념이 '평생직장'에서 '평생직업'으로 변화하면서 개인의 직업관 또한 조직 중심에서 개인 중심으로 점차 변화하게 될 것이다. 이때의 경력개발은 조직이 주도하는 것이 아닌 개인이 주도하는 양상을 보일 것이다. 이에 따라 기업은 강한 소속감, 업무 수행, 공간 공유의 직장개념이 아니라 전문화된 개인 단위의 경제활동을 사회, 경제생태계와 연결하는 매개체로서의 역량을 더욱 강화하게 될 것이다.

(5) 기업현장의 문화를 개선하고 조직역량을 높이려고 하는 기업의 변화가 나타난다

사회는 미래사회의 주역이 될 밀레니얼(millenials) 세대의 등장에 따라 변화된다. 그들은 가상세계, 인터넷상에서의 상호 간 피드백을 통한 협력에 능하기 때문에 2030년에는 사회의 주역이 될 것으로 전망되며, 그로 인한 조직과 사회의 변화가 일어날 것으로 예상된다. 대한상공회의소(2018)에서 국내 100대 기업이 꼽은 인재상을 조사한 결과, 소통 · 협력이 1순위로 도출되었고, 이후 전문성, 원칙 · 신뢰, 도전정신 등으로 도출되었다. 사회에서는 단순히 스펙이 뛰어난 지원자보다 기업의 인재상에 부합하고 조직에 잘 적응할 수 있는 인재를 요구하고 있다. 입사 후 전문가로 육성하는 것은 기업의 몫으로 생각하고, 입사자의 인성에 대해 더 비중을 두는 채용 트렌드를 보이고 있다. 미래사회에서는 전문지식을 바탕으로 다양한 문제를 해결할 수 있고, 변화에 유연하며 조직 내 이해 관계자들과 소통과 협상, 협업을 기반으로 한 사회적 기술이 강조된다. 직업 인성은 개인의 지식, 태도, 가치관, 특정 기술과 같은 인지적 능력으로 직업적 성취와 적응을 설명하려고 했던 기존의 관점과는 달리 관계적, 사회적 차원에서 발현되는 인성적 요소가 중요하다는 관점으로 전환되고 있다. 그로 인해 기존 관점이 전환되어 인성의 영향력이 새롭게 주목받고 있다.

4. 인성 기르기

1) 직업윤리 가지기

직업인이라면 누구나 올바른 직업윤리를 갖추고 있어야 한다. 직업윤리란 특정한 직업에 종사하는 사람들 사이에서 지켜야 할 것으로 정해진 행동규범을 의미한다. 이와 같은 직업윤리에는 책임감, 성실성, 정직 등과 같이 모든 직업에서 공통적으로 요구되는 행동규범인 직업윤리가 있고, 특정 직업에 종사하는 사람에게 사회가 기대하고 요구하는 행동규범인 개별적 직업윤리가 있다. 개별적 직업윤리는 직업적 성격과 특징에 따라 조금씩 다르다. 직업인의 직업윤리에 대한 구체적인 내용은 〈표 2-10〉과 같다.

표 2-10. **직업인의 직업윤리**

구분	내용
소명 의식과 천직 의식	직업을 하늘이 자신에게 부여한 일로서 성스럽게 받아들여 그 일에 열성을 가지고 성실히 임하려는 직업관이다.
직분 의식과 봉사 정신	사람은 일정한 직업을 가지고 활동함으로써 조직 사회의 기능을 분담하여 직·간접적으로 직분을 수행하며 사회의 유지 및 발전에 참여한다. 또한 사람들은 직업을 통해서 사회에 봉사한다.
책임 의식	자기 직업에 애정을 가지고 자신이 맡은 일을 자율적, 자주적으로 행하며, 성실하게 책임을 다하려는 자세가 필요하다.
전문가 정신	자신의 직무와 관련된 기술과 지식을 습득하여 자기 분야를 책임질 수 있는 전문가가 되어야 한다.
협동 봉사 정신	직장 내에서 서로 협동하고 돕는 자세를 가져야 하며, 또한 직무 수행 과정에서 국가나 사회 및 개인을 위해 헌신하는 마음 자세를 지녀야 한다.

모든 사람이 직업윤리를 실천하기 위해 노력한다면 우리 사회는 더욱 살기 좋아질 것이다. 또한 성공한 직업인이 되기 위해서는 자신이 희망하는 직업에서 요구되는 직업윤리를 잘 알고, 올바른 직업윤리를 갖추도록 노력하는 것이 매우 중요하다.

활동 5. 직업윤리의 중요성 알아보기

■ 자신이 생각하는 직업윤리는 무엇인지 아래에 적어 봅시다.

■ 현재 다니고 있는 직장 혹은 현재 자신이 전공하고 있는 학과와 관련하여 어떤 직업윤리가 필요할 것인지에 대해 아래에 적어 봅시다.

■ 직업윤리가 높을 때 얻을 수 있는 이득과 낮을 때의 불이익을 아래에 적어 봅시다.

2) 올바른 습관 형성

습관이라는 단어의 사전적 의미는 버릇으로 이것은 어떤 행위를 오랫동안 되풀이하는 과정에서 저절로 익혀진 행동양식으로 정의하고 있으며, 한자로는 익힐 습(習), 익숙할 관(慣)으로 어린 새가 날개짓을 연습하듯 매일 반복하여 저절로 익혀져 익숙해진 것으로 풀이할 수 있다. 습관에 해당되는 영어는 habit이며, 사전적 의미는 직업, 지위, 기능을 의미하는 옷(clothing), 태도, 신체적 외모와 꾸밈(bodily appearance or makeup), 행동양식(manner of conducting oneself), 잦은 반복을 통해 얻은 행동패턴(behavior pattern)의 의미도 포함되어 있다.

이상의 정의들을 종합해 보면, 습관이란 세 가지 특징을 지니고 있다는 것을 알 수 있는데 첫째, 습관은 반복적이라는 것이다. 어린 새가 날기 위해서는 날개짓을 익숙해질 때까지 연습을 반복하듯 습관은 반복에 의해 익숙해진 것이다. 둘째, 습관은 행동을 의미한다. 식사 후에 이를 닦는 것은 생각을 통해서가 아니라 행동을 통해 익혀서 습관이 되는 것이다. 즉, 정형화된 행동을 의미한다. 셋째, 습관은 무의식적으로 이루어진다. 즉, 자동적으로 이루어지는 특성을 지닌다. 습관은 무엇을 해야 한다고 생각하지 않아도 행동을 하게 만든다. 마치 우리가 눈을 깜빡이는 것을 의식하지 않는 것처럼 습관도 의식하지 않아도 자동적으로 이루어지는 행동을 의미한다.

> 반복에 의해 무의식적으로 형성된 행동을 의미하는 습관은 우리의 인생에 많은 영향을 미치게 된다. 즉, 습관에 의해 행복하고 성공된 삶을 살아가기도 하지만 반대로 습관에 의해 불행하고 실패의 삶을 살아가기도 한다.

사람은 습관에 따라 생각하고, 말하고, 행동한다. 현재 자신이 하는 행동들의 대부분은 어릴 적부터 학습되고 경험했던 것들이 축적된 결과로 나타나는 것이다. 나쁜 습관은 우리가 원하는 방향으로 성장되는 것을 가로막는 장애물이다. 습관적으로 하는 생각과 언행이 우리를 원하는 방향으로 가지 못하고 같은 자리를 맴돌거나 뒤처지게 한다.

바람직한 습관으로 바꾸기 위해 가장 먼저 해야 할 것은 습관에 대한 자아조사이다. 자아조사는 자신이 갖고 싶은 좋은 습관과 고치고 싶은 나쁜 습관을 찾아내기 위해서 스스로 깊은 성찰을 통해 자신의 나쁜 습관이 무엇인지, 좋은 습관은 무엇인지 찾아내는 작업이다. 이러한 자아조사를 통해 성공을 가로막는 나쁜 습관과 잠재력 발휘에 도움을 되는 좋은 습관을 찾아낼 수 있다.

활동 6. 자신의 습관 조사해 보기

평소 자신의 나쁜 습관과 좋은 습관을 차분히 생각해 보고 작성해 봅시다.

표 2-11. **자아조사(성찰을 통한 자신의 습관 조사)**

좋은 습관	나쁜 습관
▪	▪
▪	▪
▪	▪
▪	▪
▪	▪
▪	▪
▪	▪
▪	▪
▪	▪
▪	▪

표 2-12. **자아인식(동료의 도움을 받아 자신의 습관 발견)**

질문(습관의 영역)	자신의 습관 발견
▪ 좋은 유형의 습관 (생각, 감정, 말, 행동 등으로 구분)	▪ ▪ ▪ ▪
▪ 나쁜 유형의 습관 (생각, 감정, 말, 행동 등으로 구분)	▪ ▪ ▪ ▪
▪ 질문의 예 나는 화가 날 때 다른 신체적 변화가 있는가? 나는 민망한 상황에서 거짓말을 하는가? 나는 좋은 사람을 만나면 어떻게 반응하는가? 나는 웃을 때 입을 얼마나 벌리며, 소리를 어떻게 내는가? 나는 걸을 때 다리를 어떻게 하는가?	

표 2-13. **종합: 1개월 이내에 고쳐야 하는 습관과 새로 갖고 싶은 습관**

고쳐야 하는 나쁜 습관	새로 갖고 싶은 좋은 습관
▪	▪
▪	▪
▪	▪
▪	▪
▪	▪
▪ 나쁜 습관에 영향을 주는 핵심 습관	▪ 좋은 습관에 영향을 주는 핵심 습관

3) 근면성 기르기

모든 성공의 밑바탕에는 근면이 자리하고 있으며 근면은 성공의 필요조건이다. 시대와 지역을 불문하고 근면은 중요한 가치로 인식되어 왔으며 중요한 덕목으로 요구되어 왔다. 그러나 근면은 친숙한 개념임에도 불구하고 명확하게 규정하는 것은 쉬운 일이 아니다. 왜냐하면 시대 혹은 나라에 따라 근면에 대한 정의는 조금씩 달라져 왔기 때문이다. 근면은 나에게 주어진 일이나 내가 어떤 목표를 가지고 있는 일들을 미루지 않고 정성을 다하여 온 힘을 쏟아 가며 나아가는 것이며, 부딪히는 장애와 장벽에 쉽게 단념하지 않고 견디어 나가는 것으로 정의될 수 있다.

근면은 태도로서 습관화된다. 근면의 습관은 꾸준히 포기하지 않고 한 단계씩 천천히 행하여 나가는 것이다. 이러한 작은 성취가 하나씩 쌓여서 몸에 익히게 되고 자연스럽게 모든 생각과 행동에서 드러나게 되어 어떤 일에서건 바른 방향성과 좋은 결과를 가져오는 밑바탕이 된다.

매일 반복되는 큰 의미 없어 보이는 하루 생활에서도 우리는 많은 선택과 결정의 기로에 서 있다. 밥 먹고 난 후 설거지를 바로 할 것인지, 그냥 뒀다가 다음 식사 이후로 미룰 것인지의 선택과 행동은 나의 마음과도 관련 있지만, 그전부터 습관으로 형성된 생활 태도와도 밀접하게 연결되어 있다. 먹고 난 후 바로 설거지를 하여 그릇을 정리하는 일상생활의 습관은 이후 사진을 찍은 후 날짜별로 폴더를 만들어 바로 정리하는 행동이나 여러 부서로부터 오는 서류들을 목록화하여 정리하는 행동의 직무와 관련된 습관으로 확장되어 나간다.

근면한 생활 태도를 몸에 익혀 습관이 되고 습관화된 행동이 일상생활뿐만 아니라 직장생활 속에서도 근면을 실천할 수 있게 한다. 따라서 일상생활 속에서 꾸준히 근면성을 함양시킬 수 있는 행동을 습관화하는 것이 필요하다.

활동 7. 근면성을 습관화하기

나의 일상생활 속에서 근면성을 습관화하기 위한 행동들은 어떤 것들이 있는지 찾아봅시다.

예: 친구와 약속을 지킨다.

1)

2)

3)

4)

5)

활동 8. 인성 점수의 향상을 위한 자신의 노력에 대해 생각해 보기

지금까지 배운 4차 산업혁명 시대와 인성에서 시대에 맞은 인성을 함양하기 위해서 자신이 어떤 노력을 해야 할지에 대해 생각해 봅시다.

표 2-14. **인성 점수 향상을 위한 자신의 노력에 대해 생각해 보기**

구분	노력
도덕적 자기인식	
감정이입	
도덕적 추론	
양심	
반성적 의사결정	
역량(의지)	
습관	

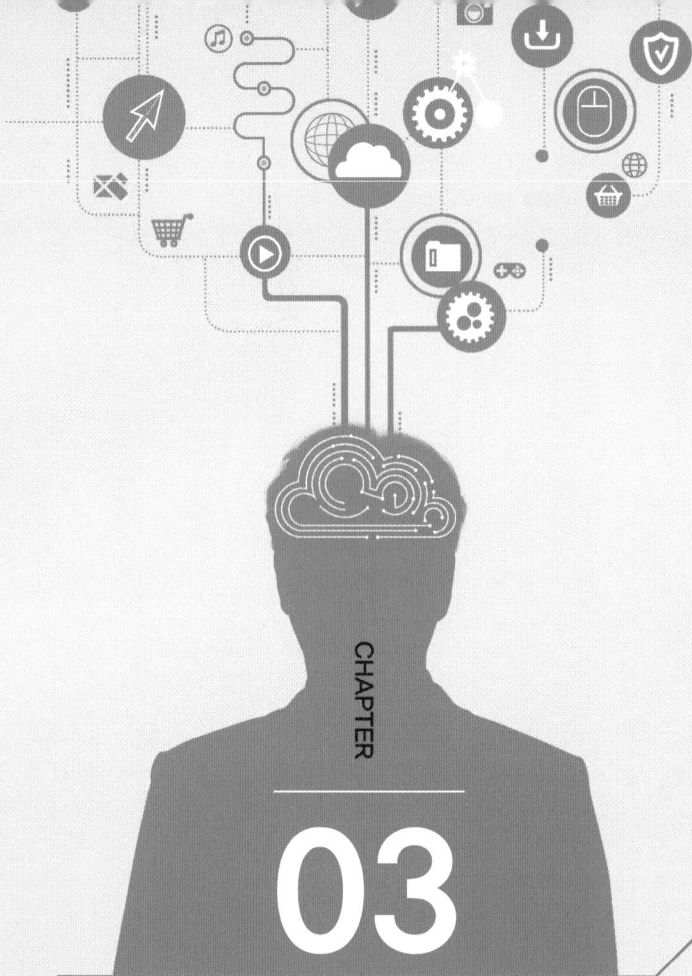

CHAPTER

03

4차 산업혁명 시대와 창의성

배울 내용

1. 창의성의 개념과 특징
2. 4차 산업혁명과 창의성
3. 창의적인 사람의 특징
4. 창의성 기르기

학습목표

1. 창의성의 개념과 특징을 파악한다.
2. 4차 산업혁명과 창의성의 관련성을 파악한다.
3. 창의적인 사람의 특징을 파악한다.
4. 창의성을 향상시키는 방법을 통해 창의성 향상을 모색한다.

활동 1. 자신이 생각하는 창의성 알아보기

■ 자신이 생각하는 창의성은 무엇이라고 생각하십니까?

....

....

....

■ 자신의 삶과 앞으로의 직장 생활에 있어 창의성이 중요한 이유는 무엇이라고 생각하십니까?

....

....

....

활동 2. 자신의 창의적 성향 파악하기

다음은 여러분들의 창의적 성향에 대한 정도를 알아보는 질문입니다. 여러분들의 생각을 가장 잘 설명하고 있다고 생각되는 항목에 체크해 봅시다.

표 3-1. 창의적 성향 파악하기

	내 용	1 전혀 그렇지 않다	2 약간 그렇지 않다	3 보통이다	4 약간 그렇다	5 매우 그렇다
인내와 열정	1. 나는 어떤 일을 시작하면 끝까지 한다.	①	②	③	④	⑤
	2. 나는 목적달성을 위해 언제나 최선을 다한다.	①	②	③	④	⑤
	3. 나는 어떤 일을 할 때 게으름을 피우지 않고 부지런히 한다.	①	②	③	④	⑤
유머	1. 나는 유머감각이 있다.	①	②	③	④	⑤
	2. 나는 친구들을 잘 웃게 만든다.	①	②	③	④	⑤
	3. 나는 남들이 하지 못하는 생각으로 사람들을 웃게 한다.	①	②	③	④	⑤
자신감	1. 나는 다른 사람의 시선이나 평가를 크게 의식하지 않는다.	①	②	③	④	⑤
	2. 나는 내가 자랑스럽다.	①	②	③	④	⑤
	3. 나는 문제가 쉽게 해결되지 않아도 잘 포기하지 않는다.	①	②	③	④	⑤
모험과 도전	1. 나는 현재에 만족하기보다 힘들어도 새로운 도전을 좋아한다.	①	②	③	④	⑤
	2. 나는 새롭게 무엇을 시도하는 것을 좋아한다.	①	②	③	④	⑤
	3. 나는 처음 해 보는 일도 용기를 내서 시도해 본다.	①	②	③	④	⑤
호기심	1. 나는 주변 사람이나 사물에 대해 관심이 많다.	①	②	③	④	⑤
	2. 나는 궁금한 것이 많다.	①	②	③	④	⑤
	3. 나는 친구들에 비해 질문이 많은 편이다.	①	②	③	④	⑤
개방과 자율	1. 나는 누가 시키지 않아도 스스로 알아서 한다.	①	②	③	④	⑤
	2. 나는 문제가 있으면 새로운 규칙을 만들어야 한다고 생각한다.	①	②	③	④	⑤
	3. 나는 다른 사람의 생각이 나보다 낫다고 생각하면 바로 받아들인다.	①	②	③	④	⑤
상상	1. 나는 상상의 세계로 잘 빠져 들어간다.	①	②	③	④	⑤
	2. 나는 현실과 정반대의 상황에 대한 생각을 자주한다.	①	②	③	④	⑤
	3. 나는 동화 속 주인공이 되어 보는 상상을 좋아한다.	①	②	③	④	⑤

표 3-2. **창의적 성향 점수 기록하기**

구분	점수 산출	평균 점수
인내와 열정	총 획득점수(　　　)/3	
유머	총 획득점수(　　　)/3	
자신감	총 획득점수(　　　)/3	
모험과 도전	총 획득점수(　　　)/3	
호기심	총 획득점수(　　　)/3	
개방과 자율	총 획득점수(　　　)/3	
상상	총 획득점수(　　　)/3	

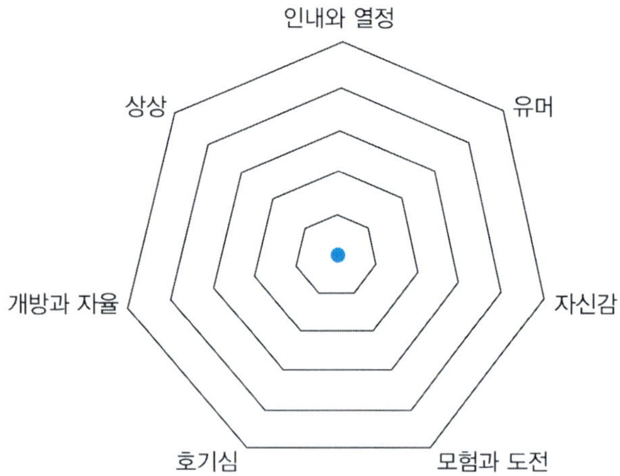

그림 3-1. **자신의 창의적 성향 점수 기록하기**

1. 창의성의 개념과 특징

인간의 진보는 '창의성(Creativity)'에 의해 이루어진 산물로 볼 수 있기 때문에 창의성은 인간에게 매우 중요한 의미를 지니는 개념이다(Torrance, 1974). 즉, 인간이 불을 사용하고 도구를 만들고, 에너지와 첨단과학 등을 만들어 내는 데 있어 꼭 필요한 원동력인 창의성이 없었다면 인류는 존재할 수 없었고, 앞으로의 미래에 생존할 수 없기 때문에 인류의 생존이 창의성에 달려 있다고 해도 과언이 아니다(Csikszentmihalyi, 1997). 이처럼 창의성이 인류의 발달에 매우 중요한 능력임에도 불구하고 인간의 지능에 비해 연구와 교육적 관심의 역사는 그리 길지 않다.

인간의 창의성에 대해 관심을 갖기 시작한 것은 1950년 Guilford가 미국 심리학회 회장 취임 연설에서 창의적인 과정(process), 창의적인 산물(product), 창의적인 사람(person)의 중요성과 경험적 연구의 필요성에 대해 언급하면서부터라고 할 수 있다. 그리고 창의성에 대한 초기 연구들은 주어진 문제에 대해 새로운 시각으로 다양하고 많은 정보를 만들어 내는 확산적인 사고 유형에 초점을 맞추었지만(Guilford, 1967), 최근 들어 창의성을 연구하는 많은 학자들은 개인의 특성과 환경, 사회적인 체제 등 복합적인 요소들을 포함하여 정의되어져야 한다는 데 의견을 모으고 있다(Amabile, 1983; Csikszentmihalyi, 1997).

1) 창의성의 정의

창의성에 대한 연구들을 살펴보면, 창의성에 대한 정의는 학자의 수만큼이나 다양하다고 할 수 있다. 왜냐하면 학자들마다 창의성을 보는 측면이나 강조하는 입장이 조금씩 다르기 때문이다. 일반적인 입장은 크게 네 가지로 구분할 수 있다.

첫째, 창의성을 하나의 '인지적 특성'으로 보는 입장이다. Guilford(1967)는 많은 지적 능력 중에서 '확산적 사고'를 창의성과 동일한 의미로 보고 있다. 이것은 엄격한 제한 내에서 정해진 답을 집중적으로 찾는 수렴적 사고와는 반대로, 확산적 사고는 사고의 제한 없이 완전히 자유롭게 예상 외의 결과를 가져올 수 있는 사고유형을 창의성으로 보고 있다.

둘째, 창의성을 '정의적 특성'으로 보는 입장이다. 이 입장은 창의성을 욕구나 동기, 태도와 같은 인성적인 특성으로 설명하려는 것으로 지적 과제에 집중할 수 있는 환경적 조건을 중요시한다.

셋째, 창의성을 '문제해결의 과정'으로 방법론적 측면을 강조하는 입장이다. 창의적 문제해결 단계는 4단계, 즉 문제해결의 준비단계, 문제 해결책이 떠오르는 부화단계, 문제에 대한 해결책을 찾아내는 발현단계, 발현단계에서 나타난 해결책을 검증하는 검증단계로 나눈다. Torrance(1974)는 창의력을 어떤 문제, 지식의 결핍 및 부조화 등에 민감해짐으로써 그 상황에서 어려운 점을 찾아내고 문제해결을 위한 탐색과정으로 보았다. 즉, 창의성이란 결과를 예측하기 위하여 가설을 세우고, 이러한 가설에 대한 검증 및 재검증을 거듭한 후에 그 결과를 해결하는 전 과정으로 보았다.

넷째, 창의성을 '기존에 있는 요소들 간에 새로운 결합이나 관계를 찾아내는 능력'으로서 산출물을 강조하는 결과론적 관점으로 보는 입장이다. 산출물이 없는 순수한 활동은 창의성이 아니다. 참된 창의성은 발명 또는 새로운 것을 만드는 과정이다. 또한 창의성이란 용어는 독창적이고 새로운 배경을 갖춘 활동 또는 산출물을 위해서만 사용되어야 한다고 보는 것이다.

창의성이란 정보에 대한 새로운 통찰과 연합을 통해 기존의 것과는 다른 아이디어를 산출해 내는, 모든 사람이 보편적으로 지니고 있는 속성으로 정의할 수 있다. 즉, 창의성이란 과학적 · 예술적인 독창성은 물론 일상생활에서 당면하고 있는 여러 가지 문제를 새롭고 독특한 방법으로 해결하려는 고차원적인 정신능력이다. 창의성은 아동의 지적 발달의 중요한 과제이며, 사회나 국가를 발전시키는 원동력이 된다.

2) 창의성의 구성요인

창의성에 대한 다양한 관점과 정의는 창의성을 구성하는 요인들과도 관련성이 있다. 창의성에 대한 초기의 연구들은 개인에 초점을 두고 개인이 만들어 내는 창의적인 산출물이나 사고의 특성과 관련한 구성요인을 제시하였다. 그 이후 사회가 바라보는 창의성에 대한 관점을 포함한 연구들이 발표되면서 창의성의 구성요인은 포괄적인 성격을 나타내기 시작하였다.

Guilford(1967)는 창의성의 구성요인을 확산적 사고와 관련지어 문제에 대한 민감성(다른 사람은 그냥 지나칠 일에도 민감하게 반응하는 것), 사고의 유창성(가능한 많은 아이디어를 제공, 그 중에서 가장 좋은 것을 선별하는 것), 융통성(같은 상황을 다양한 각도로 접근, 아이디어를 응용시키는 것), 독창성(다른 사람과 변별되는 새롭고 기발한 아이디어를 제시하는 것), 정교성(선택한 아이디어를 구체화, 실용, 정교하게 다듬는 능력) 등을 포함한다. 여기서 문제에 대한 민감성이란 일상적인 상황이나 사물을 자세히 관찰하며 작은 변화에도 호기심을 갖고 적극적으로 탐색하고 반응하는 특성을 의미한다. 사고의 유창성(fluency)은 제한된 시간 내에 얼마나 많은 아이디어를 빨리 생산해 내는가를 의미하며, 융통성(flexibility)은 고정된 사고 양식에서 벗어나 사물이나 상황을 여러 관점에서 조망할 수 있는 능력을 의미한다. 또한 사고의 독창성(originality)은 창의성의 전통적인 개념에서부터 꾸준히 강조되어 온 핵심적인 요소로써 아이디어의 양보다 질적인 측면에서 일반적으로 찾아볼 수 없는 새롭고 독특한 생각이나 산물을 생산해 내는 능력을 말한다. 정교성(elaboration)은 사고의 깊이에 대한 개념으로 기존의 생각이나 산물을 분석하고 확장하여 보다 세밀하고 구체화시키는 능력을 의미한다. 창의성의 구성 요인에 대해 학자들의 의견을 종합해 보면 〈표 3-3〉과 같다.

표 3-3. 창의성의 구성요인

학자	구성요인
Guilford(1967)	문제에 대한 감수성, 사고의 유창성, 유연성, 독창성, 면밀성
Torrance (1974, 1990)	유창성, 융통성, 독창성, 상상력, 정교성
한국교육개발원 (1994)	유창성, 융통성, 정교성, 독창성, 민감성, 자발성, 독자성, 근면성, 호기심, 변화에 대한 개방성

Rhodes(1961)는 창의성에 대한 연구들을 수집하고 분석하여 창의성의 요인을 창의적인 과정(Process), 산출물(Product), 사람(Person), 환경(Press) 4가지로 구분하였다. 그의 연구를 '고전적 4P 분류방법'이라고 하는데, 오늘날까지도 창의성을 구분 짓는 방법으로 널리 사용되고 있다〈표 3-4〉.

표 3-4. 고전적 4P 분류방법

구분	내용
창의적인 과정	창의적인 과정 접근에서는 창의적인 문제해결능력의 단계를 제시하거나 아이디어를 통합하는 데 초점을 둔다. 즉, 창의적인 산물이 산출되기 위해서는 어떤 과정을 거치는지에 관심을 갖는다. 이 이론에서는 창의력이 문제의 지각, 자료, 준비, 아이디어 산출, 아이디어 평가와 같은 일련의 과정을 거쳐 나타나는 것으로 본다.
창의적인 산물	창의적인 산물 접근에서는 창의적인 과정이 없이는 창의적인 산물이 존재할 수 없지만, 창의적인 산물에 대한 연구가 보다 창의력에 대해 많은 것을 시사해 줄 수 있다는 입장을 취한다. 창의성은 독창적이고, 사회적으로 가치가 있으며, 유용성과 같은 어떤 특성들을 지닌 산물을 산출할 수 있는 능력으로 보았으며, 창의적인 산물에 초점을 맞추고 있다.
창의적인 사람	창의적인 사람은 어떤 심리적 특성을 갖는가에 관심을 두고 창의력을 연구하는 것이 적절하다고 보는 입장이다. 이 입장에서는 창의적인 산물을 산출하는 창의적인 사람의 특성을 분석하고 비교하는 데 초점을 둔다. 이 연구들에 의하면 창의적인 사람은 문제에 대한 민감성, 유창성, 융통성, 독창성, 정교성과 같은 지적 특성을 갖고 있고, 자발성, 호기심, 모험성, 개방성, 독자성, 집착성, 끈기, 이타심과 같은 성격적 특성을 갖고 있다.

구분	내용
창의적인 환경	환경론적 입장에서는 어떤 환경적인 특성이 창의적인 산물을 산출하도록 사고과정에 영향을 미치는가에 초점을 둔다. 창의적인 환경요인은 크게 물리적 환경와 심리적인 환경요인으로 구분하는데, 물리적 환경에는 우리가 밤낮을 보내는 방과 사무실, 집 등이 포함되며, 우리가 살고 있는 도시와 지역도 포함된다. 예를 들어, 창도 없는 건물 속에서 일하면 기분도 우울해지고, 창의성도 없어진다. 그러나 바깥 풍경이 보이는 큰 창문과 좋은 가구가 배치되어 있고 안락한 장소는 기분이 밝아질 뿐만 아니라 창의성도 샘솟게 된다. 창의성을 발휘하기 위한 물리적 요인으로 적절한 온도와 조명을 고려한 안전하고 편안한 환경에서부터 심리적 안전감을 주는 잘 고안된 건축물, 공간, 음악 등 다양한 창의적 자극을 줄 수 있는 물건들이 있다. 심리적 환경이란 창의적인 아이디어를 내고 아이디어를 산출물로 완성하기까지 지속적으로 이끌어 줄 수 있는 심리상태를 의미한다. 예를 들어, 외적인 압력으로부터의 자유와 따뜻하고 지지적인 환경, 적절한 동기유발 상황이라든가, 부모나 교사, 동료의 창의적인 역할모델들은 매우 중요한 영향을 미치는 요인이다.

한국교육개발원(1994)의 주장을 바탕으로 창의성의 구성요인을 살펴보면, 창의성의 하위 구성 요인을 크게 창의적 사고 기능(인지적 특성), 창의적 성향(정의적 특성)으로 구분할 수 있다. 첫째, 창의성 사고 기능의 구성요인으로는 유창성, 융통성, 독창성, 정교성으로 제한된 범위 내에서 제한된 답을 요구하는 것이 아니라 상상 외의 답을 제시할 수 있는 능력을 의미하는 구성요인으로 정의를 내리고 있다. 둘째, 창의적 사고 성향은 창의적 사고 기능이 최종적으로 인간의 성취를 위해 작용하는 과정에서 개인에게 요구되는 내적인 동기나 태도 등을 의미하는 것으로 민감성, 자발성, 독자성, 근면성, 호기심, 변화에 대한 개방성 등을 들 수 있다.

3) 창의성의 중요성

창의성이란 평범하고 일상적인 사물이나 행위를 새로운 각도로 관찰하고 그 속에서 새로운 의미를 찾아내려는 자세와 사고방식을 의미한다. 우리가 일상생활 속에서 생각을 바꾸어 봄으로써 새로운 아이디어를 얻을 수 있으며, 생활에 활력을 불어넣을 수 있게 해 줄 수 있는 것이 창의성이다. 따라서 창의성이란 '자신이 새로움을 느끼거나 생각한 것'으로 표현할 수 있으며, 다른 사람에게는 익숙하더라도 나 자신이 지금까지 경험하지 못했던 새롭고 유용한 것이라면 그것은 충분히 창의성이 될 수 있다. 창의성의 중요성을 살펴보면 〈표 3-5〉와 같다.

표 3-5. **창의성의 중요성**

구분	내용
창의성은 개인과 국가 발전의 원동력이다.	늘 새로움을 추구하는 정신이 개척정신이며, 매일 새로워지려는 자세가 곧 창의적인 생활태도이다. 따라서 창의성이 없는 개인은 발전할 수 없으며 창의성이 없는 사회는 진보하지 않으며 창의성이 결여된 나라는 번영할 수 없다. 인간은 창의적으로 태어났지만 주변 환경과 본인의 의지와 노력에 따라 달라진다.
창의성은 생활의 활력소이다.	창의적인 사람은 늘 새로움을 추구한다. "복이란 얻어지는 것이 아니라 스스로 창조하는 것이다"는 말처럼 늘 하는 일, 되풀이되는 생활 가운데서도 개선점을 찾고 일하는 방식을 바꾸면 즐겁고 행복한 삶이 될 수 있다.
창의성은 생존의 수단이다.	시대는 급변하고 있다. 모든 것이 새로운 상황에서는 상식이나 기존의 생활방식은 통하지 않는다. 새로운 적응방식을 스스로 개발하고 대처해 나가야 한다. 그렇지 못한 사람은 도태되고 만다.

2. 4차 산업혁명과 창의성

창의성 교육에 있어서 경험은 매우 중요한 출발점이 된다. 왜냐하면 창의적인 아이디어를 사고하게 하는 주요 요인이 바로 경험이기 때문이다. 대부분의 사람들은 창의성을 선천적으로 가지고 태어나는 능력으로 생각하고 있지만 많은 교육적 실험에 따르면 후천적 개발을 통해 창의적 능력이 발현될 수 있다고 보고되고 있다.

2010년 EBS에서 실시한 창의성 발현 실험에서 취학 전 유아들에게 자신의 상상을 통하여 '수억만 년 떨어진 곳에 살고 있는 외계인을 그려 보세요!'라고 요청한 결과 일반적인 생각과 다른 결과를 가져 왔다. 결과적으로 어린아이들은 다양하고 새로운 형태의 외계인 그림을 그릴 거라고 예상했으나 실제로 SF영화에서 묘사된 것과 같이 우리가 너무 잘 알고 있는 기묘한 외계인 그림을 그린 것으로 나타나 경험과 창의성은 깊은 관계를 가지고 있다는 것이 실험을 통해 확인되었다.

그림 3-2. **EBS 창의성 발현에 관한 실험**

이는 창의력 증진을 위해 다양한 사회적, 문화적 경험을 하게 하는 것이 필요하다는 것을 시사하고 있다. 시카고대학교의 미하이 칙센트미하이(Mihaly Csikszentmihalyi) 교수는 창의성은 세 가지 요소로 구성되는 체계의 상호작용으로부터 생겨난다고 주장하고 있다. 즉, 상징영역에 새로움을 가져오는 '사람(개인)', 그러한 새로움을 인정하고 확인하는 전문가들로 이루어진 '현장(평가자)', 상징적인 규칙들을 포함하는 '문화(영역)'로 사회적 경험요인이 창의성 발현에 매우 큰 역할을 수행한다고 주장한다. 다시 말해 어떤 사람이 창의적으로 될 것인지를 결정하는 요인은 한 사람의 '창의적'인 성향만으로는 부족하며, 창의력 증진 프로그램을 개발하는 과정에서 개인과 현장, 그리고 문화 모두를 포함할 수 있는 경험적 학습을 고려하는 것이 4차 산업혁명 시대에 필요한 매우 중요한 요인이라고 주장한다.

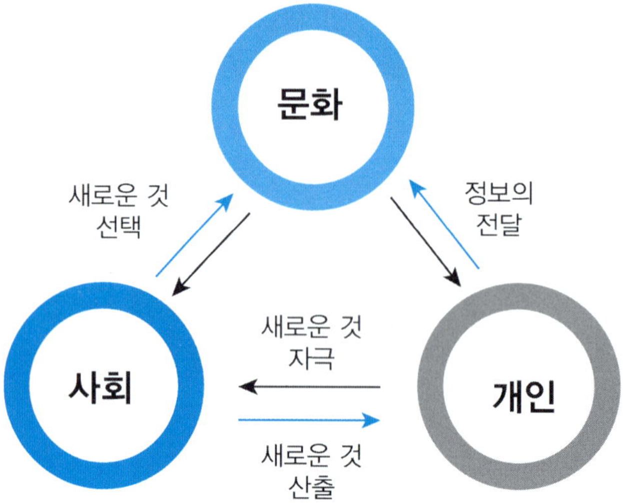

그림 3-3. 미하이 칙센트미하이의 창의성 체계 모형

많은 부분을 인공지능이 대신하는 4차 산업혁명 시대에 인간만이 아주 잘할 수 있는 일이 있다면 그것은 고도화된 창의성일 것이다. 왜냐하면 단순한 계산이나 반복되는 일들은 많은 부분 사라질 위기에서 단순한 창의성만 가지고 4차 산업이라는 새로운 패러다임에 능동적으로 대처할 수 없기 때문이다. 이미 간단한 신문기사나 영화 및 그림 등은 인공지능이 대신하고 있다. 4차 산업혁명을 준비할 대안으로 창의성 교육의 중요성이 대두되고 있는 것은 과거에는 기계적이고 단편적인 지식에 의존해서 살아가는 것이 가능한 시대였다면 이제는 더 이상 이러한 단편적 지식들이 특별해지는 사회가 되지 않는다는 우려 때문이다. 따라서 4차 산업혁명 시대에는 유연한 사고를 통해서 인공지능이 따라하기 어려운 고도의 독창적이고 창조적인 사고 능력을 배양하는 것이 무엇보다도 중요하다.

3. 창의적인 사람의 특징

에디슨은 1847년 미국의 오하이오 주 밀란에서 태어났다. 8살 때 초등학교에 입학한 후 3개월 만에 자퇴를 했다. 에디슨이 초등학교에 입학했을 때 그의 머릿속에는 온갖 호기심 때문에 선생님 말에 집중을 하지 못했다. 선생님께서 "알겠지~ 에디슨 2 더하기 2는 4야!"라고 하면 에디슨은 "선생님 어째서 2 더하기 2는 4가 되죠?"라고 말하였으며, 선생님은 손가락을 펴서 설명하면서 "여기 손가락이 있다. 2개에 2개를 더하니까 4개가 됐지?"라고 설명하면 에디슨은 이해가 안된다는 표정으로 "선생님 어째서 2 더하기 2는 4가 아니면 안됩니까?"라고 말해 선생님은 화가 나서 회초리로 에디슨을 때렸다는 일화가 있다. 에디슨이 이렇게 엉뚱한 질문과 이상한 대답에 선생님은 장학사에게 "이 아이의 머리는 썩었습니다. 계속해서 가르쳐 봐야 다른 아이들에게 피해만 됩니다"라는 말을 하고 이를 들은 에디슨은 엄마에게 "저는 이제부터 학교에 가지 않겠어요. 선생님이 제 머리가 썩었다고 했어요"라고 했으며, 그 말을 들은 에디슨의 어머니는 에디슨을 데리고 당장 학교에 찾아가서 "어떻게 선생님께서 학생에게 머리가 썩었다고 할 수 있습니까? 이런 선생님께 제아이를 맡길 수 없습니다"라고 말하고 에디슨을 집으로 데리고 와서 그때부터 엄마가 에디슨을 직접 가르쳤다.

청년이 된 에디슨은 사람들이 필요로 하는 것, 세상에 이익을 가져다주거나 사람들의 생활을 풍요롭게 하는 것을 만들어야 겠다는 결심으로 먼로파크 발명 연구소를 세웠다. 연구소 직원들은 아침 7시부터 밤늦게까지 연구하고 그곳에서 잠이 들 정도로 열정적으로 발명에 몰두했으며, 먼로파크 연구소에서 처음 만들어 낸 것이 전화기이다. 이어서 축음기를 만들었는데, 사람의 말을 녹음해서 그대로 따라하는 기계가 처음 만들어진 것이다.

그리고 1800년 전까지는 어둠을 밝히는 데 물고기의 기름을 사용해서 불을 켜는 램프나 촛불에 의한 칸델라 등이 사용되었다. 에디슨은 전구에 관심을 가지고 연구에 몰두했지만 실패에 실패를 거듭하다가 마침내 전구에 빛이 들어오고 어둠을 밝히는 빛이 세상에 나오게 되었다.

에디슨은 그의 부인을 잃고도 슬픔은 잠시, 오직 연구에만 몰두하여 인쇄전신기, 타이프라이터, 전신 재생기, 축음기, 전기펜 등을 발명하여 세상에 내놓았다. 그러다가 1931년 10월 18일 오전 3시 28분 에디슨은 84세를 일기로 영원히 잠들었다. 에디슨이 죽기 전에 마지막으로 남긴 말이 "나는 인류의 행복을 위해 최선을 다해 왔다고 믿는다. 나에게 미련은 없다"이다. 에디슨은 자신이 해야 할 일이 무엇인지 알고 그 일에 열정을 쏟았고 결코 포기하지 않았다. "천재는 1%의 영감과 99%의 노력으로 이루어진다"라는 말은 발명왕 에디슨이 한 명언으로 그가 얼마나 많은 노력을 했는지를 말해 주는 것이다.

에디슨의 유명한 일화처럼 창의적인 인재는 어릴 때부터 부모가 키우기 쉽지 않은 것이 사실이다. 그들은 집을 엉망으로 만들기도 하고, 정리도 못 하고, 변덕스럽고, 완벽주의적이며, 고집이 세어 다루기가 어려운 경우가 많다. 창의성이 뛰어난 사람들의 특징을 살펴보면 〈표 3-6〉과 같다.

표 3-6. **창의적인 사람의 특징**

구분	특징
용기(Courage)	새로운 것을 시도하며 실패를 두려워하지 않는 용기를 지니고 있다. 대부분의 큰 혁신적인 발명이나 발견은 무모한 생각에서 시작된다. 물론 그렇다고 수시로 엉뚱한 생각을 하며 엉뚱하게 행동하는 것을 의미하는 것은 아니고, 일상적인 행동과 새로운 돌파구를 찾는 엉뚱한 발상을 하는 것을 조화롭게 균형을 맞추라는 의미이다.
직관력(Intuition)	창의적인 사람은 자신의 직관과 논리를 사용하여 아이디어를 만든다.
놀이(Play)	"유머와 즐거움은 가장 창의적 행동이므로 놀이처럼 즐겨라". 이 말은 창의적이려 할 때는 긴장을 풀고 가볍게 행동하라는 의미이다. 긴장을 풀고 있을 때 사람들의 뇌는 좀 더 다양하고 좋은 아이디어들을 생산해 준다.
풍부한 감정 표현(Expressive)	창의적인 사람은 우선 감성이 풍부하고 다른 사람과도 자신의 감정, 생각 등을 공유하는 데 더 적극적이고 솔직하다.
임무에 의한 동기부여(Motivated by Task)	외부적인 대가성보다는 자발적인 임무에 의한 동기부여를 즐긴다. 이런 사람들은 글을 쓰거나 설명을 하거나, 가르치거나 설득하는 그런 도전을 즐기는 사람들이다.
해법을 찾음(Find Solution)	문제에 도전하기 위해 해법을 찾는다. 언제나 이런 창의적인 사람들은 자신들이 해결책을 찾지 못하는 문제에도 관심을 두고 그 해법을 스스로 찾으려고 노력한다. 그런 행동을 통해 아주 새로운 해결 방안을 찾고 훌륭한 창의적 내용물을 만들어 간다.
추정에 도전(Challenge Assumption)	언제나 추정에 대해 도전하고 어려운 의문점들을 스스로 물으며 무엇이 사실인지에 대해 밝혀내려고 노력한다.
연관성을 만듦(Make Connection)	오래된 아이디어에서 새로운 영감을 더해 획기적인 아이디어물로 재창조한다. 종종 최고의 해법은 과거에 흔히 사용했던 오래된 아이디어들이 합쳐지면서 새로운 혁신을 만들기도 한다.
한계의 초월(Push the Envelope)	가능한 모든 경계를 넘어서기 위해서 자신의 한계를 초월하려고 한다. 창의적인 사람들은 세상을 가능과 불가능으로 구분하는 것 보다는 '해 보았나 안 해 보았나'로 구분하려고 한다.

4. 창의성 기르기

1) 사고의 기법

창의적 사고력을 증진시키기 위해 여러 가지 사고의 기법들이 다수 개발되었는데, 구체적으로 브레인스토밍, 스캠퍼, 강제결합법, 시네틱스 등을 들 수 있으며, 그 효과성이 검증되었다. 창의성 개발을 위한 사고 기법은 〈표 3-7〉과 같다.

표 3-7. 창의성 개발의 사고 기법들

종류	내용
브레인스토밍(brainstorming)	한 집단의 구성원들이 특정한 문제나 주제에 대해 생각나는 아이디어를 모두 내놓음으로서 최선의 해결책을 찾는 방법이다.
스캠퍼(SCAMPER)	일련의 사고과정에 대한 약자로 특정 대상이나 특정 문제에서 출발해서 그것을 변형시키는 방법, 즉 대치하기(substitute), 결합하기(combine), 적용하기(adapt), 수정하기(modify), 확대하기(magnigy), 축소하기(minify), 다른 용도로 사용할 수 있는가(put to other uses), 제거하기(eliminate), 재정리하기(rearrange), 순서바꾸기(reverse)이다.
강제결합법(forced relationship)	어떤 사물이나 아이디어를 색다르게 생각해 보는 능력을 개발하도록 돕는 활동으로 서로 관계가 없는 물건이나 아이디어를 억지로 결합시켜 문제를 해결해 보는 방법이다.
시네틱스(synectics)	문제를 분석하고 여러 가지 다른 관점을 형성하는 것을 돕기 위해 유추와 비유를 활용하는 것으로 환상적 유추(문제의 해결 방법이 현실적이지 않더라도 이상적인 해결책을 찾아보는 것), 직접적 유추(주어진 문제를 실제 생활에서 유사한 문제를 찾아보도록 하는 것), 개인적 유추(자기 자신이 문제가 무엇인지 생각해 보도록 하는 것) 방법이 사용된다.

2) 양쪽 뇌 사용하기

우리들의 뇌는 좌반구(left hemisphere)와 우반구(right hemisphere)로 나누어진다. 대뇌

반구는 축색다발로 이루어진 뇌량(corpus callosum)으로 연결되어 있다. 좌반구는 신체 우측의 정보를 받아들이고, 우반구는 신체 좌측의 정보를 받아들이게 되는데, 뇌량을 통해 좌반구와 우반구가 정보를 교환하여 세상을 하나로 지각하게 된다.

두 반구는 외형적으로는 비슷하게 생겼으나, 그 기능은 서로 다르다. 좌반구는 수학, 언어, 과학, 논리적인 기능을 주로 담당하고, 우반구는 음악, 미술, 공간지각, 직관적인 기능을 주로 담당한다. 따라서 어느 쪽의 반구가 손상되는가에 따라 외형적으로 나타나는 현상은 다르다. 특히 좌반구에는 언어중추가 있어 언어능력을 가지고 있는데, 그 중 Broca 영역에 손상을 입게 되면, 말이 느려지고 발음이 명확하지 못하고 어눌해지고, Wernicke 영역에 손상을 입게 되면, 말을 빨리 할 수 있고 발음도 명확하지만 전혀 말이 되지 않는 이야기를 하는 현상을 보인다.

종합하면 일반적으로 좌반구는 '언어적' 조건에, 우반구는 '시공간적' 조건에 우세한 기능을 발휘하고 있다. 두 반구의 기능과 그림으로 나타내면 〈그림 3-4〉와 같다.

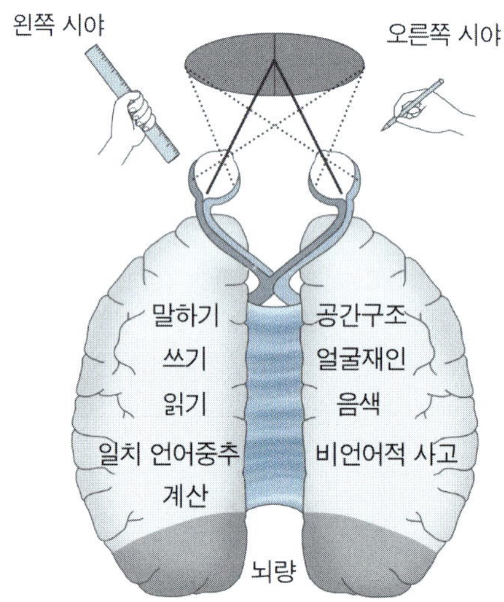

그림 3-4. **뇌의 구조와 기능**

양쪽 뇌의 조화로운 계발을 해야 더욱 더 창의적인 사람이 된다. 우리들은 전통적으로 왼쪽 뇌의 논리적이고 체계적이고 계통적인 생각을 주로 강조하고 오른쪽 뇌의 직관적이며 창의적이고 감상적이며 감각적인 생각들을 무시하는 경우가 많다. 따라서 대부분 오른쪽 뇌의 기능과 능력이 약해지기 마련이고, 결국 창의성을 기르기 위한 과정의 초기단계에서부터 창의성을 기르는 기회를 잃고 있는 것이다. 이에 우리는 창의성을 기르기 위한 노력으로 양쪽 뇌의 조화로운 계발을 위해 왼쪽 뇌 훈련프로그램도 필요하지만 오른쪽 뇌 훈련 프로그램을 더욱 더 많이 활용해야 할 것이다.

3) 문제해결능력 기르기

창의성을 교육목표로 인식하면서 창의적 문제해결은 더욱 강조되기 시작하였다. Treffinger와 Isaken(2005)은 창의성은 누구에게나 존재하기 때문에 이를 교육에서 향상시킬 필요가 있음을 주장하고, 창의적 문제해결을 활용한 교수법에 대한 연구를 지속하고 있다. 그들의 주장에 의하면, 창의적 문제해결은 개인의 역량에 따라 비구조화된 문제를 이해하고, 아이디어를 산출하여 이를 실행에 옮기기 위해 계획하며 그 과정 속에서 발산적 사고와 논리적 · 비판적 사고의 조화를 필요로 한다고 주장한다. 따라서 최근에는 일반적 문제해결 상황이 창의적 사고과정과 유사하다고 주장하면서 창의성 향상을 위해 강조되고 있는 것이 문제해결능력이다.

활동 3. 자신의 문제해결능력 파악해 보기

다음은 여러분들의 문제해결능력에 대한 정도를 알아보는 질문입니다. 여러분들의 생각을 가장 잘 설명하고 있다고 생각되는 항목에 체크해 봅시다.

표 3-8. 자신의 문제해결능력 파악하기

	내 용	1 전혀 그렇지 않다	2 약간 그렇지 않다	3 보통이다	4 약간 그렇다	5 매우 그렇다
문제인식	1. 내가 원하는 모습과 현재 모습 간의 차이가 무엇인지를 비교한다.	①	②	③	④	⑤
	2. 문제를 해결하기 해서 문제의 핵심이 무엇인지를 먼저 확인한다.	①	②	③	④	⑤
	3. 내가 해결하여야 할 문제가 무엇인지를 분명하게 안다.	①	②	③	④	⑤
정보수집	1. 고민하고 있는 문제의 원인을 알기 해서 유사한 상황에 대한 정보를 수집한다.	①	②	③	④	⑤
	2. 문제를 해결하는 데 도움이 되거나 필요한 내용을 찾는다.	①	②	③	④	⑤
	3. 내 나름대로 정답을 생각하고 문제해결에 도움이 될 것 같은 정보를 찾는다.	①	②	③	④	⑤
분석능력	1. 여러 가지 자료 중에서 어느 자료가 문제해결에 더 도움이 되는지를 비교한다.	①	②	③	④	⑤
	2. 어떤 문제에도 중요한 원인이 있다고 생각하고 그 원인을 찾는다.	①	②	③	④	⑤
	3. 수집된 정보들에 대해서 유사점과 차이점을 서로 비교해 본다.	①	②	③	④	⑤
확산적 사고	1. 다른 사람의 의견이 내 의견과 다르더라도 긍정적으로 생각하고 받아들인다.	①	②	③	④	⑤
	2. 일상생활에서 일어나는 여러 다른 일들과 나의 문제를 연관시켜 본다.	①	②	③	④	⑤
	3. 지금까지 생각해 본 것과는 다른 관점에서 해결할 문제를 살펴본다.	①	②	③	④	⑤

의사결정	1. 문제를 해결하기 위해 생각한 방법들이 새롭고, 적절한 것인지를 서로 비교하여 본다.	①	②	③	④	⑤
	2. 지금 당장 해결해야 할 것이 무엇인지를 생각하며 해결방법을 결정한다.	①	②	③	④	⑤
	3. 여러 문제해결 방법들 중에서 어떤 방법을 택할 것인지 기준을 정한다.	①	②	③	④	⑤
기획력	1. 목표를 달성하기 위하여 해야 할 일을 순서대로 자세하게 정한다.	①	②	③	④	⑤
	2. 현재 어느 정도 시간을 사용할 수 있는지를 생각하며 문제를 해결할 계획을 세운다.	①	②	③	④	⑤
	3. 일정대로 계획을 추진할 때, 어려움이 생기는 경우를 대비하여 철저히 준비를 한다.	①	②	③	④	⑤
실행과 모험감수	1. 어떠한 어려움이 닥쳐도 하기로 정한 것은 끝까지 한다.	①	②	③	④	⑤
	2. 실패도 성공만큼 중요하게 여기며 문제를 해결한다.	①	②	③	④	⑤
	3. 결과가 어떠할지 정확하게 알 수 없지만 성공할 가능성이 있으면 실제로 해 본다.	①	②	③	④	⑤
평가	1. 문제를 해결하고 나서 정말 잘한 것인지 못한 것인지를 객관적으로 따져 본다.	①	②	③	④	⑤
	2. 자신의 문제를 해결한 것에 대해서 다른 사람들은 어떻게 생각하고 있는지 들어 본다.	①	②	③	④	⑤
	3. 처음 해결하려고 한 문제가 해결되었는지의 여부를 확인해 본다.	①	②	③	④	⑤
피드백	1. 문제를 해결하지 못하면 실망하기보다 더 잘할 수 있는 방법을 적극적으로 찾아본다.	①	②	③	④	⑤
	2. 문제를 좀 더 잘 해결할 수 있는 방안이 무엇인지를 다른 사람과 토의한다.	①	②	③	④	⑤
	3. 앞으로 문제를 잘 해결할 수 있다면 다른 사람의 비난이나 조언도 수용한다.	①	②	③	④	⑤

표 3-9. **자신의 문제해결능력 점수 기록하기**

구분	점수 산출	평균 점수
문제인식	총 획득점수(　　　)/3	
정보수집	총 획득점수(　　　)/3	
분석능력	총 획득점수(　　　)/3	
확산적 사고	총 획득점수(　　　)/3	
의사결정	총 획득점수(　　　)/3	
기획력	총 획득점수(　　　)/3	
실행과 모험감수	총 획득점수(　　　)/3	
평가	총 획득점수(　　　)/3	
피드백	총 획득점수(　　　)/3	

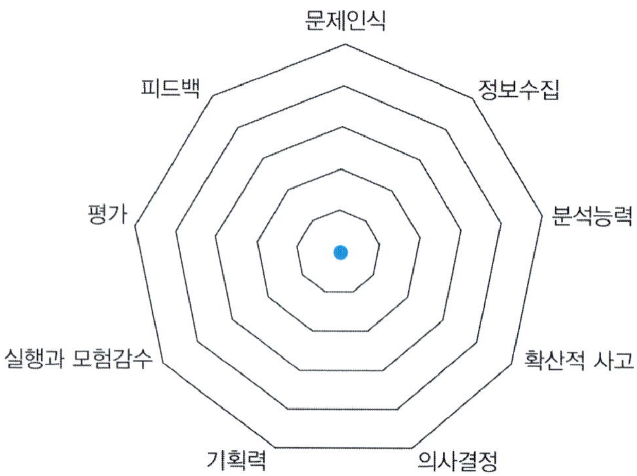

그림 3-5. **자신의 문제해결능력 점수 기록하기**

(1) 문제해결과정

문제는 예고 없이 찾아오는 우리 인생의 방해물이다. 문제란 현재의 자기와 이상적 자기와의 차이가 발생되었을 때 문제가 발생되었다고 한다. 하지만 개인마다 문제해결을 하는 능력은 선천적으로 갖고 태어나는 능력이 아니라 학습을 통해 향상시킬 수 있는 요인이다.

문제해결능력을 가지고 있을 때의 이득: 문제해결능력을 가지게 되면 일상생활에서 스트레스를 덜 경험하게 된다. 또한 대인관계에서 발생되는 문제를 효과적으로 해결함으로써 대인관계를 원활하게 할 수 있으며, 문제해결능력의 습득은 삶의 자신감을 가지도록 해 주는 데 그 이득이 있다.

문제해결능력의 부족으로 발생되는 불이익: 문제해결능력의 부족은 정신건강과 매우 밀접한 관련성이 있어서 스트레스를 더 많이 경험하게 되고, 정신적 문제를 경험할 가능성이 높다. 또한 대인관계에서 발생되는 문제를 효과적으로 해결하지 못하게 되어 대인관계의 갈등을 유발하게 되는 불이익을 경험하게 된다.

성공적인 문제해결을 위해서는 무엇보다 자신에 대한 자신감과 신뢰, 즉 믿음이 필요하다. 자신감을 갖게 됨으로써 문제를 보다 더 효과적으로 해결할 수 있는 초석이 되는 것이다. 자신감은 하루아침에 쉽게 가지는 것이 아니라는 점을 명심하고, 매일 자신에 대해 늘 사랑하는 마음을 가지는 것이 중요하다. 지금부터 문제해결의 전반적인 과정에 대해 살펴보면 다음과 같다.

① 1단계: 문제에 대한 긍정적인 태도

문제를 해결하기 전에 개인의 문제수용태도에 대해 먼저 알아보아야 한다. 문제수용태도란 일상적인 문제와 그런 문제를 해결하는 자신의 능력에 대한 우리 각자의 일반적 의식과 신념 및 가정과 기대를 의미한다. 각자의 문제수용태도에 따라 그러한 문제를 처리하는 방식은 물론 그런 문제 때문에 겪게 될 스트레스의 정도까지도 크게 달라지게 된다. 따라서 문제를 어떤 위협적인 것이나 자신에게 손해를 가져올 것으로 보는지, 혹은 자기성장 또는 새로운 도전의 기회로 보는가 하는 등의 문제평가를 해야 한다. 문제를 긍정적으로 평가하는 것은 문제해결 활동을 촉진하고 문제에 접근하여 해결의 가능성을 높이는 데 도움을 준다.

문제를 해결하기 위해 문제와 자신의 문제해결능력에 대해 긍정적이고 낙관적인 태도를 가지는 것이 중요하다. 긍정적 문제수용태도를 가진 사람들은 일상생활 속에서 문제를 만나는 것을 흔히 벌어지는 일이며 피할 수 없는 일이라고 인식한다. 문제란 자신에게 무언가 잘못이 있어서 생기는 그런 것이 아니라고 생각한다. 이 사람들은 문제란 총체적이고 고정적인 개인의 결함 때문에 생긴다기보다는 환경의 변화 또는 개인의 특성(예: 경험의 부족, 불확실함) 때문에 생기는 것이라고 알고 있으며, 그런 개인의 특성은 사소하고 잠정적인 것이어서 언제든지 바꿀 수 있는 것이라고 믿는다. 문제가 어떤 개인의 결함 때문에 야기된 것이라고 하더라도, 이것은 단지 그 사람이 완벽할 수 없는 인간이라는 의미 이상은 아무것도 아니라고 믿는다. 문제에 대해 부정적 수용태도와 긍정적 수용태도에 대해 구체적으로 살펴보면 〈표 3-10〉과 같다.

표 3-10. 문제에 대한 부정적 수용태도와 긍정적 수용태도

부정적 수용태도	긍정적 수용태도
나는 문제가 발생되면 그 문제의 원인을 내 자신에게 돌리는 경향이 강하다. 예로, 문제가 발생되면 내게 어떤 문제가 있으며, 내 자신이 무능하다 혹은 재수 없는 사람이라는 생각이 든다.	• 나는 문제가 발생되면 그 문제의 원인을 다양한 환경적 요소로 받아들인다. 환경적 요소는 내가 어쩔 수 없는 부분이기에 낙심하지 않으며 내가 할 수 있는 범위에서 최선을 다하고 결과에 만족한다. • 문제는 내 탓만이 아니다. 나의 부족함으로 발생하는 문제는 그 부족함을 채워 나가면 해결될 수 있고 누구에게나 문제상황은 존재하기에 그 문제를 담담하게 받아들일 수 있다.
나에게 발생하는 문제는 내 자신의 안녕에 대한 위협적인 것으로 문제를 성공적으로 해결하지 못함으로써 생길 수 있는 손실이 먼저 떠오른다.	• 나에게 발생하는 문제는 나의 일상을 뒤흔들어 놓기는 하겠지만 문제를 해결해 가는 과정에서 새로운 해결책이 제시될 수 있기에 그 과정을 통해 내가 더욱 성숙해지고 강인한 의지를 만들어 가는 기회가 된다고 생각한다. • 나에게 발생하는 문제는 내 자신의 안녕을 위협하지 않으며 문제를 성공적으로 해결하는 과정에서 내 삶에 큰 발전이 있을 것이다.

부정적 수용태도	긍정적 수용태도
나는 문제를 효과적으로 대처할 자신감이 없으며, 다른 누군가가 해결해 주었으면 하는 생각이 든다.	• 나는 문제를 효과적으로 대처할 자신감이 있으며 비록 힘들고 더딘 과정이라도 내가 충분히 해결해 나갈 수 있다고 생각한다. • 문제가 있다면 그 해결책도 반드시 있게 마련이라는 생각에 두려움이 없고 다른 사람에게 도움을 받기 전에 내 문제를 내가 먼저 확인하고 해결해 보고 싶다. • 나는 문제상황이 발생하면 당연히 내가 해결하면 된다는 자신감이 있고 나의 문제를 다른 사람이 이해하기도 어렵고 해결하기도 어려울 것임을 알기에 내 스스로가 문제상황에 효과적으로 대처할 수 있는 방법들을 생각하고 실천해야 한다고 생각한다.
유능한 사람이라면 많은 노력 없이도 문제를 빨리 해결할 수 있어야 한다고 생각한다. 그렇지 않으면 그것은 그 자신이 무능하기 때문이다.	• 유능한 사람이라면 문제를 빨리 해결하기보다 충분한 시간과 생각을 통해 적절한 해결책을 도출할 수 있는 사람이며 빠름을 강조하다가 최선의 선택을 놓치게 되는 오류를 범하지 않는다. • 유능한 사람이라면 다양한 관점을 인정하여 문제를 세심하게 파악하고 전문가들에게 도움을 요청할 수도 있고 해결 과정의 시간이 오래 걸리더라도 자신 스스로 많은 생각을 통해 문제를 해결하고자 한다. 그러한 과정에서 스스로의 능력을 믿으며 자신을 격려할 줄 안다.

② 2단계: 문제의 확인

문제에 대한 긍정적인 태도와 자신에 대한 자신감을 가진 다음에는 관련 사실을 모으고 목표달성을 방해하는 장애물을 파악한 후 현실적 목표를 명시함으로써 문제를 정의하게 된다. 문제가 무엇인지 명확하지 않을 경우 다음과 같은 질문을 통해 자신의 질문을 파악할 수 있다.

■ 지난 일주일 동안 자신을 괴롭혔던 문제는 무엇입니까?

①

②

③

만약 문제를 해결하기 원한다면, 문제에 대한 정보를 가능한 한 많이 수집하는 것이 필요하다. 즉, 문제를 이해하고 정의하기 위해서는 문제상황과 관련된 사실적 정보를 가능한 한 많이 수집하는 것이 우선적이다. 일반적으로 개인의 문제는 여러 가지가 뒤섞여 있기 때문에 문제해결을 시도하기 위해서는 먼저 문제에 관련된 가능한 한 많은 정보를 수집해야 한다.

정보를 수집할 때 구체적이고, 명확한 용어로 기술해야 효과적으로 문제를 해결하게 된다. 그런데 느낌과 가치와 같은 주관적 요인이 이 과정에 영향을 미칠 수 있으며, 결과적으로 왜곡을 초래하게 되며, 왜곡된 정보는 문제를 잘못 이해하게 하여, 비효과적 문제해결에 이르게 한다. 문제에 정보를 수집할 때 나타나는 흔한 왜곡은 〈표 3-11〉과 같다. 문제를 정의하고 형성할 때 이를 잘 살펴보아야 한다. 이러한 왜곡들은 문제를 확인해 가는 과정에서 정확한 문제 정의를 방해하게 된다. 객관적이거나 다각적인 시각으로 문제를 볼 수 없게 만들기 때문에 제대로 된 문제해결 과정으로의 진행이 어려워지게 된다.

표 3-11. 정보수집에서 보이는 왜곡

구분	내용	예
독단적 추론	이는 자신이나 타인의 특징 속에 놓여 있는 동기나 느낌 등에 대하여 어떤 지지할 만한 사실 없이 특정 결론을 내리고 다른 대안적 해석을 배제해 버리는 것이다.	예) 오래간만에 친구 집에 놀러 갔는데 그 친구가 너무 바빴기 때문에 같이 얘기할 시간이 없었다. 그는 나를 좋아하지 않기 때문에 나를 무시한다고 생각했다. 그래서 좀 더 친근해지기 위해 오래 머물러야겠다고 생

구분	내용	예
		각했다. 그리고 나서 조금 지났는데도 나에게 관심을 쏟아 주지 않자 일어서기도 창피하고 가만있자니 답답하고 어찌할 바를 몰랐다. 친구 집을 나오면서 그 친구를 방해한 것 같아 미안하기도 하고, 필요할 때 같이 얘기할 친구가 없는 것 같아 허전했다. 예) 어떤 여자에게 첫 데이트 요청을 했다가 거절당한 남자는 그 여자가 자기를 싫어한다고 단정해 버렸다.
선별적 결론	이 오류는 특정상황에서 자신이 택하는 선별적 사실과 정보에 주의를 쏟고 이 사실들에 기초하여 어떤 결론을 내리고 다른 관련된 정보를 무시하거나 고려하지 않는 것을 말한다.	예) 야구선수가 자기 팀의 다른 여러 멤버들이 자기보다 더 심각한 실수를 많이 범했었다는 사실을 무시한 채, 자기 팀이 시합에서 패배하게 된 이유가 전적으로 자기의 실수 때문이라고 결론을 짓는 것이다.
지나친 일반화	어떤 계층에 포함되는 사람이나 상황의 일반적 특징에 대한 가정을 가지고 있음으로 해서 단일의 사상에 기초하여 그 계층 내의 모든 사람 또는 상황에 대하여 획일적인 결론을 내리는 것을 말한다.	예) 남자에게 배신당한 여성이 "모든 남자는 도둑놈이야"라고 하는 경우이다. 예) 직원의 단 한 번의 실수를 핑계로 그 직원을 '능력 없는 사람'으로 단정해 버리는 사장의 경우이다.
지나친 확대 또는 축소	확대는 어떤 사상의 가치나 중요성을 과장할 때 일어나며, 반대로 부적절하게 사상의 중요성을 절하시키거나, 삭감시키는 것을 축소라고 한다.	예) 여성에게 거절당한 남성이 그 거절을 자신의 부족함을 보여 주는 재앙이라고 생각하는 것이다.

■ 브레인스토밍

브레인스토밍(Brain-storming)은 1941년 알렉스 오스본이 제안한 아이디어를 내기 위한 회의 기법에서 비롯된 것으로서 새로운 아이디어를 얻기 위해 매우 자주 사용되고 있는 기법 중의 하나이다. 브레인스토밍은 문자 그대로 폭풍이 몰아치듯 두뇌를 자극하여 아이디어의 연쇄 반응을 얻는 것이다. 즉, 소그룹의 사람들이 한 가지의 문제를 놓고 서로 앞다투어 아이디어를 냄으로써 문제해결을 위한 폭넓은 아이디어를 산출할 수 있다는 장점을 가지고 있다. 여럿이 모여서 하나의 문제를 해결하기 위하여 창의적인 아이디어를 낸다는 점에서는 일반적인 회의와 같으나 차이점은 브레인스토밍에서는 반드시 지켜야 할 규칙이 있다는 것이다. 브레인스토밍은 의사결정에 대한 아이디어를 구성원들이 자유롭게 개진하여 창의적인 방안을 선택할 수 있도록 하는 집단의사결정기법이다. 즉, 복수의 사람들이 모여 특정 주제에 대해 생각해 낸 것을 자유롭게 발표, 정리하여 새로운 아이디어를 이끌어 내는 집단 사고 기법이다. 브레인스토밍의 원칙은 〈표 3-12〉와 같다.

표 3-12. **브레인스토밍의 원칙**

구분	내용
비판금지원칙	아이디어를 비판하면 발언자가 위축되어 새로운 아이디어를 발표할 수 없게 된다.
자유분방원칙	자유로운 분위기에서 좋은 아이디어가 많이 나온다.
질보다 양의 치중원칙	질은 양으로 승부된다는 말이 있듯이 최대한 많은 아이디어를 도출해야 한다.
통합과 개선원칙	다른 사람이 낸 아이디어의 개선과 결합을 한다.

■ 문장완성검사

문제를 확인하기 위해 사용하는 방법 중의 하나는 문장완성검사(Sentence Completion)를 활용하는 것이다. 브레인스토밍에서 주로 단어만 나열했던 것과 달리 문장을 만드는 과정에서는 상황의 원인에 대한 생각이 연상될 수 있다는 장점을 지닌다.

■ 나의 가장 큰 문제는 ______________________________

■ 나는 또한 다른 ______________________________문제를 가지고 있다.

■ 나는 또한 다른 ______________________________문제를 가지고 있다.

- 나는 또한 다른 ________________________________문제를 가지고 있다.

- 나는 또한 다른 ________________________________문제를 가지고 있다.

- 체크리스트

브레인스토밍과 문장완성검사를 통해 정리된 문제들에 대해 본인이 느끼는 심각성의 정도를 확인해 보는 것이 필요하다. 문제를 확인하는 방법의 한 가지는 체크리스트(Check List)를 사용하는 것이다. 일반적으로 Mooney Problem Checkist가 가장 많이 사용된다. 즉, 문장완성검사에서 이야기한 문제를 체크리스트에 기록한 후 그 문제의 심각성을 어느 정도로 본인이 받아들여지는지를 파악한다.

표 3-13. **체크리스트**

문제	자주 문제가 됨	때때로 문제가 됨	문제지만 불편하지 않음

- 우선 순위 매기기

우선 순위 매기기(Prioritizing)는 나열된 문제들에서 가장 먼저 해결되어야 하는 것과 그 이후에 해결되어야 하는 것의 순서를 정리하는 과정이다. 순위 매기기는 긴박하고, 어려운 문제, 중요한 문제를 체크하게 함으로 많은 문제에 도움을 줄 수 있거나 혹은 특별한 세부문제에 도움이 된다. 평가를 위해 응용된 우선 순위 매기기는 개인의 문제들을 명확하게 지칭해 준다.

표 3-14. 우선 순위 매기기의 예시

<u>직업선택</u>

1____월급
8____휴일
2____작업시간
4____특별급여(보너스)
3____작업조건
5____일에 대한 흥미
6____승진의 기회
7____집과 작업장 간의 거리

위의 사항들을 보고 직업을 선택할 때 중요하다고 생각되는 항목을 선택하세요. 가장 중요하다고 생각되면 1, 다음으로 중요하다고 생각되면 2, 그 다음은 3, 4, 5 이런 식으로 우선 순위를 기록해 보세요.

③ 3단계: 문제에 대한 해결책 생성

문제에 대해 확인을 하고 나면, 문제해결의 장애물을 극복하고 문제해결의 목표를 달성하기 위한 여러 가지 해결책(대안)을 생성하는 것이다. 즉, 문제를 확인하게 되면 그 문제를 해결하기 위한 다양한 대안들을 생각해 봐야 한다. 그 대안은 이제까지 사용했던 해결책일 수 있고, 일상의 평범한 해결책일 수 있으며, 과거에 성공적이었던 해결책일 수 있다. 이 모든 것을 포함하여 가능한 더 많은 대안을 생각해 내는 것이 중요하다. 하지만 고려해야 할 점은 해결책 생성은 그 자체가 상상력과 독창성을 요구하는 창의적 과정이긴 하지만 단순한 자유연상과는 구별되어야 한다는 것이다. 여기서는 적절한 해결책, 즉 목표-지향적인 해결책 생성이 강조되어야 한다.

④ 4단계: 생성된 해결책에 대한 분석

생성된 해결책 각각에 대해 긍정적 결과와 부정적 결과를 예상해 보고, 이득을 최대로 하고 손실은 최소화하면서 문제해결의 목표를 달성할 가능성이 가장 큰 해결책을 선택하게 된다. 일반적으로 해결책에 대한 이득과 필요한 요인, 방해요인에 대해 분석하는 과정을 진행하게 된다.

표 3-15. 생성된 해결책에 대한 분석표

해결책 모색	이득	필요한 요인	방해요인

⑤ 5단계: 실행 및 평가

선택된 해결책을 실생활에서 실행해 보고 스스로 그 효과를 평가하는 것이다. 결과에 만족하면 문제가 해결된 것이며, 만약 결과에 만족하지 못하면, 다시 1단계로 돌아가서 처음부터 다시 시작하여 보다 효과적인 해결책을 찾는 것이 중요하다.

표 3-16. 문제해결 평가 기록지

<table>
<tr><td colspan="2">문제해결을 위해 사용한 방법이 문제해결에 어느 정도 도움이 되었다고 생각하십니까?
불만족스럽다 1 2 3 4 5 6 7 만족스럽다</td></tr>
<tr><td>문제해결을 위해 선택한 방법이 어떤 부분에서 가장 효과적이었는가?</td><td></td></tr>
<tr><td>문제해결을 위해 사용한 방법에서 개선되어야 할 부분은 무엇인가?</td><td></td></tr>
</table>

(2) 문제해결능력 향상의 실제

? 위와 같은 상황을 경험한 적이 있습니까? 있다면 어떻게 행동하셨습니까?

....

....

....

1단계: 문제에 대한 긍정적인 태도

....

....

....

2단계: 문제의 확인

....

....

....

3단계: 문제에 대한 해결책 생성

문제발견		
문제에 대한 해결책 모색	1	
	2	
	3	
	4	
	5	

4단계: 생성된 해결책에 대한 분석

해결책 모색	이득	필요한 요인	방해요인

5단계: 선택된 해결책의 실행 및 평가

해결책:

행동	수행기준	시작일	완료일	책임자	필요한 자원

문제해결을 위해 사용한 방법이 문제해결에 어느 정도 도움이 되었다고 생각하십니까? 불만족스럽다 1 2 3 4 5 6 7 만족스럽다	
문제해결을 위해 선택한 방법이 어떤 부분에서 가장 효과적이었는가?	
문제해결을 위해 사용한 방법에서 개선되어야 할 부분은 무엇인가?	

간신히 취직시켰더니 일하기 싫다고 마음대로 그만두면 우리는 뭐가 되니?
너 생각이 있는 애냐 없는 애냐?
제 적성에도 안 맞는데 어떻게 일을 합니까?
도대체 어떤 적성이기에 3년이 넘게 집에서 빈둥대는거냐?
아버진 나한테 관심도 없으면서 무조건 취직만 하라고 하시네요.
뭐든지 지 마음대로 하는 건
언제 고칠래?

? 위와 같은 상황을 경험한 적이 있습니까? 있다면 어떻게 행동하셨습니까?

....

....

....

1단계: 문제에 대한 긍정적인 태도

....

....

....

2단계: 문제의 확인

....

....

....

3단계: 문제에 대한 해결책 생성

문제발견		
문제에 대한 해결책 모색	1	
	2	
	3	
	4	
	5	

4단계: 생성된 해결책에 대한 분석

해결책 모색	이득	필요한 요인	방해요인

5단계: 선택된 해결책의 실행 및 평가

해결책:					
행동	수행기준	시작일	완료일	책임자	필요한 자원

문제해결을 위해 사용한 방법이 문제해결에 어느 정도 도움이 되었다고 생각하십니까? 불만족스럽다 1 2 3 4 5 6 7 만족스럽다	
문제해결을 위해 선택한 방법이 어떤 부분에서 가장 효과적이었는가?	
문제해결을 위해 사용한 방법에서 개선되어야 할 부분은 무엇인가?	

아버지…
오늘 동창회가
있다고 해서요.
조금 늦을 것
같아요.
10시까지는
들어와라.
7시부터 모임인데
10시까지 어떻게
들어오겠어요.
당신도 참…
허허…
10시까지라면
10시까지인줄
알지 말이 많아…
밥 먹자.
저…
그래도 12시까지만…
쓸데없는 소리 말고…
10시까지 못 들어
올 것 같으면
아예 나가지 마.
… … …

? 위와 같은 상황을 경험한 적이 있습니까? 있다면 어떻게 행동하셨습니까?

....

....

....

1단계: 문제에 대한 긍정적인 태도

....

....

....

2단계: 문제의 확인

....

....

....

3단계: 문제에 대한 해결책 생성

문제발견		
문제에 대한 해결책 모색	1	
	2	
	3	
	4	
	5	

4단계: 생성된 해결책에 대한 분석

해결책 모색	이득	필요한 요인	방해요인

5단계: 선택된 해결책의 실행 및 평가

해결책:

행동	수행기준	시작일	완료일	책임자	필요한 자원

문제해결을 위해 사용한 방법이 문제해결에 어느 정도 도움이 되었다고 생각하십니까? 불만족스럽다 1 2 3 4 5 6 7 만족스럽다	
문제해결을 위해 선택한 방법이 어떤 부분에서 가장 효과적이었는가?	
문제해결을 위해 사용한 방법에서 개선되어야 할 부분은 무엇인가?	

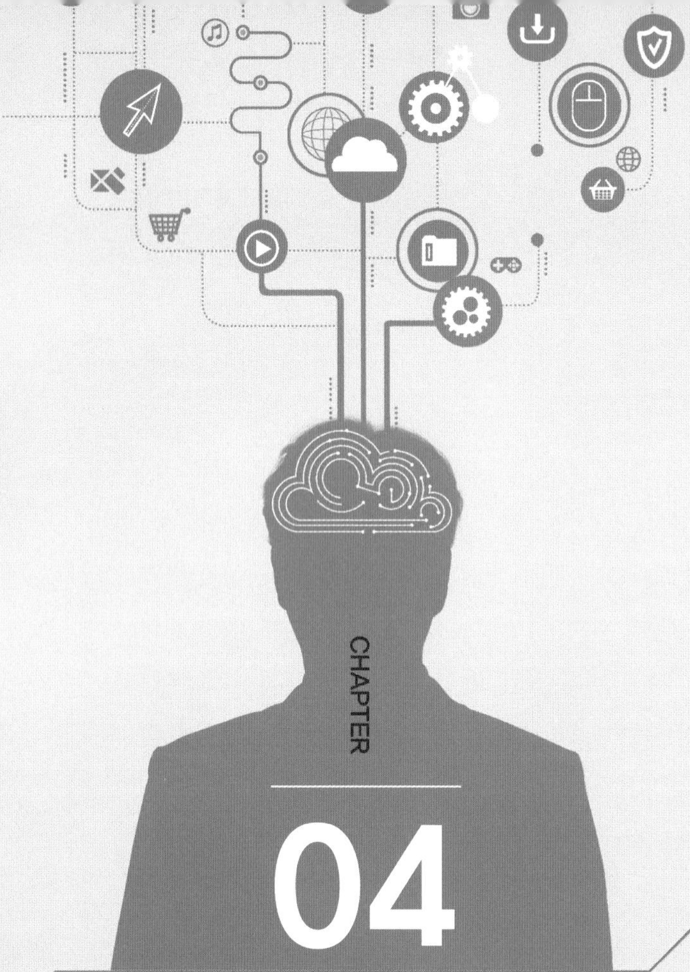

CHAPTER 04

4차 산업혁명 시대와 리더십

배울 내용

1. 리더십의 개념 및 필요성
2. 리더십의 유형과 특징
3. 4차 산업혁명 시대의 글로벌 리더십
4. 리더십 기르기

학습목표

1. 리더십의 개념 및 필요성을 이해한다.
2. 리더십의 유형과 특징을 파악한다.
3. 4차 산업혁명 시대의 글로벌 리더십을 이해한다.
4. 리더십을 향상시키는 구체적인 방법을 익힌다.

활동 1. 리더십에 대한 자신의 생각 파악하기

■ 당신이 생각하는 리더십은 무엇입니까?

...

■ 4차 산업혁명 시대에 리더십이 필요한 이유는 무엇이라고 생각하십니까?

...

활동 2. 자신의 리더십 행동 파악하기

다음은 여러분들의 리더십 행동(기술)과 관련된 질문입니다. 여러분들의 생각을 가장 잘 설명하고 있는 항목에 체크해 봅시다.

표 4-1. 리더십 행동 파악하기

항 목	내 용	1 전혀 그렇지 않다	2 약간 그렇지 않다	3 보통이다	4 약간 그렇다	5 매우 그렇다
계획수립과 조직화능력	목표나 전략을 세우고 우선순위를 정하거나 인적, 물적자원을 잘 활용하여 과업과 조직을 효과적으로 관리하는 능력	①	②	③	④	⑤
문제해결능력	과제와 관련된 문제를 확인, 분석하고 그 원인을 찾아 해결하는 능력	①	②	③	④	⑤
역할과 목표를 명확하게 하는 능력	과제를 할당하고 목표, 책임, 기한 등을 명확히 전달하는 능력	①	②	③	④	⑤
정보제공능력	대학생의 활동에 필요한 정보를 적절히 제공하고 관리하는 능력	①	②	③	④	⑤
점검과 평가능력	대학생으로서 과제나 행동에 관련된 정보를 수집하고 작업 진행 상황이나 외부의 환경 여건을 점검하고 그 추세를 평가하는 능력	①	②	③	④	⑤
동기의 자극과 격려, 고무능력	상대에게 일에 대한 열의와 동기를 자극하고 모범을 보이는 능력	①	②	③	④	⑤
상담능력	구성원에게 상담제안을 하고 구성원을 의사결정에 참여시키는 능력	①	②	③	④	⑤
후원 및 지원능력	남의 어려움과 입장을 헤아려 경청하고 배려하며 도움을 주는 능력	①	②	③	④	⑤
타인의 진로 개발과 지도능력	타인의 진로에 대해 충고해 주거나 타인의 기술전문성을 개발시키는 능력	①	②	③	④	⑤
갈등관리 및 팀 조성능력	갈등을 해소할 수 있는 해결책을 제시하고 협동할 수 있는 팀을 만들 수 있는 능력	①	②	③	④	⑤
교류관계의 구축과 확대능력	비공식적 교류(방문, 서신, 회합 등)를 통해 정보를 얻거나, 업무 추진에 도움이 되는 사람들과 유대하고 협력하는 관계를 맺는 능력	①	②	③	④	⑤
안정감 부여능력	상대의 잘하는 일이나 업무상의 기여 등에 대해 칭찬하고 인정할 수 있는 능력	①	②	③	④	⑤
보상능력	상대의 중요한 업적이나 능력을 제대로 이해하고 그에 따른 응분의 가시적인 보상을 해 주거나 추천하는 능력	①	②	③	④	⑤

표 4-2. **자신의 리더십 행동의 높은 점수 순위 매기기**

순위	항목	점수
1 순위		
2 순위		
3 순위		
4 순위		
5 순위		

■ 자신의 리더십 행동(기술) 중 점수가 높은 항목에 대해 칭찬해 봅시다.

표 4-3. **자신의 리더십 행동의 낮은 점수 순위 매기기**

순위	항목	점수
1 순위		
2 순위		
3 순위		
4 순위		
5 순위		

■ 점수가 낮은 항목의 리더십 행동(기술)의 역량을 높이기 위해 어떤 노력들이 필요하다고 생각하십니까?

1. 리더십의 개념 및 필요성

1) 리더십의 개념

리더십(leadership)의 어원을 살펴보면 'lead'는 바이킹의 언어에서 유래된 것으로 배의 방향을 잡는 사람을 뜻하며, 이는 한 배의 선장을 뜻한다. 조직은 조직을 진두지휘하여 목적지까지 안전하게 도착할 수 있도록 이끄는 '리더십 능력'을 갖춘 리더를 필요로 한다. 왜냐하면 리더십을 갖춘 사람이 조직의 발전에 크게 기여할 수 있기 때문이다.

리더십에 대한 정의를 살펴보면, 리더십이란 공동목표를 달성하기 위하여 한 개인이 집단의 구성원들에게 영향력을 미치는 과정이라고 정의할 수 있다. 각각의 의미를 살펴보면, 이 정의에서의 '집단'은 리더십이 일어나고 있는 현장을 의미하고, '과정'은 리더가 구성원들에게 미치는 영향이기도 하지만 구성원들에 의해 영향을 받기도 하는 상호작용을 의미한다. 이러한 과정에서 리더와 구성원은 밀접한 연결관계를 지속적으로 유지하고, 리더는 이 관계를 주도하기도 하고 소통하며 관계를 유지해 나갈 책임을 가진다. 따라서 리더가 구성원들에게 어떤 영향력을 미치는지가 리더십의 가장 중요한 요건이 된다.

표 4-4. **리더십 정의들의 공통점**

공통점	리더십의 내용
공통적 사항	목표지향성, 사람들 간의 영향력, 상호교류의 힘, 영향력 행사과정
리더십의 요소	• 개인 특성(property)의 리더십: 영향력을 성공시키는 자질조건, 리더들이 갖는 성취능력, 성격, 기업가정신 등을 의미한다. • 집단 과정(process)의 리더십: 강제성을 가지지 않는 영향력 행사 과정, 조직목표 달성을 위해서 조직화된 집단의 구성원들에게 방향을 제시하고 활동을 조정하는 것이다.

리더십의 중요성은 간과할 수 없는 문제이다. 훌륭한 리더가 되기 위해서는 올바른 리더십에 대한 이해가 있어야 하며, 리더의 자질을 갖추기 위한 노력과 훈련이 지속적으로 뒷받침되어야 한다. 리더란 리더십을 가진 사람을 말하며, 미래 통찰력을 가지고 공유된 목적을 중심으로 한 조직의 구성원과 함께 공유목적을 달성할 수 있도록 리더십을 발휘하여야 한다.

2) 리더십의 주요이론

20세기 이후 다양한 기업 조직이 나타나면서 리더십에 관한 연구도 활발히 진행되었다. 리더십 이론은 전통적인 특성이론, 행동이론, 상황이론 이후에 변혁적 리더십을 기점으로 서번트 리더십, 셀프 리더십, 윤리적 리더십, 카리스마 리더십 등이 등장하고 있다.

(1) 특성이론(1940년대)

리더십에 대한 특성이론은 훌륭한 리더는 이미 출생 시부터 훌륭한 리더가 되는 어떤 특성을 가지고 태어난다는 것이다. 1940년대 이후 특성이론에 근거하여 훌륭한 지도자가 갖는 공통된 개인적 자질이나 특성을 찾는 연구들이 진행되었는데, 효과적인 리더십을 발휘하는 데 필요한 공통적인 자질로는 추진력(성취의욕, 야심, 정력, 끈질김, 주도성), 리더십 동기(개인적 권력동기, 사회적 권력동기), 정직성과 성실성, 자신감(정서적 안정), 지적 능력(사업에 대한 지식) 등을 주장하고 있다.

리더십의 특성이론: 신체, 지능, 책임감, 교육 수준 등 리더의 유능한 자질, 즉 리더의 개인적 특성은 효과적인 리더십과 관련이 있다. 따라서 리더는 외모, 성격 등 모든 면에서 타고나는 것이며, 리더의 특성을 가진 사람은 효과적인 리더가 될 수 있다는 이론이다.

이순신
이순신 장군, 칭기즈칸 같은 뛰어난 개인이 리더십을 발휘한다.

(2) 행동이론(1950년대)

리더십을 지도자의 신체 특성 및 성격 특성에 의해 발휘되는 것으로 간주되는 특성이론이 바람직한 결과를 얻지 못하자 성공한 자도자의 행동에 초점을 맞추는 연구가 진행되기 시작하였다. 즉, 훌륭한 지도자는 특정한 행동을 보여 주고 있다는 것을 가정하였으며, 이는 훌륭한 지도자가 되려면 지도자의 행동을 관찰하고 모방함으로써 지도자로서의 리더십을 갖추는 것이 가능하다고 믿었다. 이렇게 해서 나온 이론이 행동이론이다. 행동이론은 리더가 무엇을 어떻게 행동하는가에 초점을 두고 있다.

행동이론에서 효과적인 리더가 발휘할 수 있는 리더십 행동을 의사결정, 타인에의 영향력, 관계의 구축, 정보의 교환 등 4개 영역으로 나누어 제시하고 있다.

리더십의 행동이론: 리더의 행동이 조직의 성과와 얼마나 관련이 있는지를 제시한 이론으로 성공한 리더의 행동 유형을 규명하려고 하였다. 즉, 리더가 어떠한 행동을 보여 주는가에 따라 리더십의 효과가 결정된다는 이론이다.

히딩크
히딩크 감독은 리더의 행동이 조직을 어떻게 변화시킬 수 있는지를 보여 주었다.

(3) 상황이론(1970년대)

리더십 유형에 관한 연구들의 일관된 과제는 모든 상황에 적용할 수 있는 최적의 이상적인 리더십 유형을 발견하는 것이다. 그러나 어떠한 상황에서는 효과적인 유일한 리더십 스타일은 존재할 수 없다는 사고에서 리더십의 유효성을 상황과 연결시키려는 상황이론이 등장하게 되었다. 리더십의 상황이론은 리더의 특성이나 행위가 구성원이나 조직에 미치는 영향을 조절해 주는 변수를 파악하여 특성이나 행동과 상황 간의 적합관계를 설명하는 이론이다.

리더십 상황이론: 리더는 처해진 상황에 맞게 가장 적합한 리더십을 발휘해야 한다는 이론이다. 유사한 특성과 자질을 지닌 리더라도 처해진 상황에 따라 결과가 달라질 수 있기 때문이다. 리더십은 조직 구성원의 속성, 조직의 문화, 일의 성질 등에 따라 달라진다는 것이다.

정주영

정주영 회장은 주어진 상황에서 어떻게 리더십을 발휘하여야 하는지를 보여 주었다.

(4) 변혁적 리더십(1990년대)

변혁적 리더십은 획기적 변화를 유도하는 유형이다. 변혁적 리더십은 장기적 효과와 가치의 창조에 중점을 두어 부하에게 단순히 복종할 것을 요구하는 것이 아니라 부하의 신념, 욕구, 가치를 바꾸고, 틀 자체를 변화시켜 새로운 기회를 창출하도록 하는 매우 진취적인 리더십이다. 즉, 변혁적 리더십은 리더와 부하가 서로 보다 높은 수준의 도덕성과 동기부여의 상태로 상호 고양시켜 주는 과정으로 정의된다. 그러므로 리더가 부하들에게 공포, 욕심, 질투, 미움과 같은 감정에 호소하는 것이 아니라 자유, 정의, 평등, 평화, 인간주의 등과 같은 고차원의 이념과 도덕적 가치에 호소하여 부하들의 의식을 고양시키는 것이다. 변혁적 리더는 조직의 어떤 지위에서도 나타날 수 있는데, 이러한 리더십에는 부하뿐만 아니라 상사나 동료에 대한 영향력도 포함된다.

변혁적 리더십: 현재와 같이 경영 환경의 변화가 심한 상황에서는 조직이 끊임없이 변화해야 하며, 리더는 조직 구성원이 조직 목표 달성을 위해 노력하도록 의식이나 행동을 바꿀 수 있는 능력을 갖추어야 한다는 것이다.

잭 웰치

잭 웰치는 스스로 변화할 수 있도록 자율적이고 혁신적인 리더십을 보여 주었다.

(5) 현재: 다양한 리더십

급격히 변화하는 현대사회는 전 구성원들에게 임파워링(empowering)이 가능하도록 하기 위해 모든 사람들이 리더십을 가지고 있어야 한다는 방향으로 리더십의 패러다임이 바뀌고 있다. 현재는 지식 정보화 시대 및 4차 산업혁명 시대가 도래함에 따라 수평화, 전문화 및 다원화의 물결 속에서 개인의 자율성과 창의성이 강조되는 환경이 되었고, 이에 적합한 리더십이 필요하다. 구체적으로 셀프 리더십(개인이 스스로 목표한 바를 이루기 위해서, 주도적이고 적극적으로 자신의 행동과 생각을 통제하고 관리하는 능력), 수퍼 리더십(구성원들이 자신의 능력을 이끌어 낼 수 있도록 최대한 자율권을 부여함으로써 스스로 성장해 나가기 위한 최소한의 영향력만을 끼치는 능력), 진실 리더십(진실한 리더들이 펼치는 리더십을 말하는 것으로 긍정적인 심리상태와 조직가치에서 유도된 과정으로 그에 의해 리더와 동료들 편에서 더 큰 자아인식과 자기규제적인 행동을 만들어 내며 긍정적인 자기개발을 촉진하는 과정) 등이 있다.

현재의 다양한 리더십: 섬기는 리더로 대표되는 서번트 리더십과 스스로 자신을 리드하여 자신이 참된 리더가 되는 것을 실현하는 셀프 리더십, 타인의 절대적 가치에 개인차가 있음을 인정하고 수용적인 자세를 가지는 윤리적 리더십, 자신의 내면을 깊이 성찰하고 부하의 감성이나 욕구를 이해하고 배려함과 동시에 공동의 선을 찾아 자연스럽게 구성원들을 이끌어 가는 감성 리더십 등이 있다.

김수환 추기경

김수환 추기경의 경우, 자신을 낮추고 타인을 배려하며 스스로를 이끄는 다양한 현대적 리더십을 보여 주었다.

3) 리더십의 필요성

조직의 목적을 달성하기 위해서는 조직 구성원의 행동을 변화시키기 위한 노력이 필요하다. 이러한 관리에 성공을 거두기 위한 핵심은 리더십이다. 조직의 구성원들은 개개인이 서로 다른 가치관과 정서를 가지고 있으며, 구성원들 사이의 인간관계도 매우 복잡하므로 업무가 당초 리더의 의도와는 달리 다른 방향으로 진행되는 경우가 많고, 또한 시간이 지날수록 조직 안에서도 분열과 단합이 계속 진행되는 가운데 낙오자와 이탈자가 생기기 때문에 이를 극복할 종합적인 리더십이 반드시 필요하다.

그렇다고 해서 리더십이 신비롭고 무언가 특별한 것이라는 생각은 오산이다. 리더십은 카리스마와는 전혀 다르며, 타고난 성격과도 무관하다. 또한 선택받은 소수만이 가질 수 있는 특권도 아니다. 조직을 둘러싸고 있는 다양한 기능들을 효율적으로 다루기 위한 것이 관리라면, 리더십은 변화에 대처하는 능력이다. 특히 현대사회처럼 불확실성이 만연하고 급변하는 환경에서는 리더십 능력의 함양은 필수적이다.

오늘날 훌륭한 리더로 칭송받는 사람들의 예를 살펴보면, 자신의 권력을 이용한 리더십이 아니라 하급자를 먼저 배려하고 존중하는 서번트 리더십(servant leadership)을 효율적으로 잘 이용한 것을 볼 수 있다. 서번트 리더십이란 리더가 부하를 섬기는 자세로 그들의 성장 및 발전을 돕고 조직 목표 달성에 부하 스스로 기여하도록 만들어 리더와 부하 간의 신뢰를 형성시켜 궁극적으로 조직성과를 달성하게 하는 리더십이다.

미국에서 가장 일하기 좋은 회사로 손꼽히는 구글(google)은 사원들의 복지를 위해 타사와는 전혀 다른 사무실의 구성을 자랑한다. 사무실에 설치된 다양한 형태의 미끄럼틀, 창의적인 생각을 위해 마련된 공간들, 정해진 근무시간을 없애는 등 사원들을 배려한 획기적인 리더십이 세계적인 기업으로 우뚝 서는 원동력이 되었다.

2. 리더십의 유형과 특징

일반적으로 리더십 유형은 크게 독재자 유형, 민주적 유형, 파트너십 유형, 변혁적 리더십 유형 등 크게 4가지로 구분할 수 있다. 이에 대해서 좀 더 자세히 살펴보면 다음과 같다(한국산업인력공단, 2016).

1) 독재자 유형

당신은 지금까지 살아오면서 강력한 독재자를 접해 본 경험이 있을 것이다. 정치학에서 그 어원이 비롯된 독자재 유형은 정책의사결정과 대부분의 핵심정보를 그들 스스로에게만 독점하여 소유하고 고수하려는 경향을 가지고 있는 경우이다. 전형적인 독재자 유형의 특징은 〈표 4-5〉와 같다.

표 4-5. **독재자 유형의 특징**

구분	내용
질문은 금지	독재자는 집단의 규칙 하에 지배자로 군림하고, 동료에게는 그의 권위에 대한 도전이나 반항없이 순응하도록 요구하며, 개개인들에게는 주어진 업무만을 묵묵히 수행할 것을 강조한다.
모든 정보는 내 것	독재자는 '지식(정보)이 권력의 힘'이라고 믿는다. 이러한 이유로 대부분의 구성원들과 조직에 대한 핵심정보를 혼자 독점하고 유지하려고 애쓰며, 다른 구성원들에게는 기본적 수준의 정보만을 제공한다.
실수를 용납하지 않음	독재자 유형은 언제 어디서나 가장 최고의 질적 수준을 요구한다. 실수는 결코 용납되지 않으며, 한번의 실수는 곧 해고로 이어지거나 다른 형태의 징계로 이어진다.

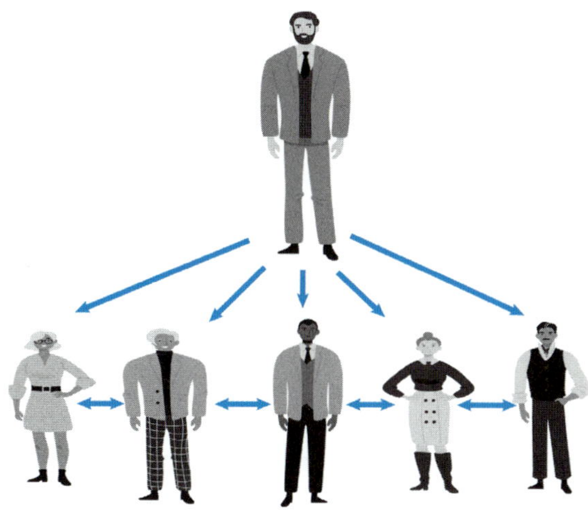

독재자 유형은 집단이 통제가 없이 방만한 상태에 있을 때, 혹은 가시적인 성과물이 보이지 않을 때 효과적일 수 있다. 이러한 경우 독재자 유형의 리더는 팀원에게 업무를 공정히 나누어 주고, 그들 스스로가 결과에 대한 책임을 져야 한다는 것을 인식시킨다.

2) 민주적 유형

민주주의에 근접한 유형의 리더십은 독재자 유형의 리더십보다 관대한 편이다. 리더는 구성원들에게 정보를 잘 전달하려고 노력하고, 전체 구성원 모두를 목표방향 설정에 참여하게 함으로써 구성원들에게 확신을 심어 주려고 노력한다. 예를 들어, 팀장은 회의 때 회의자료를 준비하여 부하직원들에게 나누어 주고 그들의 의견을 구하고 경우에 따라 새로운 제안을 받기도 한다. 팀장은 부하직원들의 의견을 수렴하여 팀원들의 참여 속에서 의사결정을 한다. 민주주의에 근접한 리더십 유형의 특징은 〈표 4-6〉과 같다.

표 4-6. 민주적 유형의 특징

구분	내용
참여	리더는 팀원들 한 사람도 소외됨이 없이 동등하다는 것을 확신시킴으로써 비즈니스의 모든 방면에 종사하도록 한다.
토론의 장려	리더는 경쟁과 토론의 가치를 인식하며, 팀이 나아갈 새로운 방향의 설정에 팀원들을 참여시킨다.
거부권	이 유형의 리더는 비록 참여와 토론을 존중하지만 최종 결정권은 리더에게 있다.

민주주의에 근접한 방식은 리더가 혁신적이고 탁월한 구성원들을 거느리고 있고, 또한 그러한 방향을 계속적으로 지향할 때 가장 효과적이다. 기발하고 엄청난 아이디어를 가졌다고 할지라도, 양적인 것이 항상 질적인 것까지 수반하는 것은 아니다. 리더에게는 옳고 그름을 결정할 책임이 있다.

3) 파트너십 유형

파트너십은 지금까지 논의한 리더십 형태와 다른 형태의 리더십이다. 즉, 독재자 유형과 민주적 유형은 리더와 집단 구성원 사이에 명확한 구분이 있지만 파트너십에서는 그러한 구분이 불분명하고, 리더가 조직의 한 구성원이 되기도 한다. 파트너십 유형의 특징은 〈표 4-7〉과 같다.

표 4-7. 파트너십 유형의 특징

구분	내용
평등	리더는 조직구성원들 중 한 명일 뿐이다. 리더는 다른 조직 구성원들보다 경험이 더 풍부하겠지만 다른 구성원들보다 더 비중 있게 대우 받아서는 안된다.
집단의 비전	집단의 모든 구성원들은 의사결정 및 팀의 방향을 설정하는 데 참여한다.
책임 공유	집단의 모든 구성원들은 집단의 행동에 따른 결과 및 성과에 대해 책임을 공유한다.

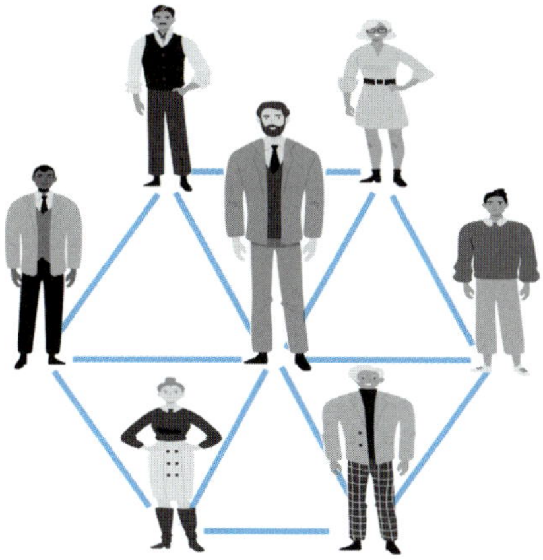

파트너십 유형은 소규모 조직이나 성숙한 조직에서 풍부한 경험과 재능을 소유한 개개인들에게 적합하다. 신뢰와 정직, 구성원들의 능력에 대한 믿음이 파트너십 유형의 핵심요소이다.

4) 변혁적 유형

변혁적 리더는 개개인과 팀이 유지해 온 지금까지의 업무수행 상태를 뛰어넘고자 한다. 변혁적 리더는 전체 조직이나 구성원들에게 변화를 가져오는 원동력이다. 변혁적 유형의 특징은 〈표 4-8〉과 같다.

표 4-8. **변혁적 유형의 특징**

구분	내용
카리스마	변혁적 리더는 조직에 명확한 비전을 제시하고, 집단 구성원들에게 그 비전을 쉽게 전달할 수 있다.
자기 확신	변혁적 리더는 뛰어난 사업수완 그리고 어떠한 의사결정이 조직에 긍정적으로 영향을 미치는지 예견할 수 있는 능력을 지니고 있다.
존경심과 충성심	변혁적 리더는 개개인에게 시간을 할애하여 그들 스스로가 중요한 존재임을 깨닫게 하고, 존경심과 충성심을 불어넣는다.
풍부한 칭찬	변혁적 리더는 구성원이나 팀이 직무를 완벽히 수행했을 때 칭찬을 아끼지 않는다. 사람들로 하여금 한 가지 일에 대한 성공이 미래의 여러 도전을 극복할 수 있는 자극제가 될 수 있다는 것을 깨닫게 한다.
감화	변혁적 리더는 구성원들이 도저히 해낼 수 없다고 생각하는 일들을 구성원들로 하여금 할 수 있도록 자극을 주고 도움을 주는 일을 수행한다.

성공적인 리더는 이끌고 나가야 할 집단에 따라 아마도 리더십의 한 가지 유형을 엄격히 고수하거나 여러 상황에서 다양한 유형의 리더십을 혼용할 것이다. 따라서 자신이 속한 전체 조직의 문화 속에서 조직의 특성이 도전적인지, 성공적인지, 변화지향적인지에 따라 어떤 유형을 활용할 것인지 결정할 수 있다.

3. 4차 산업혁명 시대의 글로벌 리더십

1) 4차 산업혁명 시대의 자신의 글로벌 리더십 파악하기

활동 3. 자신의 글로벌 리더십 파악하기

다음은 4차 산업혁명 시대에 필요한 글로벌 리더십과 관련된 리더십 행동(기술)들입니다. 여러분들의 생각을 가장 잘 설명하고 있는 항목에 체크해 봅시다.

표 4-9. **글로벌 리더십 행동 파악하기**

		내 용	1 전혀 그렇지 않다	2 약간 그렇지 않다	3 보통이다	4 약간 그렇다	5 매우 그렇다
글로벌 마인드	1. 경영환경 변화 이해	글로벌 경제, 경영, 정치적 변화의 흐름을 조직의 현재 상황과 연계시켜 인식하는 능력	①	②	③	④	⑤
	2. 경영환경 변화 예측	글로벌 경영환경의 변화가 조직의 중·장기적인 성과에 미치는 영향을 분석하는 능력	①	②	③	④	⑤
	3. 변화 대응전략 수립	급변하는 경영환경 속에서 조직의 지속가능한 성과창출을 위해 구체적인 해결 방안을 제시하는 능력	①	②	③	④	⑤
다양성에 대한 개방적 태도	1. 개방적 의견 수용	국가, 문화, 인종적 차이에서 비롯되는 구성원의 다양한 의견을 폭넓게 받아들이는 능력	①	②	③	④	⑤
	2. 다양성 존중	구성원 간의 차이점과 다름이 조직의 목표달성에 기여할 수 있도록 조정하여 합의를 이끌어 내는 능력	①	②	③	④	⑤
	3. 조직문화 구축	조직 내 다양성을 바탕으로 조직 고유의 문화를 조성하는 능력	①	②	③	④	⑤

	4. 다문화 이해	보편성과 특수성의 균형을 바탕으로 다른 문화를 편견없이 받아들이고 존중하는 자세	①	②	③	④	⑤
글로벌 네트워크	1. 글로벌 커뮤니케이션	문화적 차이를 극복하기 위한 의사소통 능력(경청, 질문, 동기부여, 피드백 등)	①	②	③	④	⑤
	2. 외국어 구사 능력	언어적 차이에서 비롯되는 소통의 문제를 해결하기 위한 외국어 구사 능력	①	②	③	④	⑤
	3. 글로벌 매너 및 에티켓	다른 문화에서 형성된 행동양식을 이해하고 학습하여 국제예절을 지키는 소양 및 자세	①	②	③	④	⑤
	4. 글로벌 시민의식	인간의 존엄성과 다양성의 가치를 존중하며 세계윤리를 적극적으로 이해하고 실천하는 능력	①	②	③	④	⑤
성과개선 기술	1. 전략적 목표설정	조직의 미션과 비전을 수립하여 구성원과 공유하고 개인 및 팀의 목표와 연계시키는 능력	①	②	③	④	⑤
	2. 지식과 기술의 확보	글로벌 환경변화 속에서 성과를 창출할 수 있는 새로운 정보와 경쟁력을 보유하는 능력	①	②	③	④	⑤
	3. 글로벌 인재 육성	조직의 목표달성을 위해 필요한 글로벌 핵심인재를 확보하고 체계적으로 양성하는 능력	①	②	③	④	⑤
기본태도 역량	1. 인적 네트워크 관리	조직구성원 및 내 · 외부 고객을 경쟁자가 아닌 협력자로 인식하고 중 · 장기적인 상호협력관계를 유지하는 능력	①	②	③	④	⑤
	2. 정직성	윤리, 도덕, 원칙을 준수하여 신뢰를 형성하고 타협하지 않는 정직성을 행위의 기본으로 삼는 태도	①	②	③	④	⑤
	3. 도전정신	현재 성과에 안주하지 않고 혁신을 추구하며 새로운 가능성을 적극적으로 모색하는 자세	①	②	③	④	⑤
	4. 창의성	다양성을 기반으로 기존의 개념 · 방법 등을 새롭게 조명하거나 재조합하는 능력	①	②	③	④	⑤

표 4-10. **자신의 글로벌 리더십 점수 기록하기**

구분	점수 산출	평균 점수
글로벌 마인드	총 획득점수( )/3	
다양성에 대한 개방적 태도	총 획득점수( )/4	
글로벌 네트워크	총 획득점수( )/4	
성과개선 기술	총 획득점수( )/3	
기본태도 역량	총 획득점수( )/4	

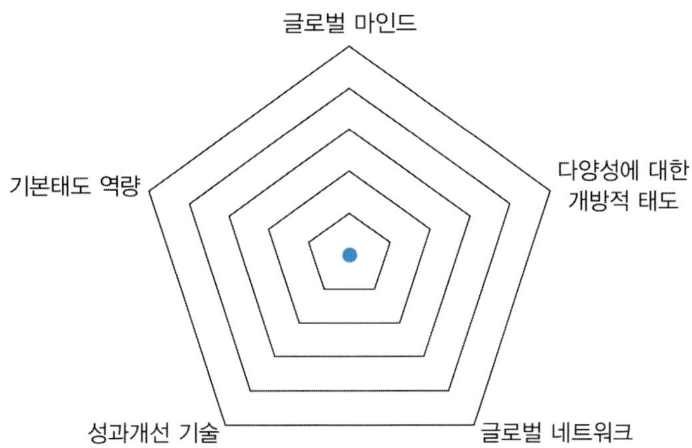

그림 4-1. **자신의 글로벌 리더십 점수 기록하기**

■ 자신의 낮은 리더십 행동(기술)을 높이기 위해 어떤 노력들이 필요하다고 생각하십니까?

....

....

....

2) 글로벌 리더와 리더십

글로벌 리더의 중요성이 강조되고 기업과 사회에서 미래를 이끌어 갈 글로벌 인재유형에 대한 관심이 고조됨에 따라 글로벌 리더가 누구이고, 무슨 직무를 수행하며, 성공적인 직무수행을 위해 어떤 역량을 갖추어야 하는지에 대한 연구가 지속적으로 진행되어 왔다. 4차 산업혁명 시대에 필요한 리더십에 대한 구체적인 내용은 〈표 4-11〉, 글로벌 리더십의 정의는 〈표 4-12〉, 글로벌 리더의 역할은 〈표 4-13〉과 같다.

표 4-11. **4차 산업혁명 시대의 8가지 리더십**

- 자신과 타인에게 질문하는 리더
- 다양한 관점을 가진 리더
- 틀림이 아닌 다름을 인정하는 리더
- 초기 아이디어를 살려 내는 리더
- 개인보다 집단의 힘을 활용하는 리더
- 요구보다 욕구에 집중하는 리더
- 정답을 찾지 않고 다양한 정답을 만드는 리더
- 항상 스스로 성장하고 타인도 성장시키는 리더

표 4-12. **글로벌 리더에 대한 정의**

- 다양한 국가를 사업 영역으로 한 다국적 기업의 CEO를 비롯한 임원급 리더
- 국제적 맥락에서 비즈니스 목적을 달성하기 위해 다른 사람의 생각과 행동에 영향을 미치는 역할을 맡고 있는 조직의 리더
- 글로벌 비즈니스의 방향을 설정하고 공유된 글로벌 비전을 전파하며, 지리적으로 분산되어 있는 조직의 인력에 동기부여 하는 사람

표 4-13. 글로벌 리더의 역할

- 해외 출신의 동료와 함께 일한다.
- 해외 출신의 외부고객과 관계를 맺고 있다.
- 해외 출신의 내부고객과 관계를 맺고 있다.
- 모국어 외 다른 언어를 구사해야 하는 필요성이 있다.
- 서로 다른 국적을 가진 조직구성원을 관리한다.
- 글로벌화를 고려한 사업전략을 세운다.
- 글로벌화를 고려한 예산계획을 세운다.
- 해외에서 거래를 하거나 해외 출신의 고객과 거래를 한다.
- 해외의 공급회사나 판매자를 관리한다.
- 글로벌화를 고려한 위기관리를 한다.

글로벌 리더십은 전통적인 리더십의 역량을 다수 포함하고 있지만 새로 포함되어야 할 역량이 많고 요구되는 리더십 역량의 중요성과 활용도가 다르다는 측면에서 전통적인 리더십과 구별되어야 한다고 주장한다. 따라서 가장 잘 알려진 Rhinesmith(1993)는 글로벌 리더십은 6가지 항목, 즉 글로벌 경영관리 역량, 다양성 적응 역량, 유연성 조직 적응 역량, 다문화 팀 관리 역량, 불확실성 관리 역량, 학습조직 조성 역량으로 구성된다고 주장하고 있다.

표 4-14. 글로벌 리더십의 6가지 항목

구분	내용
글로벌 경영관리 역량	글로벌 차원에서 자본, 기술, 공급자, 설비, 시장기회, 인적 자원에 관한 정보를 수집하고 활용하는 능력을 의미한다. 글로벌 경영관리 역량을 배양하기 위해서는 경영자와 관리자들은 세계의 변화하는 정치, 경제, 사회, 문화적 상황에 대해 끊임없이 관심을 갖고 지켜보고 또한 최신 경영관리기법에 관한 지식을 넓혀 나가는 것이 중요하다.
다양성 적응 역량	개인 및 조직의 성과에 영향을 미치는 다이나믹한 관계를 인식하고 분석하며 관리할 수 있는 능력을 의미한다. 또한 개인이 직면하게 될 모순된 상황을 균형 있는 시각을 가지고 해결할 수 있는 능력을 뜻한다. 글로벌 기업에서는 조직 내에 다양한 관점과 견해가 존재하기 때문에 국내에서만 활동하는 기업보다 더 많은 갈등이 발생할 수 있으므로 상반되는 견해들을 이해하고 통합할 수 있는 갈등관리 기술이 요구된다.

구분	내용
유연성 조직적응 역량	세계화 시대에서는 환경변화에 따라 조직 내에서 팀과 기구들이 수시로 만들어지고 또한 해체되어야 하는 만큼 탄력적으로 조직을 설계하고 조직의 규정을 바꿀 수 있는 능력과 기업 내에서 경영의 여러 기능에 관한 의사결정권한을 글로벌 차원에서 적절하게 분배하고 통합하는 능력을 의미한다.
다문화 팀 관리 역량	세계화 시대에는 한 기업이 다양한 문화적 배경을 가진 사람들로 구성되기 때문에 오늘날 경영자와 관리자에게는 이러한 문화적 차이를 활용해서 창조적인 혁신 및 시너지를 이끌어 내며 동시에 갈등을 건설적으로 관리해 나가는 능력이 필요하다는 의미이다. 또한 조직 구성원 간의 가치의 다양성을 인정하며 타문화에 대해서 유연한 태도를 갖는 것이 요구된다.
불확실성 관리 역량	환경 변화에 적극적으로 대응하고 계속되는 변화 속에서 새로운 기회를 창출해 내는 능력을 의미한다. 경영자와 관리자들은 환경 변화로부터 오는 불확실성을 기꺼이 받아들여 불안감을 극복하고 오히려 이것을 활용하려는 진취적인 마음가짐을 가져야 한다.
학습조직 조성 역량	글로벌 시대에는 새로운 지식과 기술이 끊임없이 생성되기 때문에 기업의 리더들은 개인이나 조직 차원에서 오픈 마인드를 가지고 새로운 지식과 기술 및 관점을 탐색하고 익히는 것이 무엇보다도 필요하다.

4. 리더십 기르기

1) 동기부여

동기부여는 리더십의 밑바탕이 되는 힘이다. 왜냐하면 이루고자 하는 성과와 목표의 실현은 동기부여를 필수적인 요건으로 하기 때문이다. 리더십이 공동목표를 향하여 조직의 구성원들이 나아갈 수 있도록 이끄는 힘이라면, 동기부여는 조직의 구성원들로 하여금 실천적인 관점에서 움직일 수 있는 원동력을 주는 저력의 밑바탕이다. 팀의 구성원으로서 일을 하든 다른 사람의 지도를 받지 않고 자기 소신껏 일을 하든 간에 일을 멋지게 처리하도록 자기 자신에게 동기를 부여해야만 좋은 결과를 얻을 수 있다. 더구나 팀의 리더라면 구성원들이 좋은 성과를 내도록 동기부여를 할 수 있는 능력을 반드시 갖추어야 할 뿐만 아니라 자기 자신에게 동기를 부여할 수 있어야 한다(한국산업인력공단, 2016). 동기를 부여할 수 있는 구체적인 방법들을 살펴보면 다음과 같다.

(1) 긍정적 강화법을 활용한다

목표 달성을 높이 평가하여 구성원에게 곧바로 보상하는 행위를 긍정적 강화라고 한다. 긍정적 강화법은 조직원들의 동기를 부여하는 데 더없이 효과적이다. 높은 성과를 달성한 구성원에게는 곧바로 따뜻한 말이나 칭찬으로 보상해 주는 것이 필요하다.

(2) 새로운 도전의 기회를 부여한다

환경 변화에 따라 구성원들에게 새로운 업무를 맡을 기회를 준다면, 팀에는 발전과 창조성을 고무하는 분위기가 자연스럽게 조성된다. 즉, 구성원들은 매일 해 왔던 업무와 전혀 다른 일을 처리하면서 새로운 도전이 주는 자극과 스릴감을 톡톡히 맛볼 것이다. 나아가 자신의 능력을 인정받았다는 뿌듯함과 성취감을 느끼며, 권한을 가지게 되었다고도 생각한다.

(3) 창의적인 문제해결방법을 찾는다

조직생활 중 자유롭게 의사결정을 하지 못하고 자신의 소신대로 업무를 진행하지 못할 경우, 구성원들은 자칫 피해의식에 사로잡혀 사사건건 다른 조직원들을 비난할 수도 있다. 창의적인 문제해결방법은 구성원들이 자신의 실수나 잘못에 대해 스스로 책임지도록 동기를 부여한다. 리더는 조직원이 문제를 해결하도록 지도하고 개입할 수는 있지만, 실질적인 해결책만큼은 조직원 스스로 찾도록 분위기를 조성해 주는 것이 바람직하다.

(4) 책임감으로 철저히 무장한다

자신의 잘못에 대한 책임을 다른 구성원에게 전가하는 구성원처럼 리더를 화나게 하고 좌절하게 하는 것은 없다. 구성원들이 자신의 실수나 잘못에 대해 책임은 지지 않고, 오히려 다른 구성원들에게 책임을 전가하는 일이 지속된다면 팀의 근무환경은 현저히 나빠지기 마련이다. 하지만 자신의 업무에 책임을 지도록 하는 환경 속에서 일하는 구성원들은 오히려 자신의 위치에서 안정감을 느낄 뿐 아니라 자신이 의미 있는 일을 하고 있다는 긍지를 갖는다. 또한 어떤 어려움이든 극복하겠다는 의지가 강하며, 달성 가능한 목표점을 계속해서 높여 간다. 이러한 팀에서는 리더와 구성원들이 의기투합해 의사결정과 문제해결방법을 함께 찾아 간다.

(5) 코칭을 한다

코칭은 상당히 폭넓게 사용된다. 일반적으로 코칭은 문제 및 진척 상황을 구성원들과 함께 자세하게 살피고 지원을 아끼지 않으며, 지도 및 격려를 하는 활동을 의미한다. 구성원들을 코칭하는 리더는 구성원 자신이 권한과 목적의식을 가지고 있는 중요한 사람이라는 사실을 느낄 수 있도록 이끌어 주어야 한다. 또한 구성원들이 자신만의 장점과 성공 전략을 활용할 수 있도록 적극 도와야 한다.

(6) 변화를 두려워하지 않는다

안전지대(Comport Zone)란 모든 것이 친숙하고 위험 요소가 전혀 없는 편안한 상황을 의미한다. 더욱 높은 목표를 달성하고자 한다는 것은 이러한 안전지대를 떠난다는 것을 의미한다. 그것은 위험을 감수한다는 말과 같다. 변화에 대한 두려움은 리더나 구성원들을 정신적 고통에 직면하게 할 수 있다. 그럼에도 불구하고 리더는 구성원들이 안전지대에서 벗어나 더욱 높은 목표를 향해 나아가도록 격려해야 한다. 위험을 감수해야 할 이유가 합리적이고 목표가 실현가능한 것이라면 구성원들은 기꺼이 변화를 향해 나아갈 것이며, 위험을 선택한 자신에게 자긍심을 가지며 좋은 결과를 이끌어 내고자 지속적으로 노력할 것이다.

(7) 지속적으로 교육한다

리더는 구성원들에게 지속적인 교육과 성장의 기회를 제공함으로써 구성원 자신이 상사로부터 충분히 인정받고 있으며 일부 권한을 위임받았다고 느낄 수 있도록 동기를 부여해야 한다. 구성원들 개개인이 자신의 능력에 확신을 갖는다면 팀의 업무 성과가 몰라보게 좋아진다. 모름지기 리더는 구성원들의 일에 대한 열망과 의지를 간과해서는 안 된다. 그뿐 아니라 리더가 명확한 지침을 제공하고 적절한 교육을 하며 필요한 자원을 아낌없이 지원해 줄 때 구성원들은 조직생활을 성공적으로 해 나간다는 사실을 알아야 한다.

한편 모든 종류의 동기부여가 그 나름 효과가 있겠지만, 부정적인 동기부여는 여러 가지 문제를 낳을 수 있다. 예를 들어, 회사가 제시한 목표를 달성하지 않으면 감봉, 강등, 해고 등의 불이익을 주겠다고 하면, 직원들이 단기적으로는 그 일에 주의를 기울일 것이다. 그러나 부정적인 동기부여를 받은 사람은 장기적으로는 심각한 한계상황을 초래하게 된다. 때로는 공포 분위기가 동기유발제의 역할을 할 수도 있지만 공포의 리더십은 결국 실패하고 만다.

조직 내에서 공포가 업무를 처리하는 수단으로 항상 활용되면, 구성원들은 사기가 떨어지고, 리더의 눈치만 살피면서 조직을 떠날 기회만 엿보기 때문이다. 이와 반대로 칭찬과 격려 속에서 긍정적인 동기부여를 받은 구성원들은 업무에 열의를 가지고 더욱 더 노력하게 되므로 더 큰 성과를 얻게 된다.

2) 리더 역할의 실제

인생은 일련의 변화의 과정이다. 현대 비즈니스 역시 끊임없이 변화하고 있는데, 현대 비즈니스의 특징은 상황과 여건이 끊임없이 변하고 유동적이라는 점이다. 따라서 변화관리는 리더에게 있어서 매우 중요한 자질로 부각되었다. 변화를 관리하는 기술을 연마하는 데는 여러 가지 방법이 있다. 특히 리더는 열린 커뮤니케이션, 역지사지의 자세, 신뢰감 형성, 긍정적인 자세, 구성원의 의견을 받아들이고 그들에게 창조적으로 권한을 위임하는 방법 등에 관심을 기울여야 한다. 리더가 효과적인 변화관리를 하기 위해서는 다음과 같이 변화 이해, 변화 인식, 변화 수용의 3단계로 설명할 수 있다(한국산업인력공단, 2016).

(1) 변화관리 1단계: 변화를 이해하기

리더는 변화에 대처하려는 구성원들을 어떻게 도울 것인가를 고민하기에 앞서, 변화와 관련한 몇 가지 공통 기반을 마련하고 변화 과정에 어떤 것들이 있는지를 파악해야 한다〈표 4-15〉. 먼저 변화의 실상을 정확하게 파악한 다음, 익숙했던 것들을 버리는 데서 오는 감정과 심리적 상태를 어떻게 다룰 것인가에 대해 심사숙고해야 한다. 변화관리에서 변화를 다루는 방법만큼 중요한 것은 없다.

표 4-15. **변화 이해에 대한 생각 파악하기**

구분	내용
변화가 왜 필요한가?	직업 세계에서 현재의 자리에 안정적으로 머물러 있겠다는 생각은 환상에 가깝다고 할 수 있다. 변화는 더디게 일어날 수도 있으며, 그날 그날의 변화를 일일이 알아차릴 수는 없지만, 변화가 일어나고 있다는 사실만은 부인할 수 없다. 변화는 발전을 더욱 가속화한다. 일체의 변화 없이 시간만 흘러간다면 인생이 얼마나 따분하고 재미 없겠는가?

구분	내용
무엇이 변화를 일으키는가?	믿을 수 없을 정도로 과학기술이 발전하면서 세계적으로 경쟁이 치열해지고 있다. 이러한 경쟁에서 살아남도록 외부에서 자극을 주는 것으로부터 변화는 시작된다. 변화는 역동적이다. 조직 내부의 변화는 위에서 아래로 이루어지며, 지위고하를 막론하고 모두에게 영향을 미친다.
변화는 모두 좋은 것인가?	한마디로 말하면 그렇지 않다. 변화를 단행하기 전에는 반드시 현재의 상황을 면밀히 검토해 보아야 한다. 면밀한 검토를 통해 불완전한 생각이나 형편없는 판단, 실행에 옮기기 전에 다른 사항을 충분히 검토해야 할 필요성 등에 대해 확실히 알게 될 것이다. 이렇게 단계적으로 진행해 가면 섣부르게 변화를 서둘러 실패를 초래하는 위험을 막을 수 있으며, 구성원들이 변화를 자신의 일처럼 생각하게 된다.

(2) 변화관리 2단계: 변화를 인식하라

변화가 일어나면 모든 구성원들이 눈치를 채기 마련이다. 이들은 변화에 대한 소문이 돌거나 변화 내용에 대한 설명을 하기도 전에 그것을 알아차린다. 불확실하고 의심스러운 분위기가 조성되면 구성원들은 두려움과 스트레스에 시달리며, 사기는 땅으로 떨어진다. 그러므로 리더가 할 수 있는 최고의 결정은 구성원들에게 변화와 관련된 상세한 정보를 제공하는 것이다. 무엇보다 구성원들 자신이 변화를 직접 주도하고 있다는 마음이 들도록 이끌어야 한다. 사람은 누구나 자신의 능력을 발휘하는 데 도움이 되는 아이디어 및 변화에 열정적으로 대응한다. 〈표 4-16〉는 변화에 저항하는 구성원들을 성공적으로 이끄는 데 도움이 되는 방법들이다.

표 4-16. 변화 저항을 극복하는 방법

구분	내용
개방적인 분위기를 조성한다.	솔직히 지금까지는 개방이란 말을 싫어했을지도 모른다. 하지만 이 방법만큼 구성원들을 자신의 편으로 만드는 데 좋은 것은 없다. 구성원들에게 되도록 많은 사실을 알려 준다. 구성원들이 거리낌 없이 질문하게 하고, 이에 솔직하게 답변하도록 한다.
객관적인 자세를 유지한다.	가능한 객관적인 자세로 업무에 임한다. 변화를 수행하는 것이 힘들더라도 변화가 필요한 이유를 구성원들이 명확히 알도록 한다. 변화의 유익성을 밝힐 수 있는 객관적인 수치 및 사례를 구성원들에게 직접 확인시킬 필요가 있다.

구분	내용
직원들의 감정을 세심하게 살핀다.	사람은 본능적으로 안정을 추구하기 때문에 자신의 안전을 해칠 것으로 생각되는 것들은 거부하려는 성향이 있다. 따라서 변화가 이루어지면 자신에게 매우 도움이 될 만한 이익이 생기는 한편, 자신이 중요하게 여기는 것을 잃거나 포기해야 할 수도 있다는 점을 구성원들에게 알려야 한다.
변화의 긍정적인 면을 강조한다.	구성원들이 변화의 긍정적인 측면을 인식하도록 돕는다. 또한 변화를 긍정적으로 받아들이는 방법을 찾도록 용기를 준다. 변화의 잠재적인 문제점을 최소화하고 긍정적인 면을 최대한 드러냄으로써, 구성원들 스스로 변화가 주는 긍정적인 영향을 깨닫게 한다.
변화에 적응할 시간을 준다.	기존의 방식에 변화의 요소를 접목하는 방식도 효과적이다. 이전 방식에 새로운 것을 접목함으로써, 구성원들에게 적응하는 시간을 충분히 주는 것이 중요하다. 기존의 업무를 바탕으로 구성원들이 새로운 것에 집중하도록 자극하며, 긍정적인 목표들을 달성하도록 이끌어 내는 것이 중요하다.

(3) 변화관리 3단계: 변화를 수용하라

변화를 받아들이도록 이끄는 방법은 다양하다. 변화를 바라보는 리더의 자세, 변화에 동기를 부여하는 행위, 변화에 필요한 행동 등은 구성원들을 변화시키는 데 상당히 중요하다. 구성원들은 리더가 자신들이 모르는 것을 알려 주는 한편, 긍정적이고 신뢰하는 태도로 자신을 대한다고 느낄 때, 리더의 방식을 신뢰하며 따른다. 그러므로 리더는 왜 변화가 일어나야 하는지를 구성원들에게 상세하게 설명하고, 변화를 위한 구성원들의 노력에 아낌없이 지원해야 한다.

부정적인 행동을 보이는 구성원은 개별 면담을 통해, 늘 관심 있게 지켜보고 있다는 사실과 언제든지 대화를 나눌 수 있다는 점을 주지시킨다. 리더가 자신에게 관심을 가져 주고 있고 리더에게 고민을 말할 수 있다는 사실에 구성원들은 마음이 편해질 것이다.

변화에 스스로 대처하려는 구성원들에게도 도움을 주어야 한다. 이런 구성원들에게는 '인간은 자기실현적 예언자'라는 점을 인식시키면 좋다. 자기 자신에게 긍정적인 말을 함으로써 성공을 불러오는 경우도 많기 때문이다. 스스로 동기를 부여하도록 '나는 할 수 있다'와 같은 신념이 담긴 말을 들려 준다면, 변화와 성공의 가능성이 더욱 높아진다. 무엇보다도 구성원들과 수시로 대화를 하는 것이 중요하다. 정기적인 회의를 하고, 변화에 대한 구성원들의 반응을 계속 주지한다. 규모에 관계없이 변화는 적어도 부서의 한 두 구성원에게 영향을 미치게 마련이다. 시간을 내어 변화와 관련해 자주 논의하고, 구성원들이 자신의 생각이나 제안을 직접 말할 수 있는 분위기를 만드는 데 최선을 다하는 것이 중요하다.

활동 4. 자신의 리더십 기르는 방법 생각해 보기

- 세상은 끊임없이 변화하고 있습니다. 이렇게 빠르게 변화하고 있는 상황 속에서 효과적으로 대처할 수 있는 방법에 대해 생각해 보고, 자신의 생각을 적어 봅시다.

....

....

....

활동 5. 학교 생활에서 발휘할 수 있는 리더십 파악하기

- 사람마다 조직을 이끄는 방법이 동일한 것은 아닙니다. 학교생활 중 다양한 상황에서 리더십을 효과적으로 발휘할 수 있는 방법에는 어떠한 것이 있는지 사례를 참고하여 이야기해 봅시다.

> 학과 과대표 A는 학과 학생들의 생각을 듣기보다는 자신의 생각에 도전이나 반항 없이 순응하도록 요구한다. 이에 따라 학생들은 자신에게 주어진 업무만을 묵묵히 수행하며, 학과에 대한 정보를 잘 알지 못하고 있다.

활동 6. 사례를 통한 리더십 알아보기

- 다음 상황은 학과에서 조별 과제 시 종종 일어나는 상황입니다. 당신은 어떻게 행동할 것인지 자신의 생각을 적어 봅시다.

조별 프로젝트 진행에 문제가 생겨서 일정이 지연되고 있다. 조원인 미숙은 프로젝트를 일정 안에 끝내기 위해 밤늦게까지 일에 매진하고 있다. 그녀는 조금도 불평하지 않은 채, 최선을 다해 프로젝트를 수행하고 있다. 그녀의 노력에 힘입어 프로젝트는 예정된 일정대로 무사히 마무리되었고, 기대 이상의 좋은 결과도 얻었다. 당신은 어떻게 행동할 것인가?

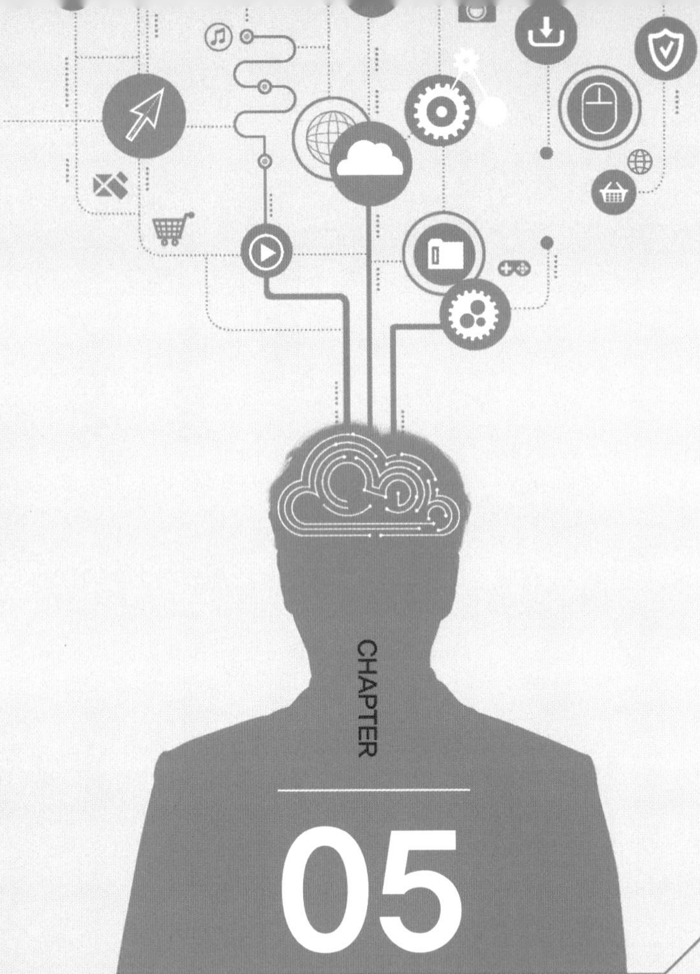

CHAPTER

05

4차 산업혁명 시대와 의사소통

배울 내용

1. 의사소통의 개념
2. 갈등관리
3. 4차 산업혁명 시대의 의사소통

학습목표

1. 의사소통의 개념을 이해한다.
2. 갈등관리에 대한 이해와 해결책을 모색해 본다.
3. 4차 산업혁명 시대의 의사소통방법과 주의점들을 익힌다.

활동 1. 의사소통에 대한 자신의 생각 알아보기

- 당신이 생각하는 의사소통은 무엇이라고 생각하십니까?

....

....

....

- 4차 산업혁명 시대에는 어떤 방식으로 의사소통을 하신다고 생각하십니까?

....

....

....

활동 2. 자신의 의사소통능력 알아보기

다음은 여러분들의 의사소통능력에 대해 알아보는 질문입니다. 여러분들의 생각을 가장 잘 설명하고 있는 항목에 체크해 봅시다.

표 5-1. **의사소통능력 파악하기**

	내 용	1 전혀 그렇지 않다	2 약간 그렇지 않다	3 보통 이다	4 약간 그렇다	5 매우 그렇다
타인 이해	1. 상대방이 말하는 의도가 무엇인지를 알기 위해 잘 듣는다.	①	②	③	④	⑤
	2. 내가 생각하는 것과 전혀 다른 생각을 하는 사람의 의견도 잘 듣는다.	①	②	③	④	⑤
	3. 내가 한 말을 상대방이 어떻게 받아들일지를 생각하면서 대화한다.	①	②	③	④	⑤
자기 표현	1. 내가 생각하는 바를 있는 그대로 상대방에게 이야기한다.	①	②	③	④	⑤
	2. 다른 사람으로부터 질문을 받으면, 조리 있고 분명하게 나의 의견을 말한다.	①	②	③	④	⑤
	3. 상대방이 내 말을 어떻게 이해하고 있는지를 물어보면서 내가 하고 싶은 말을 한다.	①	②	③	④	⑤
의사 소통	1. 내가 듣고 싶은 말만 골라서 듣고 나머지는 무시한다.	⑤	④	③	②	①
	2. 대부분 내 생각이 옳기 때문에 다른 사람의 생각은 흘려 듣는다.	⑤	④	③	②	①
	3. 외모가 잘생긴 이성에 대해서는 친절하고 우호적으로 말을 한다.	⑤	④	③	②	①

표 5-2. **자신의 의사소통능력 점수 기록하기**

구분	점수 산출	평균 점수
타인이해	총 획득점수(　　　　)/3	
자기표현	총 획득점수(　　　　)/3	
의사소통	총 획득점수(　　　　)/3	

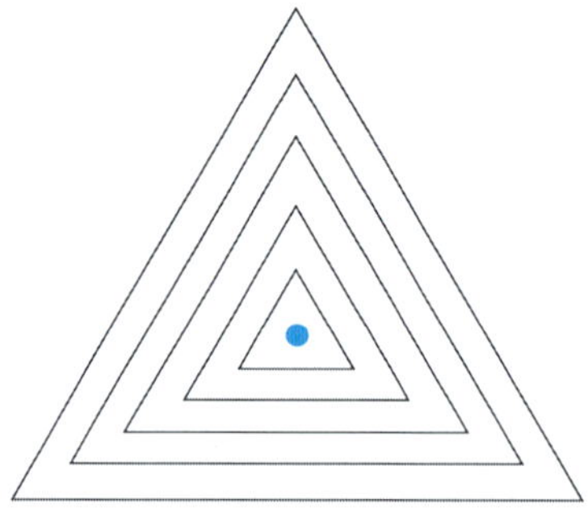

그림 5-1. **자신의 의사소통능력 점수 기록하기**

1. 의사소통의 개념

1) 의사소통의 기능과 정의

의사소통을 의미하는 Communication이라는 용어는 라틴어 'Communis'(공유)에서 유래되었고 라틴어 동사 'Communicare'는 '협의하다', '같이 이야기하다', '상담하다'라는 뜻을 가지고 있다(서정연, 2016). 효과적인 의사소통(Communication)은 모든 인간관계 활동의 기본이 될 뿐만 아니라 조직 성공의 출발점이 된다. 왜냐하면 의사소통의 핵심 역할은 사실 전달의 수단이면서, 정보해석의 결과나 의미, 그리고 문화적 가치관 등을 인간관계 활동의 구석구석까지 전파하는 역할을 하기 때문이다. 따라서 의사소통(Communication)이란 "전달자와 수신자 사이의 정보 교환과 개인을 포함한 집단 간의 정보 전달" 또는 "정보의 의미를 바꾸기 위한 상징(symbols)의 이용" 등으로 정의하고 있으며, "두 사람 이상의 사람들 사이에 언어와 비언어적인 수단을 통하여 자기 자신들이 가지고 있는 의사, 감정, 정보를 전달하고 반응을 받으면서 상호작용하는 과정"으로 정의되고 있다.

> 의사소통(communication)은 사람과 사람, 사람과 기계, 기계와 기계 사이에 이루어지는 정보의 이전 과정으로, 좁은 의미로는 사람과 사람 사이의 정보, 의사, 감정이 교환되는 것을 말한다. 즉, 의사소통은 두 사람 이상이 언어, 비언어 등의 수단을 통하여 의견, 감정, 정보를 전달하고 피드백을 받으면서 상호작용하는 과정이다.

말 한마디에 천 냥 빚도 갚는다

사회생활을 하면서 의사소통을 하기 위해 사용하는 말의 중요성을 강조한 속담이다. 특히 곤란한 상황에 처했을 때, 말을 잘함으로써 위기를 벗어날 수도 있다는 말이다. 말은 단순히 의미를 전달하는 수단이 아니라 사람의 감정을 자극하고, 설득을 하는 도구이다. 그러므로 상대방과 자신의 입장을 잘 헤아려 상황에 따라 말을 조리 있게 또 설득력 있게 잘하는 것은 원만한 사회생활을 하기 위한 필수 요건이다.

'말 한마디에 천 냥 빚을 갚는다'라는 속담에는 이런 이야기가 얽혀 있습니다. 옛날 어느 농부가 이웃의 부자에게 돈 천 냥을 빌려 썼습니다. 3년 후에 갚기로 약속을 하였습니다. 그러나 매우 가난한 농부인지라 돈을 빨리 갚을 길이 없어 항상 걱정하면서 온 식구가 부지런히 일해서 빨리 갚으려고 노력하고 있었습니다. 2년 정도에 빚을 갚을 돈이 거의 마련되자 집에 불이 나서 모두 타 버렸고, 또 노력하여 빚 갚을 돈이 마련되자 이번에는 도둑이 들어 모두 훔쳐가 버렸습니다. 농부는 낙심을 하였지만 열심히 노력하였습니다. 3년이 채 안된 어느 날 부자가 찾아와서 농부를 꾸짖기 위해 불렀습니다. 그때 부자가 얼마나 화가 났던지 마을 사람들 모두가 모여 그 농부를 걱정할 정도였습니다. 그러나 막상 그 농부는 부자의 꾸지람과 험한 말을 공손히 다 들어주었습니다. 부자의 말이 다 끝나자 농부는 침착하고 공손하게 자기의 처지와 노력을 말하면서 조금만 더 참아달라고 사정을 하였습니다. 그때 농부가 어찌나 공손하고 조리 있게 이야기를 했던지 화가 났던 부자는 눈물을 흘리며 고개를 끄덕였습니다. 농부의 말이 끝나자 부자는 다음과 같이 말하고 떠났습니다. "당신의 말을 듣고 보니 화를 냈던 내가 크게 잘못하였소. 빚을 모두 면해 줄 테니 부지런히 일하여 식구들과 잘 사시오."

2) 의사소통의 구성요소와 과정

의사소통의 구성요소는 보내는 발신자, 전하는 말, 경로, 수신자 및 반응으로 구성되어 있으며, 자세한 내용은 〈표 5-3〉과 같다.

표 5-3. **의사소통의 구성요소**

구분	내용
발신자 (화자, Sender)	의사소통은 다른 사람에게 자기 자신의 감정과 생각을 전하는 말(Message)의 형태로 바꾸어서 전송하는 발신자(화자)에 의해서 시작한다. 발신자는 전하는 말의 길이, 강조사항, 구성 등에 대하여 선택을 해야 하고 자기 자신의 생각을 적절한 형태로 부호화(Encode) 해야한다. 또한 전하는 말의 목적과 주제, 의도하는 수신자(Receiver)를 고려해야 하고 발신자가 암호화하여 전하는 말은 발신자의 의사소통 숙련도, 태도, 경험, 문화에 의해서 좌우된다. 이해를 쉽게 하기 위해서 발신자는 수신자의 지식이나 경험의 범위 내에서 이용 가능한 단어를 선택하게 되고 양쪽이 모두 이해하지 못하는 경우 의사소통은 실패하게 된다.
전하는 말 (Message)	자신의 생각을 표현하고 전하는 말의 형태(Verbal)는 구두나 단어의 형태를 취할 수 있으며 발송자가 선택하는 단어, 배열방법, 숫자, 의미, 길이 등이 수신자나 청취자에게 영향을 미친다.
경로 (Channel)	전하는 말이 실제로 전송되는 수단이 경로가 된다. 전하는 말은 스마트폰을 비롯한 컴퓨터, 전화, 편지, 메모, 보고서, 공문, 그림, 직접대면, Fax 등 기타의 경로를 통해 전달된다. 경로선택에 영향을 미치는 요인으로는 전하는 말의 복잡성, 전하는 말의 중요성, 기대되는 반응, 상황의 급박성, 공식적인 관계의 정도, 청중의 크기와 위치, 경로선택에 따른 비용 등에 영향을 받는다.
수신자 (Receiver)	전하는 말에 대한 수신자의 반응은 다음과 같은 내부적, 외부적 요인에 의해서 결정된다. 즉, 전하는 말의 형태나 외형, 전하는 말의 주제, 전하는 말에 대한 태도, 의사소통 기법, 신체의 상태 등에 의해 결정된다.
반응 (환류, Feedback)	의사소통과정의 최종단계는 수신자의 반응이다. 수신자가 전하는 말의 내용을 이해하지 못하게 되면 말이 아닌 눈살을 찌푸리게 되는 표정으로 나타난다. 말의 표현은 구두로 하거나 서면(문자)으로 할 수 있다. 심지어는 아무 표현도 하지 않는 것도 반응(환류)의 한 형태가 될 수 있다. 피드백은 발신자가 전하는 말의 효과를 측정하는데 도움이 된다. 만일에 기대한 바와 같은 결과를 얻지 못하게 되면, 발신자는 또 다른 의사소통을 시도함에 있어서 다른 형태의 전략에 의한 단어를 선택하게 된다.

요약하면, 의사소통 순환(Cycle)은 전하는 말을 만드는 사람인 발신자와 전하는 말이 전송되는 방법인 의사소통 경로와 전하는 말을 받는 사람인 수신자가 받은 내용을 확인하는 방법인 반응(환류, Feedback)으로 구성된다〈그림 5-2〉.

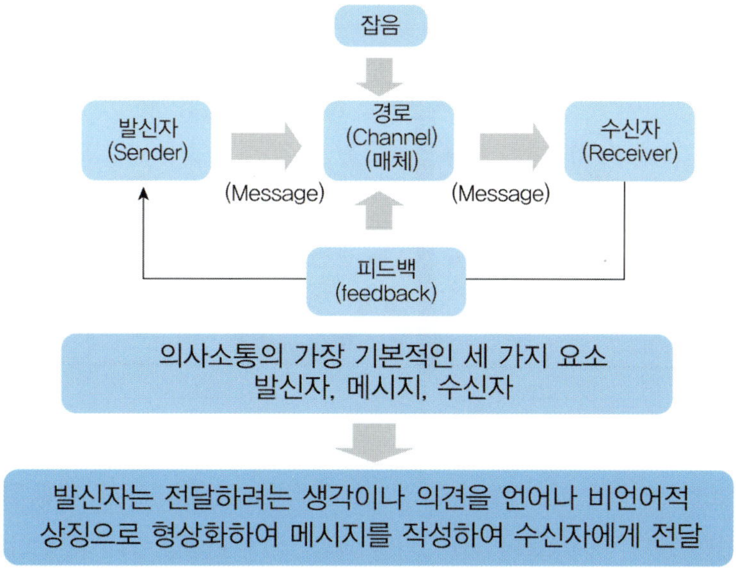

그림 5-2. **의사소통의 구성요소와 과정 모델**

의사소통의 과정이란 의사소통의 순환(Cycle)이라고도 한다. 여기서 순환 또는 과정이란 앞에서 설명한 의사소통의 구성요소들 사이에서 전하는 말이 발신자로부터 수신자에게 정확히 전달이 되고 수신자가 발신자에게 수신내용을 확인하는 반응(환류)을 완료함으로써 완결된다. 이에 효율적인 의사소통이 되기 위해서는 다음의 세 가지를 적극 활용하여야 한다.

첫째는 적극적으로 듣고, 둘째는 말하기와 쓰기의 원칙을 훈련하고, 셋째는 다른 사람들이 반응(환류)할 수 있는 기회를 제공하여야 한다. 사실 우리는 보통 상대방의 말에 25% 정도의 집중력과 적극성을 가지고 듣게 된다.

聽: 듣기를 잘 하기 위한 태도와 행동

한편 시정(市井)에서는 듣기(聽)의 중요성을 강조하느라 聽(청)자에 대한 각종 이설(異說)들을 만들어 낸다. 예를 들어, 聽(청)자를 耳(귀 이)+王(임금 왕)+十(열 십)+目(눈 목)+一(한 일)+心(심)으로 파자(破字)하여 "상대를 임금처럼 여겨 열 개의 눈과 하나의 진실된 마음으로 집중하여 듣는 것"으로 설명하는 것이다. 나름대로 '듣기'의 중요성과 잘 듣기 위한 방법을 설명하고 있다.

그러나 적극적인 청취자는 말하는 사람에 대하여 존경심을 가지고 어떤 이야기가 앞으로 진행될지에 대한 추론을 할 정도로 주관적인 태도를 가져야 하는데, 이에 적극적인 청취자는 집중(Concentrate)하여 관찰(Observe)하고, 주위의 산만함을 피하며(Avoid distractions), 주의 깊게 듣고(Listen attentively) 상대에게 반응을 전달(Give feedback)하는 태도를 갖추어야 한다.

3) 의사소통의 유형

의사소통의 유형으로는 언어적 의사소통과 비언어적 의사소통으로 구분할 수 있으며, 구체적인 내용은 〈표 5-4〉와 같다.

표 5-4. 의사소통의 유형

구분	내용
언어적 의사소통	말이나 글로 자신의 생각이나 감정을 표현하는 것 (예) 대화, 편지, 채팅, 이메일, 독서 등
비언어적 의사소통	표정, 몸짓, 자세, 동작, 옷차림 등으로 자신의 생각이나 감정을 표현하는 것 (예) 이모티콘

언어적 표현과 함께 사용하여 정보를 전달한다.

비언어적 의사소통 방법으로 언어적 의사소통을 대신한다.

전달하려는 내용의 중요한 부분을 강조한다.

(1) 언어적 의사소통

인간의 의사소통에 있어, 비언어적 의사소통도 중요하지만 주된 의사소통의 통로는 언어이다. 언어는 인간의 내면적인 상태와 의도를 전달하는 가장 효과적이고 강력한 의사소통수단이다. 언어적 의사소통은 언어적 내용을 말로서 전달하는 것으로, 언어적 내용에는 말의 내용, 말의 양, 말의 이해성, 말의 적절성 등이 있다. 구체적으로 경청하기, 물어보기, 거절하기, 도움구하기, 화난 감정 표현하기, 칭찬과 고마움 표현하기 등으로 나눌 수 있는데, 그 내용은 〈표 5-5〉와 같다(박상규 외, 2001).

표 5-5. 언어적 의사소통

구분	내용
경청하기	상대방의 이야기를 경청하는 것은 모든 대화에서 가장 중요한 태도이다. 왜냐하면 상대방의 이야기를 듣고 그 의도와 의미를 파악하여 적절하게 반응하기 위해서는 경청을 잘해야 하기 때문이다. 그러므로 상대방의 이야기를 진심으로 이해하려고 노력하는 태도를 가지고 있어야 한다.

구분	내용
물어보기	상대방의 이야기를 들으면서 잘 이해되지 않는 부분에 대해 묻거나, 필요한 정보를 구할 때 사용할 수 있는 방법으로 대화에서 빈번하게 사용된다. 질문을 어떻게 하느냐가 대화의 성패를 좌우할 수도 있다.
거절하기	상대방의 요구가 부당하거나 자신의 의도와 다를 때 거부 의사를 밝히는 것이다. 거절을 할 때 먼저 거절하는 이유를 설명해야 한다. 만약 상대방에게 타당한 요구를 했음에도 불구하고 요구를 계속하게 된다면 단호하게 말하는 것이 필요하다. 이럴 경우에도 상대방을 바라보면서 단호한 표정과 자세를 갖추는 것이 중요하다.
도움구하기	다른 사람에게 도움을 구할 때는 상대방을 바라보면서 얼굴표정을 부드럽게 하고, 목소리를 명확하게 하여 자신감 있는 태도를 보여야 한다. 도움을 구해야 할 경우 "만약 당신이 ~를 해 준다면, 정말 고맙겠다"와 같은 구절을 사용하는 것이 도움이 된다. 도움을 구할 때도 비언어적 의사소통이 매우 중요하다.
화난 감정 표현하기	기분이 나쁘거나 화가 날 경우에 화난 감정을 상대방에게 표현하기는 어렵다. 그러나 화난 감정을 표현하는 것이 대인관계에 부정적인 것만은 아니다. 오히려 화난 감정을 적절하게 표현하는 것이 말타툼이나 더 나쁜 감정이 일어나는 것을 예방해 주기도 한다. 화난 감정을 표현할 때도 상대방에게 시선을 맞추고 단호한 태도로 말해야 한다. 더불어 목소리, 얼굴표정과 같은 것도 상황에 맞게 적절하게 나타내야 한다.
칭찬과 고마움 표현하기	다른 사람들로부터 인정받고, 칭찬 받고 싶어하는 것은 모든 사람들의 기본적인 욕구 중의 하나이다. 그러나 사람들은 다른 사람을 칭찬하는 것에 익숙하지 않고, 칭찬하는 것에 인색하다. 또한 남의 칭찬을 받아들이는 것에도 익숙하지 않아서 적절한 반응을 하지 못한다. 칭찬하고 고마움을 표현하는 경우에는 사실에 근거해서 구체적으로 해야 한다. 이때에도 비언어적 요소를 적절히 사용하는 것이 매우 중요하다.

(2) 비언어적 의사소통

의사소통을 할 때 말과 더불어 나타나는 행동들이 비언어적 의사소통이다. 동양문화권에 속하는 한국사회는 서구사회에 비해 언어적 행동보다는 비언어적 행동을 통해 의사소통을 하는 비언어적 문화를 지니고 있다. 따라서 비언어적 행동을 잘 사용하여 자신의 의사를 표현하는 기술이 중요할 뿐만 아니라 비언어적 행동에 의해서 표현되는 타인의 의도와 감정을 잘 파악하는 것이 매우 중요하다고 할 수 있다. 이러한 능력을 '눈치'라고 하는데, 특히 한국사회에서는 비언어적 행동과 눈치를 통해 의사소통이 이루어지는 경우가 많으므로 비언어적 의사소통을 잘 이해할 필요가 있다고 할 수 있다.

비언어적 의사소통에는 시선접촉, 얼굴표정, 자세, 제스처, 목소리 크기, 거리, 태도, 자신감 등이 포함되는데, 내용은 〈표 5-6〉과 같다.

표 5-6. **비언어적 의사소통**

종 류	적절한 사용
시선접촉	• 상대방의 눈언저리를 본다. • 가끔 눈을 마주친다.
얼굴표정	• 감정상태에 따라 미소를 짓거나, 찡그리거나 심각한 표정을 짓는다. • 상황에 맞는 적절한 표정을 짓는다.
자세	• 상대방을 향하여 편안하고 바른 자세를 취한다. • 상대방과 적절한 거리를 유지한다.
제스처	• 상황에 맞게 고개를 끄덕이거나 적절한 손동작을 사용한다.
목소리: 크기 높낮이 빠르기	• 상대방이 알아들을 수 있는 크기로 분명하게 말한다. • 자연스러운 억양을 사용하여 적절한 빠르기로 이야기한다.

출처: 박상규 외(2001). 조망지향적 사회기술훈련. 정신재활.

4) 의사소통의 기술

(1) 적극적 경청

적극적 경청은 상대방의 이야기를 자신의 기분이나 생각에 따라 듣는 것이 아니라 그가 전달하고자 하는 말의 내용은 물론 내면에 깔려 있는 동기, 바람 및 정서에 귀를 기울여 그를 총체적으로 이해하려는 노력이다. 즉, 상대방에게 영향을 미치거나 지배하려고 시도하는 것이 아니라 감정 이입적이고 지원적인 행동으로 특징지어지는 가장 효과적인 경청수준이다. 효과적인 의사소통을 위해서는 이러한 적극적 경청을 위한 훈련이 필요하다. 적극적 경청의 5가지 법칙을 살펴보면 〈표 5-7〉과 같다.

표 5-7. **적극적 경청의 법칙**

구분	내용
집중하기	상대방의 이야기에 집중하고 그의 메시지를 인지하기
경청하고 있다는 것을 보여 주기	비언어적 요소(제스처 등)를 사용하여 상대방의 이야기에 집중하고 있다는 것을 보여 주고, 말하는 사람이 무엇을 전달하려고 하는지 인내심을 가지고 상대방의 감정에 반응하기
요약해서 말하거나 질문하기	주기적으로 상대방의 이야기를 요약하여 상대방에게 말해 주거나 이해를 명확하게 했는지 확인하기 위해 질문하기
미리 판단하지 않기	열린 마음을 유지하고, 모든 것을 듣고 메시지의 내용을 확인한 이후까지 판단을 보류하기
상대방을 존중하기	말하는 상대방의 의견을 존중하여 듣고, 필요시 예의 바르게 자신의 의견을 표현하기

(2) 공감적 이해

공감은 상대방을 이해하려는 동기에서 시작되는 일종의 목적지향적 행동으로, 말하는 자가 경험하고 느끼고 있는 것들에 대하여 정확하게 지각하고 이를 적절하게 피드백을 해 줄 수 있는 능력이다. 공감적 이해를 위해서는 상대방의 정서 상태를 정확하게 지각하기 위하여 상대방의 비언어적 표현에도 관심을 가져야 한다. 공감적 이해는 상대방의 입장이 되어 먼 길을 가 본다든가 그들의 눈을 통해서 본다는 것과는 다르다. 그것은 타인의 감정을 정확하게 똑같이 느낀다는 것은 결코 있을 수 없음을 아는 일이다. 또한 우리가 똑같은 상황에 처하더라도 완전하게 동일한 상황을 경험하는 것은 절대로 불가능함을 깨닫는 일이다. 이처럼 상대방과 똑같은 공감은 불가능하다는 지적은 공감적 이해를 할 수 있는 정도나 범위를 나타내고 있다. 공감의 기술은 거의 모든 인간관계에서 아주 중요하고 효과적인 의사소통을 위해서는 이러한 공감적 이해를 위한 훈련이 필요하다.

(3) 표현하기

의사를 표현할 때 많이 권장되는 방법으로 나-전달법(I-message)이 강조되고 있다. 나-전달법은 효과적인 의사소통을 위한 기법으로, 상대방이 아닌 나를 주어로 하여 자신의 뜻을 상대방에게 전달하는 것이다. 나-전달법은 조용하나 단호한 목소리로 표현할 때 가장 효과적이며 화가 났을 때는 사용하지 않는 것이 좋다. 나-전달법의 요소로는 다음 4가지를 들 수 있다. 첫째, 문제점을 구체적으로 말한다. 둘째, 그 상황에 대해서 느끼는 바를 말한다. 셋째, 이유를 진술한다. 넷째, 원하는 바를 구체적으로 말한다.

나-전달법(I-Message)은 비단 부정적인 감정표현뿐만이 아니라 긍정적인 감정을 전달하는 데에도 효과적인 방법이다. 나-전달법은 상대방을 비난하지 않고 문제가 되는 상대방의 행동과 그 행동의 결과를 구체적이고 객관적으로 기술함으로써 그 행동이 나에게 미친 영향을 구체적으로 상대방에게 전달하는 표현법이다. 상대방의 행동이 문제가 되어 나 자신의 감정이 불쾌해질 경우, 우리는 대부분 너를 주어로 사용하여 문제해결을 시도하려고 한다. 이때 상대방을 비난하는 입장에서 말하는 것을 '너-전달법(You-message)'이라고 한다.

- 너-전달법: "엄마가 이야기하는데 조용히 안하면 혼날 줄 알어"
- 나-전달법: "엄마가 이야기 할 때 네가 큰소리로 말하면 상대방의 소리가 잘 안 들려서 엄마는 답답하단다"

나-전달법은 위의 사례에서처럼 자녀행동에 대한 부모의 느낌을 설명하기 때문에 자녀를 탓하지 않는다. 나-전달법의 원칙은 〈표 5-8〉, 나-전달법과 너-전달법의 전달과정은 〈그림 5-3〉과 같다.

표 5-8. **나-전달법의 원칙**

- 타인의 어떤 행동에 대해 서술한다.
- 그 행동이 당신에게 미치는 구체적인 영향에 대해 서술한다.
- 타인의 행동이나 또는 구체적인 영향에 대한 당신의 감정과 느낌을 서술한다.

예: "내가 저녁뉴스를 보고 있는데 네가 떠들면(행동), 나는 뉴스에서 무슨 소리를 하는지 들을 수 없어서(영향), 짜증이 난다(감정)"
예: "네가 방 청소를 하지 않으면(행동), 내가 치워야 하고 힘들기 때문에(영향), 화가 난다(감정)"
예: "네가 쓰레기를 치워 주니(행동), 나의 일이 줄어들어(영향), 기분이 좋구나(감정)"

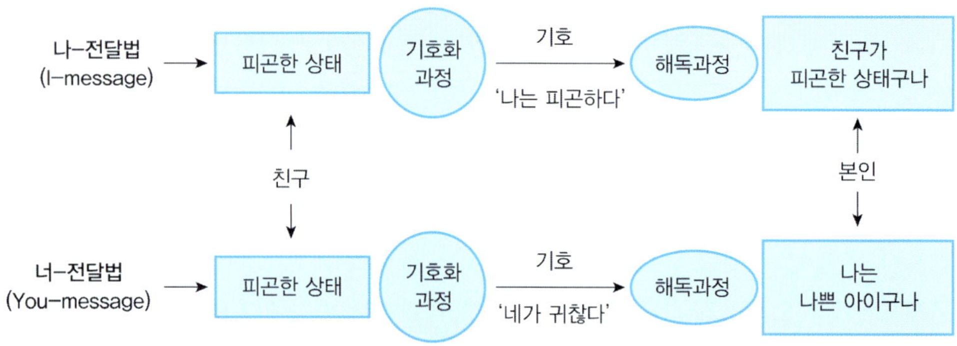

그림 5-3. **나-전달법과 너-전달법의 과정 비교**

출처: 김현주 외(2013). 부모교육. 공동체. p.134.

활동 3. 자신의 갈등관리 유형 파악하기

다음은 여러분들의 갈등관리 유형에 대해 알아보는 질문입니다. 여러분들의 생각을 가장 잘 설명하고 있는 항목에 체크해 봅시다.

표 5-9. 갈등관리 유형 파악하기

	내 용	1 전혀 그렇지 않다	2 약간 그렇지 않다	3 보통이다	4 약간 그렇다	5 매우 그렇다
문제해결	1. 나는 모두에게 도움이 되는 해결책을 찾으려고 노력한다.	①	②	③	④	⑤
	2. 나는 최종 결정을 내리기 전에 선택 가능한 여러 대안들을 창출한다.	①	②	③	④	⑤
	3. 나는 왜 문제가 있는지에 대해 설명하고 상대방의 의견을 수렴하여 문제를 해결하려고 한다.	①	②	③	④	⑤
강요	1. 나는 상대방의 생각이나 감정을 무시하고 내 의견을 피력하려고 한다.	①	②	③	④	⑤
	2. 나는 갈등의 원인이 상대방에게 있다고 비난하는 경향이 있다.	①	②	③	④	⑤
	3. 나는 상대방을 위협하려는 행동을 보인다.	①	②	③	④	⑤
회피	1. 나는 갈등문제를 회피하려고 한다.	①	②	③	④	⑤
	2. 나는 가능한 한 갈등 문제를 연기하려고 한다.	①	②	③	④	⑤
	3. 나는 어떤 문제나 갈등이 있었다는 사실을 부정하려고 한다.	①	②	③	④	⑤
타협	1. 나는 자신의 이익보다는 상호 이익에 초점을 둔다.	①	②	③	④	⑤
	2. 나는 상대방의 입장을 고려한 타협점을 지향하려고 한다.	①	②	③	④	⑤
	3. 나는 상대방과 입장 차이를 이해하고 해결책을 모색하려고 한다.	①	②	③	④	⑤
양보	1. 나는 갈등상황이 있을 때 상대방의 입장과 나의 입장을 고려해서 내 의견을 일부 수정하려고 한다.	①	②	③	④	⑤
	2. 나는 상대방과 의견이 일치하지 않을 때, 내 생각을 상대방에게 맞추어 줄려고 노력한다.	①	②	③	④	⑤
	3. 나는 갈등관계를 해소하기 위해 나의 이익을 포기하는 경우가 많다.	①	②	③	④	⑤

표 5-10. **자신의 갈등관리 유형 점수 기록하기**

구분	점수 산출	평균 점수
문제해결	총 획득점수( )/3	
강요	총 획득점수( )/3	
회피	총 획득점수( )/3	
타협	총 획득점수( )/3	
양보	총 획득점수( )/3	

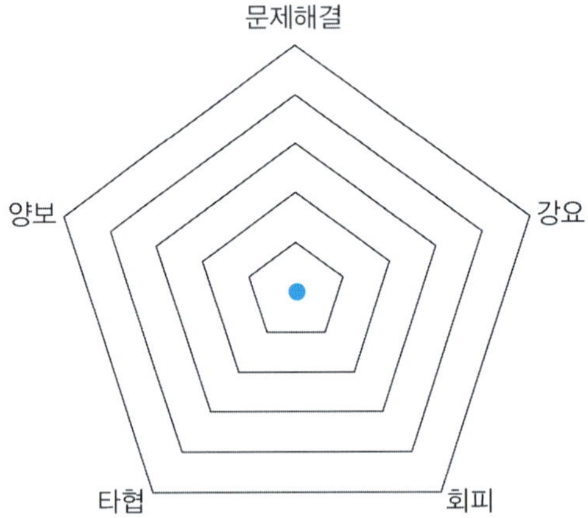

그림 5-4. **자신의 갈등관리 유형 점수 기록하기**

2. 갈등관리

1) 갈등의 정의

갈등이란 당사자 간에 가치, 규범, 이해, 아이디어, 목표 등이 서로 불일치하여 충돌하는 상태를 의미하며 제한된 목표를 여러 사람이 차지하기 위해 투쟁하고, 어느 한 사람이 자신의 관심사를 다른 한편에서 좌절시키려고 할 때 생기는 과정을 의미한다(정용주, 2006). Deutsch(1973)에 따르면, 대인관계 측면에서 갈등은 쌍방의 상호교류 과정 속에서 상대방이 불리하게 여겨질 때 발생하는 일상적 사건이라 정의하였고, 적대적 관계에서만 발생하는 것이 아니라, 우호적 관계에서도 발생할 수 있다고 하였다(배선영, 2000, 재인용). 그러나 이러한 의미가 부정적인 의미만을 지닌다고 보기는 어려운데, 이는 충돌과 마찰을 경쟁으로 잘 관리한다면 성장과 발전을 위한 촉진제가 될 수 있기 때문이다(유영국, 1993).

갈등의 개념을 최초로 체계화한 사람은 Freud이다. 그는 성격의 기본적 활동 영역을 원초아(Id), 자아(Ego), 초자아(Superego)로 나누고, 정상인에게 있어 이 세 영역은 한 단위로써 작용하지만 신경증의 증후를 가진 사람에게는 이들 성격 영역 간에 부조화가 발생되는데, 이를 갈등이라고 명명하였다(한제인, 1995). 또한 갈등은 개인, 집단, 조직 내·외에서 행동주체들 간의 목표나 이해관계의 대립과 내·외부 환경변화에 따른 영향으로 발생하는 것으로서(이영봉, 2011), 목표나 가치관의 양립불가능 상태로 타인의 목표 또는 성취를 의도적으로 방해하거나 감정적으로 적개심이라고 정의하기도 한다(Luthans, 1985).

따라서 대학생이 이 시기에 겪는 갈등을 어떻게 관리하느냐에 따라 성장과 발전의 원동력이 되거나 또는 좌절과 실패의 원인이 될 수 있다. 권혁제(2001)는 이러한 갈등을 순기능과 역기능적 측면으로 분석하여 〈표 5-11〉과 같이 제시하고 있다.

표 5-11. 갈등의 순기능과 역기능

구분	순기능	역기능
균형(Equilibrium)	갈등에 의해 초래되는 불균형으로 인해 개인, 집단, 조직적 성장과 발전의 계기를 찾을 수 있음	개인, 집단, 조직적 균형 파괴 및 불안과 무질서 초래
통합(Intergration)	외부 집단과의 경쟁 및 마찰로 인한 갈등 시 조직 내적 응집력과 조직 구성원의 충성심을 고양시키고 조직 내부 갈등이 조직의 새로운 조화 및 통합력 제고	개인, 집단, 조직 통합 및 조화를 파괴
안정(Stability)	적정 수준의 갈등과 긴장은 조직 발전과 생산성 향상을 위해 필요하고 동태적 변화 및 발전의 돌파구 제공	개인, 집단, 조직 불안 및 긴장 조성
창의성 · 혁신성 (Creativity & Innovation)	적정 수준의 갈등은 조직 내 참신한 아이디어를 생성하게 함	조직 내 창의성 및 혁신성 감소

2) 갈등관리의 유형

갈등관리란 갈등이 긍정적인 효과를 발휘할 수 있도록 갈등의 수준을 감소시키거나 증가시키는 것으로, 갈등관리는 단순히 갈등을 없애거나 해결하는 것에서 끝나는 것이 아니라 적절한 관리를 통해 더욱 긍정적인 방향으로 나아가도록 하는 데에 목적이 있다(정세종, 2005). 갈등관리라는 용어는 갈등와해(Conflict settlement), 갈등해소(Conflict resolution), 갈등통제(Conflict conciliation) 등의 용어로 사용되기도 하는데, 갈등관리의 목적은 갈등을 없애거나 통제하는 것보다는 갈등으로부터 생기는 가치와 순기능을 증대시키고 불만족을 비롯한 다양한 역기능을 감소시키는 데, 그 의의를 두고 있다(배영희, 2014). Thomas와 Kilmann(1975)은 갈등의 관리유형을 〈그림 5-5〉와 같이 주장하고 있다.

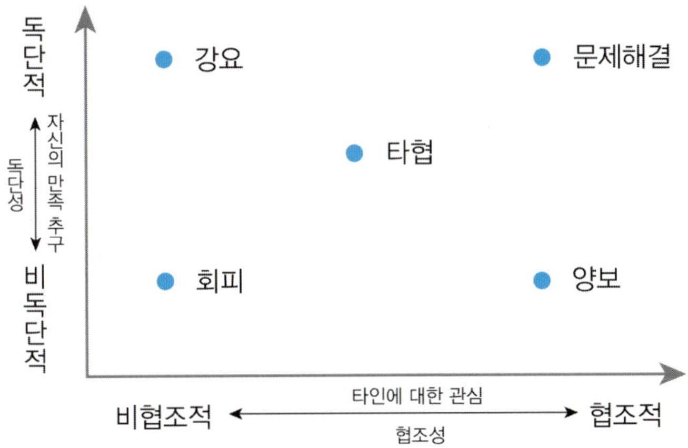

그림 5-5. Thomas와 Kilmann(1975)의 갈등관리 유형

강요는 자신의 주장을 관철시키는 데 중점을 두는 전략으로 자신의 입장을 굽히지 않고 끝까지 주장하며 권한 및 직위를 최대한 사용하는 전략이다. 강요는 어느 한 쪽이 권한을 많이 가지고 있거나, 자신이 주장하는 것을 확신할 때, 경쟁상대와 앞으로의 상호작용을 기대하지 않는 상황에서 발휘하는 경우가 많다(김주현, 2011). 승패의 상황을 만들고 갈등을 해결하기 위해 자신의 의견을 주장하거나 비협조적인 행동을 한다. 타인의 희생을 통해 목적을 달성하려고 하기 때문에 불가피하게 경쟁자를 만들어 내거나 이기기 위하여 권력을 사용하기도 한다. 이것은 빠르고 결단력 있는 행동이 필요하거나 의견을 주장해야 할 때 적합한 유형이라고 할 수 있다(강현진, 2008).

양보는 타인수용성이 높아 자신의 주장을 내세우기보다는 타인의 의견을 잘 따르며 타인의 입장을 먼저 생각하고 협조적인 모습을 보인다. 복종적인 유형이고 갈등의 쟁점이 나보다는 타인에게 더 중요하다고 판단될 때, 중요한 일을 위해 선의를 구축하고자 할 때, 그리고 조화와 안정이 특히 중요할 때 적합한 유형이라고 할 수 있다.

회피는 당장의 결단이 아닌 소극적으로 상황을 지켜보며 갈등 상황을 표면적으로 드러내지 않고, 문제가 발생하면 뒤로 물러서서 일을 처리해 나가는 방식인데, 실행되는 상황과 방법에 따라 협력적일 수도 있고 그렇지 않을 수도 있다. 잘못된 회피의 방식은 문제를 방치하고 상황을 악화시킬 수 있다. 회피 전략은 갈등 자체를 부정하거나 간접적 · 회피적 행동, 주제의 전환, 애매한 진술, 부적절한 언급이나 농담 사용, 타인의 부탁 및 요구 묵인 등으로 육체적 · 심리적으로 갈등 상황에서 발생하는 간접적이고 비협력적인 유형이라고 할 수 있다(장해순, 2003).

타협은 자신과 타인의 입장을 부분적으로 만족시키기 위해 중간 지점을 찾아 절충하는 행동 양식으로 문제를 피하지 않고 각각의 입장을 파악하고 양보하여 해결책을 찾는 방식이다. 복잡한 문제를 임시적으로 해결하려 하거나, 시간의 촉박함으로 인해 적절한 해결책을 빨리 찾아야 할 때, 세력이 비슷한 쌍방이 상호 배타적인 목표달성을 이루고자 할 때 사용되는 유형이라고 할 수 있다(이경순, 2013).

문제해결은 자신과 상대방 모두에게 도움이 되는 해결책을 찾기 위하여 노력하는 매우 적극적인 행동양식이다(이건협, 2007). 갈등이 격화되지 않고 갈등 당사자들이 서로의 정보를 충분히 가지고 있을 때 효과적으로 사용하게 되는 방식이라고 할 수 있으며, 서로 정보를 공유하고 자신과 상대방 모두의 관심사를 동등하게 우선순위에 두고 갈등을 해결하는 방식이라고 할 수 있다.

활동 4. **사이버폭력에 대한 자신의 생각 알아보기**

- 당신이 생각하는 사이버폭력은 무엇이라고 생각하십니까?

....

....

....

- 당신은 스마트폰, SNS 혹은 인터넷을 통해 사이버폭력을 경험하신 적이 있습니까? 있다면 그때 어떻게 대처를 하셨습니까?

....

....

....

3. 4차 산업혁명 시대의 의사소통

오늘날 우리는 4차 산업혁명과 고도의 지식 정보화 시대에 살고 있다. 정보통신기술의 IT산업의 급속한 발달과 스마트기기의 높은 보급률은 남녀노소, 연령을 불문하고 현대사회의 필수품이 되었다. 그러나 인터넷과 스마트폰의 사용이 활발해지면서 사이버공간에서 발생하는 각종 사이버범죄와 폭력에 대한 사회적 관심도 커져 가면서 전 세계적으로 사이버폭력에 대한 우려도 매년 증가하고 있다. 특히 청소년들의 스마트폰 사용이 급증하면서 인터넷 중독이라는 부작용과 함께 학교현장에서 발생하는 학교폭력 유형도 과거의 물리적인 신체폭력과 금품갈취 등의 발생 비율은 감소하고 있지만 전자기기(electronic device)를 활용한 이메일 혹은 스마트폰, SNS를 이용한 사이버폭력(Cyber bulying)의 비중은 계속 증가하는 것으로 나타나고 있다. 즉, 사이버모욕, 사이버명예훼손, 사이버스토킹, 사이버성폭행처럼 사이버공간에서 발생하는 댓글[1], 채팅, 미니 홈피, 블로그, 게시판 등을 통한 새로운 형태를 보이고 있는 왕따는 따돌림(bulying), 사이버따돌림 또는 사이버폭력(cyber bulying)으로 전환되어 휴대전화나 인터넷의 역기능으로 인한 피해사례가 끊이지 않고 있다.

이와 같은 사이버폭력을 규제하기 위한 통일된 법률은 없지만 관련 법률에서 사이버폭력 개별 유형에 따른 처벌 및 규제에 관한 내용을 담고 있는 반면, 외국의 경우에는 사이버폭력에 대하여 강력하게 대응하고 있는 상황이다.

1) 사이버폭력의 개념

사이버폭력의 개념과 정의에 대해서는 해석과 논란의 여지는 있으나 넓은 의미로 사이버공간에서의 온갖 형태의 폭력적인 표현과 행위를 사이버폭력이라고 표현할 수 있다(방송통신심의위원회, 2012). 사이버폭력은 사이버권리침해[2], 사이버범죄[3]로 표현

1) 댓글은 인터넷 게시물 밑에 남길 수 있는 짧은 글이다. 보통 인터넷 게시물 밑에는 댓글란이 있어 그 게시물과 관련하여 독자는 의견을 표할 수 있다. 덧글, 코멘트(영어: comment), 리플(reply)이라고도 한다. 댓글은 많은 사람들이 자신의 의견이나 주장을 마음껏 펼 수 있다는 긍정적인 측면이 있는 반면, 인터넷 게시판의 익명성을 악용하여 악의적으로 남을 공격하고 상습적으로 남을 헐뜯거나 허위 사실을 퍼뜨리는 댓글 문화인 악플문화가 발전하는 부정적인 측면도 있다. 악플은 악성 리플의 줄임말로 악성 댓글이라고도 한다. 악성 댓글은 언어 폭력인데, 그 대상이 여성인 경우 더 악랄한 댓글이 달리는 경향이 있다. 현행법상 인터넷에 비방 목적으로 허위 사실을 게재해 명예훼손을 할 경우 7년 이하의 징역이나 5000만원 이하의 벌금을 물 수 있다. 악플도 형법상 모욕죄 · 협박죄, 정보통신망법상 사이버명예훼손죄 등으로 처벌할 수 있다.

2) 사이버권리침해는 정보통신망을 통해 부호 · 문언 · 음향 · 화상 또는 영상을 이용하여 타인의 사생활의 침해 또는 명예훼손 등 권리를 침해하는 행위로 정의한다.

3) 사이버범죄(cyber crime) 또는 컴퓨터범죄(computer crime)는 컴퓨터, 통신, 인터넷 등을 악용하여 사이버 공간에서 행하는 범죄로, 범행 목적에 따라 사이버 테러형과 일반 범죄형으로 분류된다. 분류로는 사이버테러형 범죄로 해킹, 서비스 거부 공격, 바이러스 제작 · 유포, 악성프로그램, 메일폭탄 등이 있으며, 사이버범죄로 사기(통신, 게임), 불법복제(음란물, 프로그램), 불법/유해사이트(음란, 도박, 폭발물, 자살), 명예훼손죄, 모욕죄, 개인정보침해, 사이버스토킹, 성폭력, 협박/공갈 등이 있다.

될 수 있으나, 사이버권리침해, 사이버범죄보다 큰 개념으로 이해된다.

사이버폭력의 사전적 의미를 살펴보면, 인터넷 공간에서 발생하는 괴롭힘(violence) 정도로 볼 수 있다. 사이버폭력은 현실폭력과는 구분되는 사이버공간에서 이루어지는 폭력으로 타인에게 가해지는 괴롭힘을 의미하며, 신체적 폭력을 수반하는 전통적인 폭력과는 달리 그 형태가 다양하다. 비대면성, 익명성, 영구성과 확산성, 기술의 사용과 물리적 힘의 불필요를 특징으로 한다. 문자로 상대방을 직접 험담하는 것뿐만 아니라 특정인을 비하하는 글, 이미지, 동영상 혹은 개인신상정보를 유포하는 행위가 다르다. 따라서 가해자는 피해자의 고통을 직접 눈으로 확인할 수 없기 때문에 죄책감이나 자신이 가해행위를 한다는 생각을 못할 수도 있다.

우리나라는 1995년「형법」개정을 통하여 사이버범죄에 대한 처벌규정을 마련하였고, 계속하여 실체법적인 보완과 더불어 이를 수사할 인적 물적 자원의 투입을 하고 있다. 그리고 1996년 대검찰청은 중앙수사부 내에 '정보범죄대책본부'를 시작으로, 1996년 6월 3일 급속한 정보화에 따라 신종범죄로 부상하고 있는 컴퓨터 해킹, 악성컴퓨터 수사과 신설, 2001년 '대검찰청 인터넷 범죄수사센터'를 설치하였고, 현재 21개 지방검찰청 및 지청 컴퓨터수사반이 설치되어 있다. 또한 경찰에서도 사이버 범죄수사대를 운영하며 경찰청에 사이버안전국이 있고 각 지방경찰청에 사이버수사대가 있다.

이러한 인터넷상의 사이버폭력은 일반적으로 "사이버공간에서 행해지는 일체의 범죄"로 그 개념에 대해서는 정립된 것은 아니지만 컴퓨터와 통신기술의 결합으로 등장한 인터넷이라는 새로운 공간에서 행해지는 범죄적 현상이다. 이 경우 범죄의 전체가 사이버공간에서 완료되는 경우도 있고 일부만이 사이버공간에서 행해지는 범죄도 있다. 전자는 사이버공간에서 성립요건이 완료되는 범죄로서, 해킹범죄로 일컬어지는 각종 범죄를 통칭하기도 한다.

그리고 사이버범죄는 국내 · 외에서 동시에 발생할 수 있다는 특성을 갖고 있는데 정보통신망침해죄, 비밀침해죄, 악성프로그램 유포죄, 각종 사이버공격을 통한 정보통신망장애발생죄 등을 들 수 있고, 사이버음란물 유포행위, 사이버모욕죄, 사이버성희롱, 사이버명예훼손, 사이버도박죄, 인터넷사기죄, 몰래카메라 촬영 및 유포죄 등 대부분의 익숙한 사이버범죄 유형들이 모두 이에 해당된다.

또한 강도나 절도의 모의를 사이버공간에서 비밀채팅이나 카톡 등을 이용하여 행하고, 실제의 현실범죄로 이어지는 경우 등 상당히 많은 범죄에서 인터넷 공간이 활용되고 있어 사이버 범죄영역도 대단히 넓다. 우리나라에서는 집단따돌림 또는 왕따라는 용어로 지칭되고 있다가 최근에는 사이버폭력과 사이버왕따라는 용어를 혼용하여 사용하고 있다.

「학교폭력예방 및 대책에 관한 법률」에 의하면, 사이버따돌림이란 “인터넷, 휴대전화 등 정보통신 기기를 이용하여 학생들이 특정 학생들을 대상으로 지속적이고 반복적으로 심리적 공격을 가하거나 특정 학생과 관련된 개인정보 또는 허위 사실을 유포하여 상대방이 고통을 느끼도록 하는 일체의 행위”를 의미한다. 이는 서구 학계의 일반적 사이버불링의 개념과 다르지 않지만 우리말로 ‘사이버따돌림’이라는 용어를 사용함으로써 해당 법에 명시되어 있는 개념을 모두 포괄하지 못하고 있는 실정이다. 국내의 경우 사이버폭력, 사이버비행, 인터넷 일탈행동 등 다양하며 대부분 인터넷이나 휴대폰과 같은 사이버공간에서 이루어지는 침해적이고 공격적인 행위를 지칭하고 있다.

2) 사이버폭력의 유형

(1) 가해행위 형태에 따른 유형

사이버폭력의 유형에는 크게 발생 공간과 내용에 따라 그 유형이 달라진다. 크게 핸드폰과 인터넷 공간으로 나눌 수 있지만, 현재 스마트폰의 기술이 발달되어 공간에 따라 구분하는 것은 애매하다. 사이버폭력의 유형 분류 역시 명확하게 정립되어 있지 않다. 기존에서는 인터넷 역기능을 포괄적으로 사이버폭력의 유형 내에 포함시키는 반면, 경찰청, 방송통신심의위원회 등의 관련 기관은 법적으로 명확하게 범법 행위로 규정되는 역기능행위를 사이버폭력에 포함시키고 있다. 또한 사이버폭력의 내용에 따라서는 언어폭력, 폭로 · 공개, 아이디 도용 · 숨기기, 사기, 스토킹, 소외, 성희롱 · 성폭력, 해킹으로 구분할 수 있다(두경희 외, 2012).

한국정보화진흥원(2016)에서는 사이버불링의 유형으로 사이버언어폭력(Flaming), 사이버명예훼손(Denigration), 사이버스토킹(Cyber stalking), 사이버성폭력(Sexual Asault), 신상정보 유출(Outing & Trickery), 사이버불링(따돌림 Exclusion or Ostracism) 등 기존의 6개의 유형으로 분류하였다. 그 후 2017년에는 사이버갈취, 2018년에는 사이버강요를 각각 추가하여 총 8가지 유형으로 분류하였고. 최근 신종 유형으로 카따[4], 떼카, 방폭, 카톡감옥, 와이파이셔틀, 하트셔틀, 게임셔틀, 사이버감금[5] 등 다양화되고 있다.

이처럼 사이버폭력의 범주에 포함되는 유형들에는 가해행위의 형태와 그 가해행위로 인한 피해의 개념이 혼재되어 있다. 예를 들어, 개인정보를 수집하거나 허위사실을 생성하여 유포한다던지 욕설이나 성적욕설을 게시한다는 가해형태는 대부분의 여러 가해행위들이 복합적으로 이루어진 피해 형태는 결과물이 된다. 사이버명예훼손의 경우, 특정인에 대한 허위사실을 인터넷에 게시한 결과이거나 특정인의 개인 신상을 인터넷에 악의적으로 공개하는 등의 행위에 대한 피해의 형태이다. 또한 사이버스토킹이나 성폭력의 경우도 개인 정보 수집(신상 털기)에 이어진 욕설이나 지속적인 괴롭힘의 피해 결과이다.

(2) 피해 결과 형태에 따른 유형

사이버폭력과 연계된 여러 행위를 가해행위와 피해 결과로 구분해 보면, 일반적으로 청소년 사이버폭력 피해 유형은 사이버명예훼손, 사이버모욕, 사이버성폭력, 사이버스토킹 등으로 분류할 수 있다.

첫째, 사이버명예훼손이란 사이버공간에서 행해지는 명예훼손으로 '인터넷 게시판 등에 글이나 사진, 영상 등을 게시하여 명예훼손을 하거나 전자우편을 통해 유포하는

4) 카따란 카카오스토리 왕따를 의미하며 카카오스토리를 통해 친구들을 괴롭히거나 따돌리는 현상을 말한다(동아일보, 2013. 3. 7.).

5) 사이버감금이란 카카오톡 채팅방에 초대 후 인신공격, 욕설 등을 하면서 피해자가 방을 나가지 못하게 하고 나가더라도 강제로 다시 들어오게 만드는 행위를 말한다(헤럴드경제, 2013. 12. 19.).

행위'로 정의할 수 있다. 즉, 「형법」상 '명예에 관한 죄'가 사이버공간에서 발생하는 것을 의미한다. 사이버명예훼손은 일반적인 명예훼손에 비해, 그 위험성이 크기 때문에 특별법으로 명시하여 더욱 과중한 처벌을 받도록 규정하고 있다.

한국 경찰청 자료에 따르면, 인터넷 통신을 이용한 사기나 개인정보침해, 불법 복제 및 판매 등의 건수는 증가 또는 감소를 반복하고 있는 데 반해 인터넷에서의 명예 훼손은 계속 증가하고 있는 것으로 보고하고 있으며, 범죄 통계상으로도 인터넷에서 발생하는 명예에 관한 죄가 2014년 8,800건에서 2018년에는 1만 5,926건으로 증가하였다.

사이버명예훼손은 사진, 영상, 텍스트 등 다양한 매체를 통하여 행해지고 나아가 타인이 작성한 명예훼손 게시물을 전파하여 발생하는 2차적 명예훼손도 나타나고 있다. 인터넷에 게시된 내용이 욕설이나 비방 등 모욕성을 띠고 있는 경우에는 「정보통신망법」상의 사이버명예훼손이 아니라, 「형법」 제31조의 모욕죄를 적용한다.

「정보통신망 이용촉진 및 정보보호 등에 관한 법률」 제70조는 "사람을 비방할 목적으로 정보통신망을 통하여 공공연하게 사실을 드러내어 다른 사람의 명예를 훼손한 자는 3년 이하의 징역이나 금고 또는 3천만 원 이하의 벌금에 처한다"고 규정하고 있다. 「형법」 제307조 제1항에서 "공연히 사실을 적시하여 사람의 명예를 훼손한 자는 2년 이하의 징역이나 금고 또는 50만 원 이하의 벌금에 처한다"고 규정하고 있는 것에 비하여 무겁게 처벌하도록 규정하고 있는데, 이는 사이버공간에서의 전파 속도가 매우 빠르다는 점 등이 고려되어 「형법」상의 명예훼손보다 무겁게 처벌하고 있는 것이다.

신문, 잡지, 라디오 기타 출판물을 이용한 명예훼손의 경우에는 '비방할 목적'이라는 과주 구성요건 요소와 법익침해의 성을 고려하여 사실을 적시한 자는 3년 이하의 징역 또는 70만 원 이하의 벌금에(제309조 제1항), 그리고 허위의 사실을 적시한 자는 7년 이하의 징역, 10년 이하의 자격정지는 1천 50만 원 이하의 벌금(제307조 제2항)에 처하도록 함으로써 일반 명예훼손죄보다 가중하여 처벌하는 규정을 두고 있다. 출판물 등에 의한 명예훼손죄는 비방목적이라는 과주 불법요소와 신문이나 잡지는 명예훼손의 위험성이 매우 높은 행위수단을 사용하는 단순명예 훼손죄보다 불법이 부가되는 구성요건으로 보는 것이 일반이다. 그리고 판례도 출판물 등의 행위수단이 높은 성과 신뢰성 장기간 보존가능성 등으로 인하여 피해자에 관한 법익침해의 정도가 더 크다는 가중처벌의 근거를 찾고 있다. 대법원 2000. 02. 1, 선고 9도 3048 결정; 대법원 1998. 10. 9, 97도158 결정 참조.

「형법」상의 명예훼손과 달리 「정보통신망법」은 비방할 목적을 요건으로 하고 있는데, '비방할 목적'이란 "행위자가 자신의 행위가 공연히 사실을 적시하여 사람의 명예를 훼손할 가능성이 있음을 인식하고 감수하는 정도를 넘어 '목적'으로 삼는 것"을 의미한다. 비방할 목적의 유무를 판단하는 것은 범죄의 성립을 판단함에 있어 매우 중요한 문제이며, 게시 내용 및 상황을 모두 고려하여 종합적으로 판단하여야 한다. '비방할 목적'이 없는 경우에는 사이버명예훼손죄가 성립하지 않으므로 비방할 목적을 요하지 않는 「형법」 제307조의 명예훼손에 관한 규정을 적용하여야 한다. 「정보통신망 이용촉진 및 정보보호 등에 관한 법률」 제70조 제3항은 "제1항과 제2항의 죄는 피해자가 구체적으로 밝힌 의사에 반하여 공소를 제기할 수 없다"고 규정하고 있으므로, 사이버명예훼손죄는 '반의사불벌죄'로 피해자의 의사에 반하여 처벌할 수 없다.

둘째, 사이버모욕이다. 사이버공간에서 행해지는 모욕이다. '모욕'이라 함은 구체적인 사실의 적시 없이 사회적인 평판을 깎아내리는 가치판단적인 표현으로 타인을 지목해 이루어지는 범죄 행위를 의미한다.

「형법」 제31조의 모욕죄는 사람의 가치에 대한 사회적 평가를 의미하는 외부적 명예를 보호법익으로 하는 범죄로서, 모욕죄에서 말하는 모욕이란 사실을 적시하지 아니하고 사람의 사회적 평가를 저하시킬 만한 추상적 판단이나 경멸적 감정을 표현하는 것을 의미한다. 따라서 어떠한 표현이 상대방의 인격적 가치에 대한 사회적 평가를 저하시킬 만한 것이 아니라면 설령 그 표현이 다소 무례한 방법으로 표시되었다 하더라도 이를 두고 모욕죄의 구성요건에 해당한다고 볼 수 없다. 대법원 2018. 1. 29. 선고 2017도261 판결.

모욕행위는 사이버명예훼손과 달리 「정보통신망법」상에 별도 처벌규정이 없으므로 인터넷상의 공개된 게시판 등에 구체적 사실의 적시 없이 저속한 욕설을 하거나 모욕하는 내용의 정보를 게시하는 행위에 대해서는 「형법」에 의한 규정이 적용되고, 「형법」 제312조에 의하여 친고죄로 규정되어 있으므로 모욕죄로 공소제기를 하기 위해서는 피해자의 고소가 선행되어야 한다. 사이버모욕죄의 '모욕' 행위는 일반 '모욕죄'의 모욕과 동일하게 해석된다. 구체적 사실의 적시 없이 사람에 대하여 경멸의 의사를 표시하는 것을 의미한다. 모욕죄는 행위에 있어서 사실의 적시를 요하지 않는다는 점이 명예훼손죄와 구별된다(대법원, 2008).

사이버모욕죄는 「형법」상 모욕죄로 처벌되어 사이버명예훼손의 경우는 「형법」상 명예훼손과 처벌 수위가 다르며, 「형법」상 명예훼손보다 전파성이 심각한 사이버상에서 일어나는 명예훼손을 좀 더 엄하게 처벌한다. 사이버모욕죄는 '누구든지 인터넷 등 정보통신망을 통해 타인을 모욕하는 행위를 한 자는 3년 이하 징역 또는 100만원 이하 벌금에 처한다'고 형량을 가중하여 규정하고 있다.

사이버모욕죄는 「형법」상 모욕죄로 처벌되어 사이버명예훼손의 경우는 「형법」상 명예훼손과 처벌 수위가 다르며, 「형법」상 명예훼손보다 전파성이 심각한 사이버상에서 일어나는 명예훼손을 좀 더 엄하게 처벌한다. 2008년 7월, 인터넷 실명제를 도입하자는 논의가 있었으며, 10월에는 사이버모욕죄를 신설하여 기존의 일반 명예훼손(2년 이하의 징역이나 금고 또는 50만 원 이하의 벌금에 처할 수 있으나 피해자의 의사에 반하여 공소를 제기하지 못하는 반의사불벌죄이다)이나 모욕죄(1년 이하의 징역이나 금고 또는 20만 원 이하의 벌금에 처할 수 있다. 그러나 피해자의 고소가 있어야 공소를 제기할 수 있는 친고죄이다)보다 처벌을 매우 강화한 법률안이 국회에서 발의되었다. 발의된 '사이버명예훼손'은 일반 명예훼손죄보다 행위수단의 특수성으로 인하여 불법이 가중된 유형으로서 최고 9년 이하의 징역 또는 5천만원 이하의 벌금형에 반의사불벌죄 또는 친고죄에 해당하지 않으며, '모욕죄'도 마찬가지로 「형법」상의 모욕죄보다 행위수단의 특성으로 인하여 불법이 가중되어 최고 3년 이하의 징역 또는 1천만 원 이하의 벌금형에 처해질 수 있고 마찬가지로 반의사불벌죄 또는 친고죄에 해당하지 않아 피해자의 의사와 관계없이 수사기관의 공소제기가 가능하므로 처벌의 정도와 그 가능성을 매우 높이려 하였다(배우 최진실의 사건 이후에는 악성 댓글 피해자인 최진실의 이름을 따서 사이버모욕죄와 인터넷 실명제를 포함한 위법률 안들을 이른바 '최진실법'이라고 명하기도 함). htps:/ko.wikipedia.org/wiki/, 2020. 05. 05.

우리나라에서는 블로그나 게시판, 뉴스 등의 모든 사이트에 자유롭게 의견을 쓸 수 있는 '댓글' 란이 있다. 인터넷 중독은 심각한 사회 문제가 되고 오래전부터 인터넷에서의 허위사실 유포, 비방과 그에 따른 자살, 실명이나 개인 정보를 노출한 후 인신공격 등 '사이버폭력'이 사회문제가 되고 있었다. 2008년 악성댓글로 인해 생을 마감한 너무나 유명한 배우 최진실 사건이 있었다. 당시 한국 정부와 여당은 인터넷에서 비방 · 중상을 이유로 자살에 몰린 인터넷상의 명예 훼손에 엄벌을 부과 '사이버모욕죄' 신설

등을 내용으로 하는 「정보통신망 이용 촉진법 개정안」(일명 '최진실 법안')을 발의했다.

셋째, 사이버성폭력은 사이버공간에서 발생하는 성(sexuality)에 관한 폭력 및 성별의 차이(gender)와 관련한 다차원적인 불법적이고 불편한 행위 유형들을 통칭하는 개념이다. 2017년 출범한 한국 사이버성폭력 대응센터는 "사이버성폭력"에 대해서 "카메라 등의 매체를 이용하여 상대의 동의 없이 신체를 촬영하여 유포, 유포협박, 저장, 전시하거나 사이버공간, 미디어, SNS 등에서의 성적 괴롭힘"이라는 점에서 "젠더에 기반한 폭력"이라고 본다. 또한 인터넷상에서 음란한 대화를 강요하거나 성적 수치심을 주는 대화로 상대방에게 정신적 피해를 주는 행위이며, 일반적으로 온라인 성폭력이란 온라인상에서 대화, 메일, 게시글을 통해 상대가 원치 않는 성적인 언어나 정보(의학적 내용 포함), 음란한 영상(포르노 포함)을 전달하거나 상대의 신체, 성적 관심이나 행위에 대한 언급, 상대의 성적 행위나 신체 노출의 요구, 성적 욕설, 성적 대화 요구, 성추행 위협, 성관계나 성매매를 제안함으로써 상대방에게 성적인 불쾌감, 수치심 혹은 혐오감을 유발하는 행위를 의미한다.

그리고 가해자와 피해자의 직접적인 신체적 접촉이 없다 하더라도 시각 · 언어를 통하여 피해자에게 성적모욕감이나 두려움 · 위협감 등의 정서적 피해를 일으켰다면 사이버성폭력에 해당될 수 있으며, 카메라 등을 이용해서 타인의 신체를 그 의사에 반하여 촬영하거나 그 촬영물을 배포 · 판매 · 임대 또는 전시 · 상영한 경우에도 사이버성폭력에 해당된다. 그 유형에는 언어적 성폭력, 이미지 성폭력, 성적 사이버스토킹, 사이버성매매 등이 있다(박옥식, 2015).

「성폭력범죄의 처벌 등에 관한 특례법」 제13조(카메라 등 이용한 촬영)

① 카메라나 그 밖에 이와 유사한 기능을 갖춘 기계 장치를 이용하여 성적 욕망 또는 수치심을 유발할 수 있는 다른 사람의 신체를 그 의사에 반하여 촬영하거나 그 촬영물을 반포 · 판매 · 임대 또는 공공연하게 전시 · 상영한 자는 5년 이하의 징역 또는 1천만 원 이하의 벌금에 처한다.

최근 스마트폰의 보급, 카메라의 소형화 등으로 인하여 기계장치를 통해 성적 욕망 또는 수치심을 유발할 수 있는 타인의 신체를 촬영하는 성폭력범죄가 증가하고 있으며, 이러한 불법 촬영물이 정보통신망에 유포되어 불특정 다수에게 빠른 속도로 전파되고 있지만 문제해결에 오랜 시간이 소요되고 개인적 대응이 쉽지 않은 점을 감안하여 국가가 불법 촬영 영상물 삭제를 지원할 수 있도록 하고 있다.

넷째, 사이버스토킹(cyber stalking)은 "인터넷 게시판, 대화방, 전자우편 등 전자우편 통신망을 통해 상대방이 원하지 않는 접속을 시도하거나 욕설, 협박내용을 담고 있는 전자우편의 송신행위"를 말한다. 사이버스토킹[6]은 컴퓨터를 대상으로 하는 '컴퓨터 범죄'로부터 비롯되었는데, 우리나라는 스토킹과 마찬가지로 사이버스토킹을 구체적 범죄로 규정하고 있지 않고 사이버성폭력의 한 사례로 분류하고 있다. 성적 사이버스토킹은 정보통신망에서 개인을 대상으로 하여 성적인 접근을 시도하는 행위로써 이를 통해 상대방에게 성적수치심이나 공포심 및 두려움 등을 유발하는 행위를 말한다(박옥식, 2015).

스토킹이란 일정기간 다른 사람(이성 또는 동성)의 의사에 반하는 행동을 고의적으로 반복해서 특정인이나 그 가족들에게 정신적 · 육체적 침해를 가하여 정상적인 일상생활을 방해하는 형태의 일탈 행위라고 정의할 수 있다. 또한 오프라인 스토킹과 비교하여 시간과 장소에 구애받지 않고 상대방에게 접근할 수 있고, 온라인상에서 스토킹 대상의 인적사항 등을 게시, 불특정다수의 제3자들로 하여금 쉽게 상대방을 괴롭히거나 위협할 수 있으며, 직접 대면함으로써 생기는 위험성이 줄어들고, 스토킹 대상의 정보와 스토킹 행위 등 전파를 원하는 것은 순식간에 불특정다수의 사람들에게 전달할 수 있다.

6) 정보통신 윤리위원회에서는 "사이버스토킹이란 전화, 이동 통신, 대화방, 게시판 또는 E-mail 등의 정보통신망을 이용하여 공포심이나 불안감을 유발하는 부호 · 문언 · 음향 · 화상 또는 영상을 지속적 · 반복적으로 상대방에게 도달하게 하는 행위"로 정의한다.

우리나라는 현재 스토킹 행위에 대하여 형사사법기관이 적극적으로 개입할 수 있는 법적 근거가 미흡하여 이에 대한 국가기관의 개입이 극히 제한적이다. 스토킹 관련 내용은 「경범죄 처벌법」 제3조 제1항 제41호에서 "지속적 괴롭힘"으로 규정되어 10만원 이하의 벌금, 구류 또는 과료에 처하고 있다(「경범죄 처벌법」 제3조 제1항 제41호).

활동 5. 사이버폭력 예방에 대한 생각 알아보기

- 사이버폭력을 예방할 수 있는 방법은 무엇이라고 생각하십니까?

- 사이버폭력과 관련하여 당신은 앞으로 스마트폰, SNS 혹은 인터넷을 어떻게 활용하실 생각이십니까?

PART 2

대학생활의 인성 및 리더십

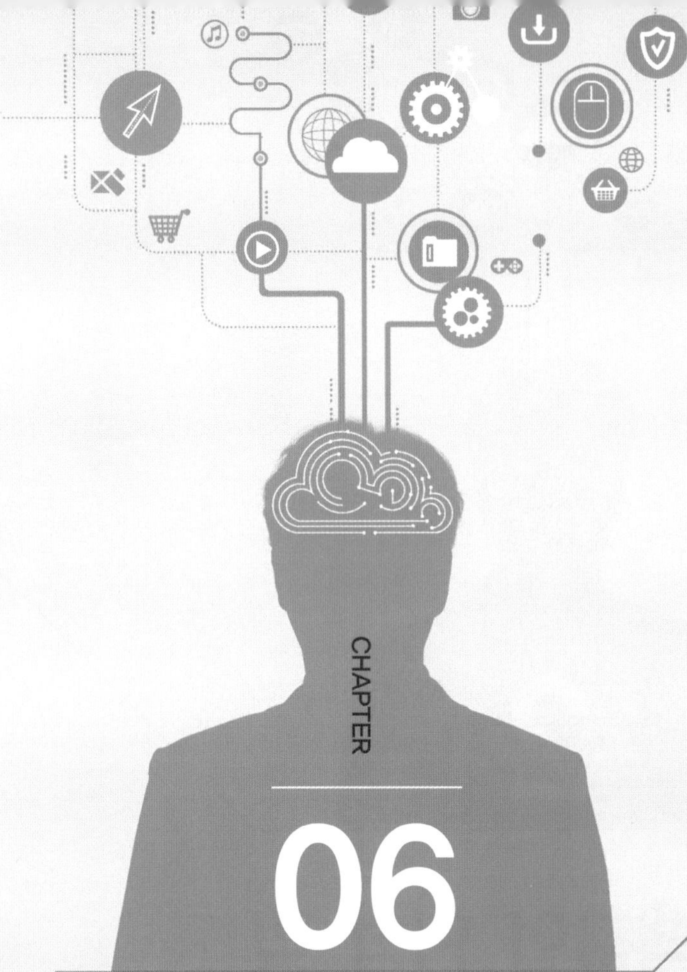

CHAPTER

06

대학생활의 적응

배울 내용

1. 대학생활의 적응과 구성요소
2. 대학생활 적응 높이기

학습목표

1. 대학생활의 적응 및 구성요소를 파악한다.
2. 대학생활 적응을 높이기 위한 다양한 방법을 모색해 본다.

활동 1. 자신의 대학생활에 대해 알아보기

■ 현재 재학 중인 학과는 무엇입니까?

■ 현재 재학 중인 학과에 입학한 계기는 무엇입니까?

■ 대학생활 동안 자신의 전공과 관련하여 달성해 보고 싶은 목표와 그 이유는 무엇입니까?

■ 대학생활 동안 자신의 전공 외 달성해 보고 싶은 목표와 그 이유는 무엇입니까?

활동 2. 자신의 대학생활 적응 정도 알아보기

다음은 여러분들의 대학생활 적응 정도에 대한 질문입니다. 각 문항을 읽고 평소 대학생활에서 자신의 상태와 가장 적합하다고 생각되는 항목에 체크해 봅시다.

표 6-1. **자신의 대학생활 적응 정도 파악하기**

	내 용	1 전혀 그렇지 않다	2 약간 그렇지 않다	3 보통이다	4 약간 그렇다	5 매우 그렇다
학문적 적응	1. 나는 학과공부를 열심히 하고 있다.	①	②	③	④	⑤
	2. 나는 지금 내가 하고 있는 공부를 충분히 잘해 낼 능력이 없는 것 같다.	⑤	④	③	②	①
	3. 나는 최근에 학습의욕이 없고, 공부를 하려 해도 집중이 잘 안 된다.	⑤	④	③	②	①
사회적 적응	1. 나는 대학에서 원만한 인간관계를 유지하고 있다.	①	②	③	④	⑤
	2. 나는 과모임, 동아리 활동 등에 적극적으로 참여하고 있다.	①	②	③	④	⑤
	3. 나는 현재의 주거형태에서 잘 생활해 나가고 있다.	①	②	③	④	⑤
개인 · 정서 적응	1. 나는 대학생활과 관련된 스트레스 때문에 힘들다.	⑤	④	③	②	①
	2. 나는 최근 들어 작은 일에도 짜증을 잘 낸다.	⑤	④	③	②	①
	3. 나는 최근 들어 숙면을 취하기가 어렵다.	⑤	④	③	②	①
대학환경 적응	1. 나는 내가 이 학교를 선택한 것에 대해서 만족한다.	①	②	③	④	⑤
	2. 나는 최근에 대학교육의 가치에 대해서 회의를 느끼고 있다.	⑤	④	③	②	①
	3. 나는 대학생활에 적응이 힘들어 휴학에 대해 많이 생각한다.	⑤	④	③	②	①

표 6-2. 자신의 대학생활 적응 정도 점수 기록하기

구분	점수 산출	평균 점수
학문적 적응	총 획득점수(　　　　)/3	
사회적 적응	총 획득점수(　　　　)/3	
개인 · 정서 적응	총 획득점수(　　　　)/3	
대학환경 적응	총 획득점수(　　　　)/3	

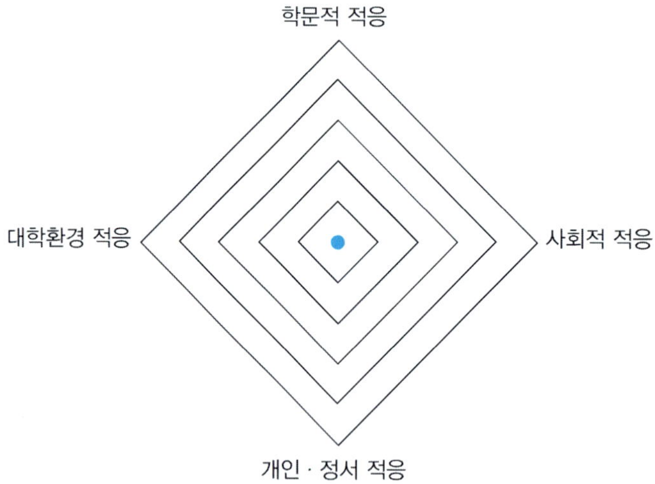

그림 6-1. 자신의 대학생활 적응 정도 점수 기록하기

1. 대학생활의 적응과 구성요소

1) 대학생활 적응의 개념

대학생활 적응이란 대학생들이 대학이라는 환경 속에서 생활하면서 학업, 대인관계, 정서적 측면에서 대학생활의 요구에 대처하는 적절한 반응을 의미한다. 인간은 끊임없는 환경의 변화에 대해 지속적으로 반응하며 살아가는 존재이다. 이때 반응을 통해 환경에 맞추어 나가는 것을 적응이라고 할 수 있는데, 적응(adjustment)이란 원래 생물학으로부터 비롯된 것으로 1850년대 Darwin 이론의 기초인 '순응'이라는 개념을 심리학자들이 '적응'이라는 용어로 개칭하여 사용하게 된 것이다(황지인, 2009).

Arkoff(1968)는 적응이란 개인이 주변 환경과 능동적인 상호작용을 하는 것이라고 하였는데, 경우에 따라서는 주변 환경의 요구에 맞도록 개인을 변화시키기도 하고 환경을 개인에게 맞도록 변화시킴으로써 환경에 효과적으로 대응한다고 하였다. 따라서 대학생활 적응은 적응에서 고려되는 요인인 개인과 개인을 둘러싼 환경을 대학생과 대학환경으로 구체적으로 표현한 것이라고 할 수 있다. 또한 Lazarus(1976)는 심리학적 차원으로, 환경 속에서 살아남기 위한 각 개인적 투쟁의 의미로 정의를 설명하였는데, 최근에는 더 나아가 개인과 환경 사이의 활발한 상호교환의 과정으로 적응을 이해하기도 한다(송윤정, 2014; Garmezy, 1994).

대학생들의 학교생활에서 가장 중요한 위치를 차지하는 문제 중 대학생활의 적응을 꼽을 수 있다. 노승현(2016)은 대학생은 대학 환경 속에서 직면하는 다양한 문제와 어려움 속에서도 변화와 도전에 적절히 반응하고 대처하고 있다고 하였고, 학교생활 적응에 대해서 학업 계획을 잘 세우고 수업에 참여하며 성실히 과제를 수행하고, 원만한 대인관계를 형성하는 것이라고 정의하고 있다.

그러나 대학생활 적응은 다차원적 현상으로 설명되어야 한다. 발달 단계적으로 후기 청소년기와 성인기 초기에 놓여 있는 대학생들은 대학에 입학하기 전까지 가정과 학교라는 일정한 틀 안에서 생활하다 대학 입학 후 펼쳐지는 새롭고 넓은 환경 속에서 적응하기 위해 많은 스트레스와 부담을 가지게 된다. 신지연(2014)은 발달상 어느 시기에서도 적응 문제는 인간의 삶에서 중요한 위치를 차지하지만 후기 청소년기에서 성인으로 넘어가는 과도기에 여러 가지 과제에 집중해야 하는 중요한 시기라고 하였다. 청소년기가 다른 시기보다 강조되는 이유는 이 시기에 적응하기 힘든 상황에 노출되는 일이 많이 때문이다. 청소년기에 획득하고 형성되는 적응 양식은 청년기 이후의 생애 발달을 통해 기본이 되는 적응체계가 되기 때문에 긍정적으로 대학생활에 적응하는 것은 대학생들에게 중요한 과제가 된다(박강희, 1997; 서희채, 2005).

대학생활 적응은 대학생들이 대학이라는 환경 속에서 생활하면서 부딪히는 변화와 도전에 대한 적절한 반응이며 대처이다(이재명, 2006). 대학생활 적응은 개인이 전문영역을 성취함으로써 환경을 변화시키는 일련의 과정이기도 하며, 더 큰 의미에서는 교수, 학생, 동료, 학습, 환경과의 관계를 조화롭게 변화시키는 과정이라고 볼 수 있다(김현숙, 강선모, 2013). 그러므로 대학생의 원활한 학교생활 적응을 위해서는 학교생활을 단순히 지적 기능의 발달이나 기술의 습득에만 목적을 두지 말고, 사회적으로 동화되고 적응성을 지니는 인격 형성을 도모한다는 데 목적을 두어야 한다(박은희, 2014). 대학생활 적응은 기존에는 대학환경에서 요구하는 과업의 달성 또는 과업에 대한 적절한 대처를 의미하였으나 2010년 이후에는 개인이 가지고 있는 동기적, 인지적, 정의적 자원과 대학 환경에서 요구하는 다양한 과업 간의 적합성에 초점이 맞추어져 있다. 또한 대학생활 적응은 개인–학교 간의 적합성을 높이기 위한 개인과 대학기관 차원의 노력을 포함하는 것으로 대학생활의 정의가 확대되었다(권은진, 2017). 그러므로 대학에 적응하는 것은 한 개인의 타고난 자원들을 그에 해당하는 학업적 · 사회적 및 심리적 도전에 체계적으로 사용하는 역동적인 과정인 것이다(Datu, 2012).

Baker와 Siryk(1984)은 대학생활에 적응한다는 것은 학업과 연관된 생활, 대인관계 또는 과외 활동 등의 다양한 사회생활에 적응하고 심리적 스트레스에 대해 적절하게 대처하며 자신이 속한 대학이나 학생에 대해 전반적인 애착이나 호감, 유대감을 갖는 것이라고 하였다. 이처럼 대학생활 적응이란 대학생이 대학생활에서 경험하는 다양한 요구와 문제들에 적절히 대처해 나가는 사회적 · 심리적 과정이라 할 수 있고 개인의 특성과 더불어 주변 환경에 상호작용하는 것이자 단순히 지적 발달이 아닌 사회적으로 적응할 수 있는 능력을 키우는 것으로서 변화와 적응의 요구가 많은 대학생 시기에서 대학생활 적응은 성공적인 사회구성원이 되는 기반이 된다(신지연, 2014).

2) 대학생활 적응의 구성요소

대학생활 적응에 영향을 주는 구성요소로는 첫째, 구체적인 적응 상태로 대학생활에 어느 정도 적응하고 있는가에 대한 것이다. 대학생활 적응은 우선 대학생활의 여러 영역, 즉 대학 자체, 대학공부와 과외활동, 대학에서의 인간관계 등 다양한 영역에 대한 주관적 만족도로 측정할 수 있다. 둘째, 일반적인 적응상태로 현재 느끼고 있는 우울과 불안 정도로 대학생활뿐만 아니라 전반적인 생활에서의 적응상태를 알아보는 것이다. 대학생활 적응의 각 영역에 따른 주요 특징은 다음 〈표 6-3〉과 같다(강효주, 2009).

표 6-3. 대학생활 적응의 영역별 주요 특징

구분	특징
학업적 적응	대학 내 학업과 관련된 시험, 수업 등에서의 적응
사회적 적응	대학 내에서의 대인관계나 여러 친목활동에서의 적응
개인 · 정서적응	일반적으로 경험하는 심리적 스트레스 및 신체화 장애 정도
대학환경 적응	대학에 대한 전반적인 호감, 대학과 학생 간의 유대감 정도

(1) 학업적 적응

학업적 적응(Academic Adjustment)은 학생들이 대학에서 요구하는 학업적 요구에 얼마나 성공적으로 적응하고 있는지 평가하는 것이다. 여기에는 학업 잠재력 그 이상을 포함한 학습에 대한 동기, 학업 욕구를 충족시키기 위하여 하는 행동, 목적에 대한 명확한 인식, 일반적인 대학환경에 대한 만족도 등이 학업적응의 중요한 구성요소이다(Baker & Siryk, 1984). 따라서 학업적 적응은 개인의 자신감, 심리적 스트레스, 다양한 문제행동 등과 관련이 있는 것으로 밝혀지고 있다(이수진, 2011). Gerdes와 Mallinckrodt(1994)는 명확하고 의미 있는 교육적 목표를 가진 학생들은 학업에 대한 계획을 지연시킨 학생들과 비교했을 때보다 학업을 더 지속시킨다는 연구를 진행한 바가 있다. 이는 학생이 학업적 목표가 없을 때보다 명확한 목표를 가졌을 때 대학생활 적응에 긍정적 영향을 준다는 것을 의미하는 결과이다.

■ 당신은 대학생활에서 학업적 적응 정도에 만족하십니까? 그리고 그렇게 생각하시는 이유는 무엇입니까?

(2) 사회적 적응

사회적 적응(Social Adaptation)은 대학이라는 사회적 환경에 적응하는 정도로 사회생활에 필요한 요소들을 완성해 나가고, 지지망을 구축하여 새로운 사회를 만들어 갈 수 있게 하는 영역이다. 사회적 지지 네트워크는 대학생활 적응에서 매우 중요한 요소라고 할 수 있다(Hays & Oxley, 1986). 사회적 적응은 대학에 적응하는 데 영향을 끼치는 안정적 도움을 주는 부모, 친구와 같은 사회적 지원 형성, 새로운 사회적 관계의 관리 능력이나 교수 · 교직원 및 친구들과의 원활한 의사소통을 포함한다(서혜진, 2016). 실제로 집을 떠나 혼자 생활하는 대학생은 고향에 대한 그리움과 외로움으로 사회적 적응에 어려움을 겪는 경우가 종종 있는데, 다양한 관계 속에서 대학생들이 필연적으로 겪게 되는 과정이라고 볼 수 있다. 따라서 대학생이 사회에 대한 적응을 잘한다는 것은 다양한 인간관계 및 사회활동에 얼마나 능동적으로 대처하고 있으며 잘 관리하는지와 관련이 있다. 대학생 시기에는 사회인이 되기 위한 준비 과정이 포함되어 있기 때문에 대학생 시기의 사회적 적응은 대학생활 이후 사회관계에 상당한 영향을 미친다(이한샘, 2014).

- 당신은 대학생활에서 사회적 적응 정도에 만족하십니까? 그리고 그렇게 생각하시는 이유는 무엇입니까?

(3) 개인 · 정서 적응

개인 · 정서 적응(Personal-Emotional Adaption)은 대학에서 대학생들의 상호관계성, 삶의 방향, 자기가치 등 개인의 인성 형성에 있어서 핵심이 되는 자기존재의 본질, 위치, 역할 등 자기탐색과정을 통한 정서적 적응을 의미한다. 이를 통해 자신의 신념과 수용적인 태도로 심리적 여유를 가지고 인생의 목표를 설정하여 자기실현의 구체화된 방향으로 행동을 결정짓게 되고 타인과의 공동체 의식을 가짐으로서 원만한 관계 형성을 갖게 된다. 이는 일반적으로 대학생들이 겪는 심리적 · 신체적 스트레스, 우울 및 불안 등을 조절하고 대처하는 것과 관련이 있다. 개인적이고 정서적인 문제들은 심리적 · 육체적 고통, 불안, 낮은 자존감 및 우울로 나타나는 경우가 있는데, Pappa와 Loring(1985)에 의하면, 대학생의 불안은 중도탈락을 예측하게 하는 변인으로서 일관되게 보고되고 있으며, 우울은 대학생에게서 흔히 나타난다고 하였다. 따라서 대학생의 개인 · 정서 적응은 대학에서의 생활뿐만 아니라 개인의 삶 전반의 정신적 건강을 위해서 매우 중요한 부분이라고 할 수 있다.

- 당신은 대학생활에서 개인 · 정서 적응 정도에 만족하십니까? 그리고 그렇게 생각하시는 이유는 무엇입니까?

(4) 대학 환경적응

대학 환경적응은 대학에 대한 애착 정도와 대학의 질에 대한 만족도, 그리고 학업목표에 대한 몰입 정도를 의미한다(김효원, 2005). 권은진(2017)은 대학 애착은 아직 명확하게 정의되지 않았으나(Biddle, Bank, & Slavings, 1987) 일반적으로 자신이 속한 대학에 대하여 어느 정도의 애착과 만족도를 나타내는 것이라고 하였다. 그리고 대학 애착은 대학교 학위를 완수하겠다는 굳은 결심 및 특정 기관에 대한 강한 애착을 포함하고 있다고 하였다(Terenzini, Lorang, & Pascarella, 1981). 이와 관련된 선행연구로서 자신의 대학에 대해 전반적 애착이나 호감이 높을수록 대학생활에 적응을 잘하며, 중도 탈락률이 적은 것으로 밝혀진 연구가 있다(Baker & Syrik, 1984).

■ 당신은 대학생활에서 대학 환경적응 정도에 만족하십니까? 그리고 그렇게 생각하시는 이유는 무엇입니까?

2. 대학생활 적응 높이기

대학생 진로 결정시점은 언제?

※4년제 대학생 1,831명 대상 조사. 자료: 잡코리아×알바몬

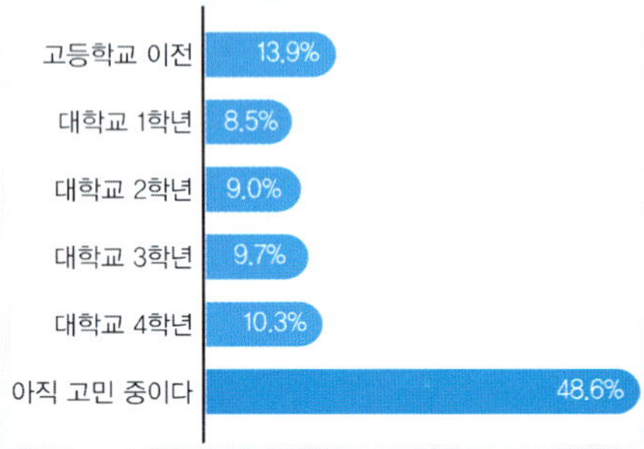

대학생 절반 가량이 자신이 앞으로 어떤 일을 할지 진로를 결정하지 못하고 있는 것으로 조사됐다. 진로를 결정한 대학생은 주로 고등학교 이전에 확고하게 방향을 잡았거나, 졸업 직전인 대학교 4학년인 경우가 많았다. 취업포털 잡코리아와 아르바이트 포털 알바몬이 4년제 대학생 1,831명을 대상으로 '진로 결정 시점'에 대해 설문조사를 실시한 결과 전체 응답자 중 48.6%가 '아직도 어떤 일을 할지 진로를 결정하지 못하고 고민 중'인 것으로 답했다고 16일 밝혔다. 세부 전공별로 보면 사회과학계열(51.7%)과 인문계열(50.6%) 대학생들의 경우 타 전공자들에 비해 진로를 결정하지 못하고 고민하고 있는 비율이 상대적으로 높았다. 이공계열(49.6%), 예체능계열(48.2%), 경상계열(46.7%) 등에 재학 중인 대학생들도 높은 비율로 진로를 결정하지 못한 것으로 나타났다. 반면 의학 · 법학계열 등 전공자는 진로 결정을 하지 못했다고 답한 비율이 34.6%에 불과해 타 계열에 진로 결정이 빠른 것으로 조사됐다. 진로를 결정한 대학생들 중에는 고등학교 이전에 이미 진로를 결정했다는 비율이 13.9%로 가장 높았다. 그 다음은 대학교 4학년 때 결정했다는 응답자(10.3%) 순이었다. 이번 설문에 참여한 대학생들 중 진로를 결정했다고 답한 941명(51.4%)에게 '진로 결정에 도움이 된 요인은 무엇인지' 묻자 가장 도움이 된 요인으로 '전공수업'과 '선배조언'을 꼽았다. 전공수업 수강이 가장 도움이 됐다는 응답자가 46.1%(응답률)로 1위를 차지했고 2위는 선배들의 조언(22.3%), 3위는 아르바이트 경험(21.8%)이 각각 올랐다. 대학생 10명 중 9명은 진로 고민으로 인해 스트레스를 받고 있는 것으로 나타났으며, 진로를 결정한 그룹(85.7%) 보다 진로 결정을 하지 못한 그룹(95.5%)의 대학생들이 더 스트레스를 받는 것으로 나타났다. 변지성 잡코리아 팀장은 "진로를 결정하는 데 있어 나와 같은 전공이나 직무 분야에서 일하고 있는 선배들의 조언도 많은 도움이 될 수 있다"면서 "도움을 요청할 마땅한 선배가 없는 대학생 및 취준생들을 위해 동문기반 취업고민 서비스도 무료로 지원하고 있다"고 조언했다.

정건희 기자. 국민일보(http://news.kmib.co.kr/article/view.asp?arcid=0013610266&code=61141111&cp=du).

"대학 졸업 전 취업 목표 세워야 평균소득 높아져"

한국고용정보원 '대졸자 취업목표 설정 효과' 보고서

대학을 졸업하기 전 취업 목표를 세운 이들이 그렇지 않은 사람들에 비해 졸업 후 평균소득이 더 높아진 것으로 나타났다. 4일 한국고용정보원이 최근 발간한 '대학졸업자의 취업목표 설정과 효과' 보고서에 이 같은 내용이 담겼다. 2017년 대학 졸업자를 대상으로 표본을 선정해 졸업 후 1년 반이 경과한 시점의 경제활동상태, 일자리경험 등에 대해 조사하는 고용정보원 대졸자직업이동경로조사를 분석한 결과다. 보고서에 따르면 대학 졸업 전 취업목표를 설정하는 사람 비율이 47.7%로 절반에 미치지 못했다. 특히 일자리 만족 비율을 조사한 결과 졸업 전에 취업목표를 설정한 사람의 만족 비율이 56.0%로, 미설정자 52.7%에 비해 3.3% 높은 것으로 조사됐다. 취업 목표를 졸업 전 설정한 이들을 살펴보면, 전문대 졸업자 3명 중 2명(67.5%)은 졸업을 앞둔 2학년 때 진로를 결정했다. 4년제 졸업자도 4학년(45.3%), 3학년(30.5%), 1학년(14.5%), 2학년(9.7%) 등으로 대체로 졸업을 앞두고 취업 목표를 설정했다. 이는 우리나라 대학생들의 진로목표 설정이 장기간에 걸쳐 이뤄지기보다 졸업에 임박해 현재 취업 가능성을 우선 고려하는 현실적 선택을 많이 하기 때문으로 분석됐다. 취업 목표를 미리 설정하는 것은 향후 취업자의 소득에 긍정적 영향을 미쳤다. 4년제 대졸자를 기준으로 취업목표를 설정한 사람의 현재 일자리 월평균 근로소득은 216만원으로, 목표 미설정자 207만원에 비해 9만원 가량 높았다. 특히 취업 목표를 달성한 사람의 평균 소득은 월 234만원인데, 목표를 달성하지 못한 사람은 187만원으로 나타났다. 목표 미달성자의 경우 목표 미설정자보다 오히려 낮은 수치를 보이는 셈이다. 대학 졸업 이전에 취업 목표를 설정하고도 달성하지 못한 이유로는 자질부족(17.6%), 준비시간 부족(16.8%), 취업 목표 변경(15.4%), 학업계속 및 공무원 시험 준비(12.9%), 일자리부족(12.4%) 등이 원인으로 꼽혔다. 이 같은 결과에 대해 장재호 고용정보원 연구위원은 "청소년기부터 진로교육을 강화하고 자유학기제를 도입하고 있지만 대학 졸업 시까지 취업 목표를 설정하지 못한 비율이 절반을 넘어서는 등 정책과 현실에 괴리가 있다"며 "대학생들이 실질적으로 도움을 받을 수 있는 진로선택 및 취업준비제도로 개선될 필요가 있다"고 지적했다.

김지현 기자. 한국일보(https://www.hankookilbo.com/News/Read/201908041469773971). 입력 2019.08.04

1) 학업과 생활 및 일의 균형

인간은 각자가 처해 있는 환경 속에서 다른 사람과 상호작용하면서 살아가게 된다. 즉, 인간은 태어나면서부터 크고 작은 집단과 조직에 소속되어 가족, 국가 및 국제사회의 발전과 개인의 삶의 목표를 달성하기 위하여 노력하면서 살아간다. 성공하는 사람은 개인과 조직의 목표를 성취하기 위해 시간 및 공간과 인간의 상호작용을 통하여 삶의 조화와 균형을 이루게 되는 것이다. 따라서 대학생들은 청년기의 성공적인 발달과업을 위하여 학업 · 생활 · 일이 조화를 이루는 삶을 살아가는 것이 매우 중요하다(구자억 외, 2019).

(1) 학업

생애주기 가운데 대학 시절에 가장 중요한 과업 중 하나는 학업(study)이다. 학업은 공부하여 배움을 닦는 일 또는 주로 학교에서 일반지식 및 전문지식을 배우기 위하여 공부하는 일로 국어사전에 명시하고 있다. Havighurst는 교육은 사회적 상승 이동을 촉진함으로써 사회평등에 기여한다고 하였다. 그는 개인의 욕구(need)와 사회의 요구(demand)와의 가교적인 역할을 하는 것으로서 개인의 일생의 어떤 시기에 성취해야 할 연령별 발달과업[1] 모형을 제시하였다. 연령별로 과업을 성공적으로 성취하면 사회생활에서 추가적인 과업수행에 기대 및 행복과 성공을 가져다주지만, 실패하면 자신의 불행, 사회의 무시, 과업수행에 대한 어려움을 겪게 된다. 이러한 발달과업은 연령의 증가에 따라 자연히 성취되는 것이 아니고 신체적 · 정신적 성장과 함께 사회적인 요구와 개인의 의도적인 노력의 상호작용에 의하여 달성되는 것이다.

1) 개인의 생애 가운데 특정 시기에 학습하여야 할 과제, 인생의 발달과제란 그가 속한 사회에서의 건전하고 만족스러운 성장을 보장해 주는 것이다.

표 6-4. **학업 방해 요인과 해결방법**

구분	내용
학업(study) 방해 요인	• 비학습적 요인: 음주, 오락, 게임 등 • 학업 불안: 개강증후군(막연한 불안, 대인관계 불안 등), 학업, 성적에 대한 부담, 시험이나 보고서 제출 • 졸업 후의 진로 걱정 • 학비 조달 혹은 반드시 장학금을 받아야 한다는 압박감 • 지나친 대인관계: 친구, 선 · 후배와의 관계, 이성문제
해결방법	• 규칙적인 생활습관, 학습패턴 익히기 • 피로 회복하기: 야간형 → 주간형으로 생활주기 변경 • 긍정적 마인드 갖기 • 균형 잡힌 대인관계 유지하기 • 멘토 및 부모님과 대화하기

출처: 구자억 외(2019). 인성과 리더십: 4차 산업혁명시대 스워라밸. 양서원.

대학 시절 학업 단계의 완성에는 시간적 한계점이 있다. 그 과업을 성공적으로 완료하면 행복감과 성취감을 느끼게 되고 후속 과제를 성공적으로 추진할 수 있는 계기가 마련된다. 만일 절대시간 내에 과업을 완결하지 못하면 불행감과 인생의 패배감을 느끼게 되고 영원히 성취 불가능한 채로 남아 있을 수도 있다. 따라서 대학생은 학업성적을 높이고 일정 교과과정을 익히는 과정에서 도달한 학습의 이해력 · 응용력 향상을 위한 학업성취도를 위해 지속적인 노력을 해야 한다.

(2) 생활: 가족, 선후배, 친구 및 이성 관계

혈연으로 맺어진 부모와 형제 관계는 가장 기본이 되는 인간관계이며 건강한 사회화의 중요한 연속적인 관계이다. 대부분의 대학생들은 핵가족화된 가정에서 부모의 도움을 받아 생존하고 가정교육을 받으며 성장한다. 부모는 자녀가 생애주기에 건강한 사회인으로서의 역할을 담당할 수 있도록 자녀를 양육하고 사회화 교육을 한다. 영유아기를 비롯하여 초기 학령기에는 부모의 역할과 도움이 절대적인 비중을 차지하지만 청년 대학생들은 경제적인 지원 이외에는 그 비중이 점차 낮아지게 된다.

최근에는 경제적인 독립은 물론 부모로부터의 의존을 줄이고자 하는 심리적인 독립도 늦어지고 있는 추세이다. 심리적인 독립은 부모가 중요한 타인이지만 서로 다른 독립된 인격체라는 인식으로부터 출발할 수 있다. 한 가정에서 생활(life)하는 부모와 형제라 할지라도 각자 서로 다른 인격체라는 것을 인식하여야 한다. 부모의 사고와 생활방식을 단순히 모방 또는 의존하거나 부모의 부족한 능력으로 인하여 위축된다면 독립적이고 주체적인 삶을 살아가지 못하는 어려움을 겪게 될 수도 있다.

학업에만 집중하였던 고교 시절과 달리 대학생이 되면 선·후배, 동성 및 이성 친구 등과 다양한 교류를 하면서 생활하게 된다. 대학에서 선·후배와의 관계는 공통의 관심사를 중심으로 맺어지며 이성 관계는 새로운 만남의 유형이 되어 사고의 범위와 생활의 폭을 넓히게 된다. 이러한 교류는 사회화 과정에서 매우 필요한 건강한 인간관계를 유지하기도 하지만 심각한 갈등이 발생할 수도 있다. 예를 들어, 학생회 및 동아리 활동을 통한 선·후배 간의 오해와 다툼, 정치적·종교적 이념과 성향에 대한 갈등, 성격 차이로 인한 오해, 이성 친구와의 생각·감정·행동에 대한 이해과정의 갈등이 발생한다.

표 6-5. 건강한 생활 방해 요인과 해결방법

구분	내용
생활(life) 갈등요인	• 생활패턴: 늦은 귀가 및 늦은 기상시간 • 부모와의 대화 단절 및 세대갈등 • 과도한 용돈 사용: 사치, 유흥 등 • 부모 지원에 대한 불만: 금전적, 심리적 • 대인관계 갈등: 친구, 선·후배, 이성 친구
해결방법	• 가문의 전통 및 규칙적인 생활습관 • 피로 회복하기: 야간형 → 주간형으로 생활주기 변경 • 가족과의 대화 및 함께하는 시간 갖기 • 선·후배와 생각, 취미, 특기를 공유하기 • 존중과 배려의 선·후배 관계 유지 • 상호 발전적인 이성 관계: 감정, 욕구의 절제된 관계 유지

출처: 구자억 외(2019). 인성과 리더십: 4차 산업혁명시대 스워라밸. 양서원.

가정에서 부모는 경제적인 문제를 비롯하여 자녀에 대한 기대와 교육에 대한 스트레스를 경험하며, 자녀 또한 부모에 대한 기대, 부모의 의무와 특권 등을 체득하게 된다. 대학생은 가정에서 가족 구성원으로서의 역할을 잘 체득함으로써 미래의 가정에서 주도적 구성원으로서 자신의 모습을 정립해 나가야 한다. 가정에서 자녀의 역할은 부모의 기대에 잘 부응할 수 있도록 함으로써 부모를 비롯한 가족 구성원들에게 기대와 희망을 갖도록 하는 것이다. 따라서 가족관계에서 가족의 대화를 경청하고, 공감적 이해를 통하여 친밀감을 향상시켜 나가야 하는 것이다.

한편 선·후배와는 생각, 취미, 특기를 공유하면서 미래의 전문가가 되기 위한 파트너십을 발휘하기 위한 존중과 배려의 선·후배 관계를 유지해야 한다. 또한 이성 친구와는 감정과 욕구가 절제된 상태에서 개방적이고 유연한 상호 발전적인 동반자적 이성 관계를 유지해 나가는 것이 바람직하다.

(3) 일: 대인관계, 직업 및 진로 탐색

대학생들은 직업 활동을 하고 있지 않기 때문에 일(work)의 비중은 일상생활(life)과 학업(study)에 비하여 상대적으로 비중이 낮다고 할 수 있다. 청년 가장이나 가족의 생계를 일부 부담해야 하는 학생을 제외하고 일반적으로 일(work)은 성인들과 구별하여 생각할 필요가 있다. 통계적으로 대학생은 구직활동을 하고 있지 않기에 실업자로 분류하지 않고 실업률에 포함시키지 않는다. 따라서 대학생의 일은 일반적인 개념과 구별하여 장차 진로를 선택하기 위한 경험으로 아르바이트 등 진로와 직업선택을 준비하고 예비하는 근로활동이라고 생각할 수 있다.

아르바이트를 포함한 대학생의 근로활동에는 경제적인 보상과 함께 자립정신, 경제관념 정립과 진로 탐색 등 순기능적인 측면이 있다. 반면에 지나친 근로 아르바이트 활동은 학업의 방해와 가정에서 가족과 함께하는 시간을 단축시켜 대화가 단절되는 역기능적인 문제가 나타나기도 한다.

표 6-6. **부적절한 일과 해결방법**

구분	내용
부적절한 일 (work)	• 학업과 생활에 부담되는 과도한 아르바이트 • 부적절 · 불건전한 아르바이트 • 위험하거나 힘든 아르바이트 • 심야 및 밤샘 아르바이트
해결방법	• 선 학습 후 아르바이트: 학업에 지장 없도록 하기 • 불건전 아르바이트 지양 • 심야 또는 장시간 아르바이트 지양 • 진로 탐색에 도움이 되는 직종 선택

출처: 구자억 외(2019). 인성과 리더십: 4차 산업혁명시대 스워라밸. 양서원.

대학생은 미래를 위해 전공 영역에 대한 풍부한 지식과 기술을 익히고, 외국어 실력과 국제적 매너와 전문가가 되겠다는 자부심과 함께 졸업 후에 직업을 선택하기 위한 준비를 하는 과정에 있다. 따라서 단기적으로 자립정신 고취를 위한 아르바이트를 하는 것도 중요하지만 장기적으로 학업 이외에 경제활동과 사회생활을 배우고 익히는 능력을 배양하는 것이 바람직하다. 자신이 스스로 선택한 일을 함에 있어 패기가 있으며 유연한 사고방식을 지니고, 통찰력과 발상의 전환을 시도하는 생활, 신념과 책임감 있는 활동, 능력 있는 자신이 되기 위해 적극적으로 자기 이미지를 창출하고 관리해야 한다.

■ 당신은 앞으로 학업과 생활 및 일의 균형을 맞추기 위해 어떤 노력이 필요하다고 생각하십니까?

활동 3. 자신의 시간관리 정도 파악하기

다음은 여러분들의 시간관리에 대한 질문입니다. 각 문항을 읽고 평소 자신의 상태와 가장 적합하다고 생각되는 항목에 체크해 봅시다.

표 6-7. **자신의 시간관리 정도 파악하기**

	내 용	1 전혀 그렇지 않다	2 약간 그렇지 않다	3 보통이다	4 약간 그렇다	5 매우 그렇다
목표	1. 인생의 분명한 목표를 세우고 있다.	①	②	③	④	⑤
	2. 기간별(장기-중기-단기)로 목표를 세우고 있다.	①	②	③	④	⑤
	3. 대학생활에의 목표를 세우고 있다.	①	②	③	④	⑤
계획	1. 매일 계획을 세우는 데 시간을 할애한다.	①	②	③	④	⑤
	2. 보통 주간 또는 월간으로 시간계획을 세운다.	①	②	③	④	⑤
	3. 여러 가지 일을 할 때는 중요 순서대로 계획을 세운다.	①	②	③	④	⑤
수행	1. 어떤 일을 할 때 그 일에 집중해서 한다.	①	②	③	④	⑤
	2. 시간이 없으면 주위 사람들에게 도움을 청한다.	①	②	③	④	⑤
	3. 모든 일들의 마감시간을 잘 지키려고 노력한다.	①	②	③	④	⑤
평가	1. 계획대로 하루 시간을 잘 보냈는지 평가해 본다.	①	②	③	④	⑤
	2. 중요하지도 않은 일에 시간을 낭비하지 않았는지 반성해 본다.	①	②	③	④	⑤
	3. 평가를 통한 결과를 추후 생활에 반영한다.	①	②	③	④	⑤

표 6-8. **자신의 시간관리 점수 기록하기**

구분	점수 산출	평균 점수
목표	총 획득점수(　　　)/3	
계획	총 획득점수(　　　)/3	
수행	총 획득점수(　　　)/3	
평가	총 획득점수(　　　)/3	

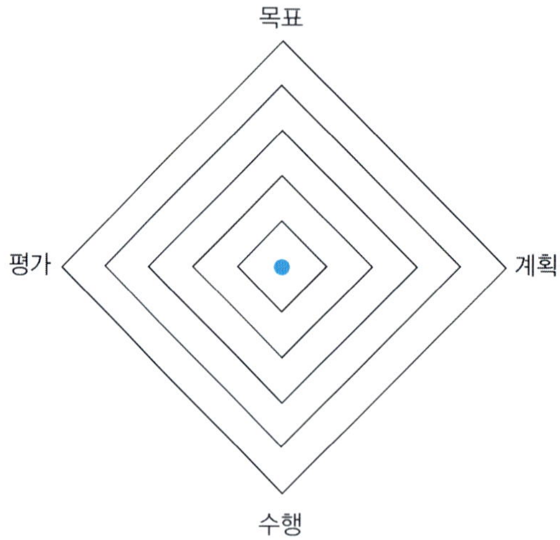

그림 6-2. **자신의 시간관리 점수 기록하기**

2) 시간관리

시간은 모든 능력과 기술을 구성하는 기본적인 자원으로 1년 365일, 1주일 168시간, 하루 24시간으로 이루어져 있다. 하루 24시간이라는 한정된 시간은 어떤 활동에 사용한 시간을 증가시키면 다른 활동 시간을 감소시켜야 하는 제로-섬(zero-sum) 특성이 있으며, 시간을 어떤 일에 어떻게 사용하느냐에 따라 그 의미가 달라진다. 시간은 붙잡아 둘 수 없는 광선이며, 물리적으로 그것은 붙잡을 수 없는 것이며 자신의 것으로 소유할 수도 없는 것이다. 시간은 어떤 시각에서 다른 시각까지의 길이이며, 누구에게나 일정한 속도로 경과한다. 시간은 다른 것으로 바꾸거나 교환하지 못한다. 시간은 과거로부터 현재를 거쳐 미래로 이어져 가는 크고 작은 사건들(events)의 연속이며 각자에게 주어지는 시간은 자연의 시간과 연속의 사건이 만나 비로소 의미 있는 시간이 되는 것을 말한다. 우리에게 할당된 시간을 뜻 있게 사용하는 노력에 대해 시간을 관리한다는 말이 일반적으로 사용되고 있는 것은 시간관리를 최대한 활용할 수 있도록 자기자신을 관리하고 주어진 시간 내에서 만족할 만한 결과가 얻어질 수 있도록 사물을 처리하는 것을 의미한다.

시간관리에 대해 정균승(1998)은 시간을 양적으로 관리하기보다는 질적으로 관리한다는 의미임을 강조하면서 진정한 의미의 시간관리는 자아실현과 더불어 인간관계의 유지와 발전을 중심으로 이루어져야 하며 시간관리의 핵심은 소중한 것을 먼저 하는 체계를 확립하는 것이라고 주장하였다.

시간을 효과적으로 균형 있게 배분하고 관리하기 위해서는 구체적인 시간관리행동이 필요하고 여러 가지 역할 중에서 일의 중요도에 따라 시간을 적절하게 사용할 수 있도록 조절을 해야 한다. 시간을 바르게 사용하는 것, 더욱 효과적으로 이용하는 것, 이것이야말로 가장 급박하고 절실한 문제이며, 모든 것은 이 시간의 이용방법에 달려 있고, 모두가 도달하려고 하나 좀처럼 도달할 수 없는 목표인 행복도 시간관리에 달려 있는 것이다.

이상과 같은 선행연구들을 토대로 볼 때, 시간관리란 자신이 원하는 생활목표를 달성하기 위하여 시간자원을 합목적적으로 사용하는 방법을 개발하고 습관화하는 것으로 보고(김외숙, 2005), 시간관리를 목표설정, 계획, 수행, 평가로 분류하고 있다〈표 6-9〉.

표 6-9. **시간관리의 분류**

구분	내용
목표설정	목표설정은 시간관리에 하나의 표준을 제공해 주며 자신과 가족의 가치를 명료화하고, 그 가치에 근거한 목표를 명확하게 기술하며 목표들 사이에 우선순위를 정하여 활동을 명확히 규명하는 것이다. 시간관리의 일반적 목표는 다양한 역할을 병행하는 현대인이 시간의 제한에 대한 수용을 하고, 시간을 균형 있게 조화시키면서 노동시간을 최소화해야 하는 것이라고 할 수 있다. 즉, 그 목표들을 신중히 고려해서 시간사용 계획에 반영시키는 것이다.
계획	계획은 미래의 활동방향을 정하는 활동이며, 시간을 효율적으로 사용하기 위하여 여러 가지 일을 순서대로 기간을 정해 놓고 목록을 작성한다. 이는 목표를 달성하기 위한 가장 기초적인 중요한 단계로서 정해진 기간에서 목록을 작성하고 활동 목록 중 가장 중요한 일부터 행동의 순서를 정하고 무엇을, 왜, 어디서, 언제 달성해야 하는가 등을 미리 결정하는 것이다. 계획을 세울 때는 목표를 명확히 해야 하며, 목표를 달성하기 위한 방법과 자원을 조직한다.
수행	수행은 계획을 현실화하는 것으로 계획을 실천에 옮기고, 실제 활동이 계획에 따라 진행되고 있는지 여부를 살피며, 그 사이에 편차가 있으면 이를 시정하는 기능을 말한다. 개인이나 가족이 만든 계획은 구체적으로 행동에 옮겨질 때에 의미가 있다. 즉, 수행을 잘하기 위해서는 타인에게 위임함으로써 일상생활에서 규칙적인 생활을 하고 시간의 효율성을 극대화한다. 그러면서 해야 할 일이 너무 많을 때는 적당한 수준에서 마무리하는 등 수행의 표준을 낮춤으로써 시간요구를 줄이고 지연행동을 조절하면서 효율적인 시간활용을 할 수 있도록 하는 시간관리 과정이다.
평가	평가는 설정한 시간계획이 현실적인 것이었는지, 시간 사용방법이 적절하고 합리적이었는지 검토하는 것을 의미한다.

■ 당신은 앞으로 성공적인 대학생활을 위해 시간관리를 어떻게 할지에 대해 계획을 적어 봅시다.

구분	내용
목표	
계획	
수행	
평가	

활동 4. 자신의 봉사활동 파악하기

■ 봉사활동을 경험한 적이 있습니까?

☐ 예 ☐ 아니오

■ 있다면 어떤 곳에서 어떤 내용으로 활동하셨습니까?

장소:

활동내용:

■ 봉사활동을 하면서 좋았던 점은 무엇입니까?

3) 봉사활동

(1) 자원봉사활동의 정의

자원봉사는 라틴어 'Voluntas(자유 의지)'라는 단어에서 유래하였으며, 한자로는 '자기 스스로[自] 원하여서[願] 받들고[奉] 섬긴다[仕]'는 뜻이다. 즉, 자원봉사활동은 어려운 이웃을 단순히 '돕는 것'이 아니라 '받드는 것'으로서, 다른 사람의 인격을 존중하면서 자발적으로 도움을 주어야 한다는 것을 의미한다. 자원봉사의 의미는 시대에 따라 달라진다. 과거에는 주로 어려운 이웃을 섬기고 돕는 행위로 자원봉사를 이해해 왔지만,

오늘날에는 돌봄과 연대의 정신을 통해 사회 문제를 해결하는 활동으로 이해한다. 이렇게 확대된 의미로 자원봉사는 지역 사회 문제나 국가의 공익사업에 자발적으로 참여해 공동체 문제를 함께 해결하는 활동이 된다. 그리고 이를 통해 다른 사람을 돕고자 하는 욕구를 충족하면서 삶의 의미를 찾고 자아를 실현할 수도 있다.

Tip 자원봉사활동

자원봉사활동이란 인간을 사랑하는 마음을 가진 사람이 자기 스스로 결정해서 다른 사람 또는 지역사회를 위해 자신의 정신적 · 육체적 자원을 바탕으로 어떤 계획을 가지고 대가를 바라지 않으면서 일정 기간 동안 지속적으로 무보수로 행하는 활동으로 정의된다.

(2) 봉사활동의 분류

봉사활동의 종류는 〈표 6-10〉, 봉사활동의 과정은 〈표 6-11〉, 봉사활동을 하는 자세는 〈표 6-12〉, 봉사활동결과 보고서는 〈표 6-13〉과 같다.

표 6-10. **봉사활동의 종류**

구분	내용
일손돕기 활동	일손이 모자라는 복지시설, 공공기관, 병원, 농어촌, 학교 등을 찾아 실질적인 도움을 주는 활동
위문활동	외롭고 힘들게 살아가는 사람들을 위로 · 위문하는 활동(고아원, 양로원, 장애인, 병약자, 부대 등 위문)
캠페인 활동	잘 모르거나 잘못 알고 있는 사람들을 계도하고 계몽하기 위한 활동(공공질서 확립 캠페인, 교통안전 캠페인, 학교 주변 정화 캠페인, 환경 보전 캠페인 등)
자선구호 활동	병자, 노약자, 빈민, 고아, 난민 등을 구제하기 위한 활동(재해구호, 불우이웃 돕기, 국제협력과 난민구호 등)
환경 · 시설 보존 활동	자연환경과 동 · 식물을 보호하고, 주변 환경이나 시설들을 깨끗하게 유지 · 보호하기 위한 활동(깨끗한 환경 만들기, 자연보호, 문화재 보호 등)

구분	내용
지도활동	학생들이나 일반인들에게 교과, 운동, 문화, 레크레이션 등을 지도하는 활동(동급생, 하급생, 사회복지 아동 등에게 교과, 교통안전, 운동 등 지도)
지역사회 개발활동	환경미화, 공공 구조물 관리, 유해환경 추방운동, 지역문화행사 돕기

표 6-11. 봉사활동의 과정

구분	내용
계획	• 내가 사는 지역에서는 어떤 문제가 있는가? • 하고 싶은 봉사활동 분야는 무엇인가? • 봉사활동 주제를 선정한 후 관계기관, 장소 등을 미리 방문하여 무슨 도움을 필요로 하는지 알아본다. • 현장에서 어떤 방법으로 봉사할 것인지, 구체적인 봉사계획 작성(목적, 일시, 장소, 봉사활동 내용, 참여인원, 준비물, 주의사항 등)
실행	• 봉사활동 내용을 미리 파악하고 일의 양, 시간 등을 정확히 지킨다. • 봉사활동 기관의 관리자의 지시에 따른다. • 봉사활동 기관에 설치된 시설물을 조심스럽게 다룬다. • 봉사활동 중 발생하는 문제점이나 어려움을 정리해 둔다.
평가	• 봉사활동이 계획대로 잘 되었는가? • 다음 봉사활동을 위해 개선해야 할 점은 무엇인가? • 봉사활동으로 배운 점과 느낀 점은 무엇인가?

표 6-12. 봉사활동을 하는 자세

- 시작한 일은 힘들고 어렵거나 필요하지 않다고 생각될 때도 끝까지 한다.
- 기쁜 마음으로 겸손한 태도, 공손한 언어를 사용한다.
- 다른 봉사자들을 인격적으로 존중하고 이해한다.
- 봉사활동 중 알게 된 봉사 대상자의 개인적인 일이나 기관에 관한 내용을 다른 사람들에게 함부로 이야기하지 않는다.
- 시간 약속을 지키며, 활동에 대가를 바라지 않는다.
- 단정하고 간편하며 활동하기 편한 옷차림을 한다.
- 봉사활동 장소를 깨끗이 사용하고 공공시설을 아낀다.
- 장애인을 위한 봉사활동의 경우 장애인에 대한 선입견을 버린다.
- 병원에서 활동하는 경우 환자의 안정을 먼저 생각한다.
- 노인정이나 양로원에서는 공경하는 마음으로 웃는 얼굴로 활동한다.

표 6-13. **봉사활동결과 보고서**

구분	내용
봉사활동 명칭	
활동내용	
봉사일시	
봉사장소	
역할	
활동결과	
느낀점과 개선점	

- 앞으로 남은 대학생활의 적응을 위해 어떤 노력이 필요하다고 생각하십니까?

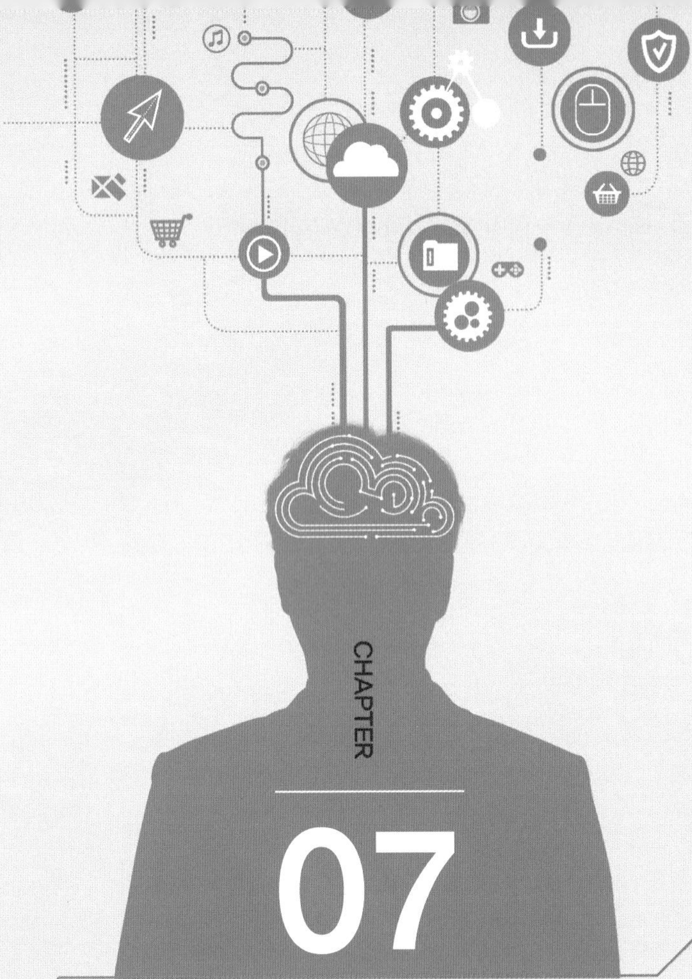

CHAPTER

07

자기계발

배울 내용

1. 자아의 발견
2. 자아존중감
3. 자기효능감

학습목표

1. 자신에 대해 정확하게 파악해 본다.
2. 자아존중감을 이해하고 자신의 자아존중감을 높일 수 있는 방안을 모색해 본다.
3. 자기효능감을 이해하고 자신의 자기효능감을 높일 수 있는 방안을 모색해 본다.

활동 1. 자신의 모습 파악하기

다음의 표에 자신의 모습을 그려 봅시다(현재, 과거 혹은 미래의 모습과는 상관없음).

■ 그림 속의 나는 어떤 모습인가?

....

....

....

■ 그림을 보며 느껴지는 감정은 무엇인가? 행복하고 즐거운가? 슬프거나 외롭거나 무언가 두려워하고 있는가? 아무런 감정이 느껴지지 않는가?

....

....

....

■ QQ[1] 파악하기

① 어렸을 때 가장 기억에 남는 일

....

....

....

1) QQ(Quaker Question)란 옛날 퀘이커 교도들이 서로를 알아가기 위해서 했던 질문들을 중심으로 파악하는 것이다.

② 살아오면서 가장 따뜻했던 때

....

....

....

③ 살아오면서 가장 춥거나 외로웠을 때

....

....

....

활동 2. 나 자신 알아보기 1

- 내 이름은 ________________(한자:)
- 그 뜻은 ____________________________이다.
- 태어날 때 _______________께서, 내가 자라서 _____________________ 사람이 되라고 이런 이름을 지어 주신 것 같다.
- 이러한 의미에서 이름과 지금의 내 생활과 비교해 보니 현재 나는 _____________ 하다. 그래서 앞으로 _________________________해야 하겠다는 생각이 든다.

■ 자신이 가장 소중하게 생각하는 것은 무엇입니까?

....

....

....

■ 장래에 어떤 사람이 되고 싶습니까?

■ 보람 있게 산다는 것은 어떤 것입니까?

■ 지난 1년 동안 자신이 가장 잘했다고 생각되는 일은 무엇입니까?

■ 앞으로 5년 이내에 내가 맞이할 가장 큰 일은 무엇입니까?

■ 다른 사람들이 본인을 어떻게 평가해 주기를 원하십니까?

활동 3. 나 자신 알아보기 2

이름		의미	
별명		의미	
나의 존재가치에서 남기고 싶은 것은?			

구분	좋은 점	부족한 점
용모		
건강		
취미		
가족관계		
경제적 상황		
부모의 기대		
친구관계		
학업성취		
학습습관		
식습관		

활동 4. 삶의 방향성 파악하기

다음은 여러분들의 삶의 방향성에 대한 질문입니다. 각 문항을 읽고 자신의 상태와 가장 적합하다고 생각되는 항목에 체크해 봅시다.

표 7-1. 삶의 방향성 진단 검사

	내 용	1 전혀 아니다	2 대체로 아니다	3 대체로 그렇다	4 매우 그렇다
가치관 정립	1. 나는 삶에 대한 분명한 가치관(인생관)을 가지고 있다.	①	②	③	④
	2. 나는 중요한 결정을 할 때 명확한 기준을 가지고 있다.	①	②	③	④
	3. 나는 직장(직업)을 선택하는 명확한 기준을 가지고 있다.	①	②	③	④
	4. 나는 내면의 소리를 듣기 위한 나만의 방법(산책, 명상, 일기쓰기 등)을 가지고 있다.	①	②	③	④
	5. 나는 내면의 소리를 듣기 위한 시간을 정기적으로 가진다.	①	②	③	④
꿈(욕망) 발견	1. 나는 이루고자 하는 명확한 꿈(욕망)을 가지고 있다.	①	②	③	④
	2. 나는 내가 살아 있다는 느낌이 들 때가 언제인지 알고 있다.	①	②	③	④
	3. 나는 존경하고 닮고자 하는 사람(역할모델, 멘토)이 있다.	①	②	③	④
	4. 나는 나의 꿈을 시각화(그림, 사진 등) 또는 언어화(글)하여 가지고 있다.	①	②	③	④
	5. 나는 나의 꿈(욕망)을 정기적으로 업데이트하고 있다.	①	②	③	④
재능발견 및 활용	1. 나는 직업적 성공에 있어 노력만큼 재능이 중요하다고 믿는다.	①	②	③	④
	2. 나는 나의 타고난 재능을 잘 알고 있다.	①	②	③	④
	3. 나는 현재 나의 재능을 일상에서 잘 활용하고 있다.	①	②	③	④
	4. 나는 나의 재능을(활용 가능하도록) 나의 언어로 표현할 수 있다.	①	②	③	④
	5. 나는 나의 재능을 성공 및 실패 사례를 통해 수시로 업데이트하고 있다.	①	②	③	④

표 7-2. 삶의 방향성 진단 검사의 점수 기록하기

구분	점수 산출	평균 점수
가치관 정립	총 획득점수( )/5	
꿈(욕망) 발견	총 획득점수( )/5	
재능발견 및 활용	총 획득점수( )/5	
총점		

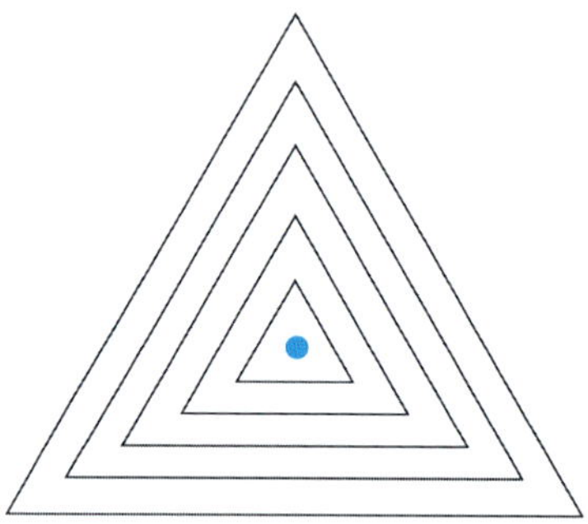

그림 7-1. **삶의 방향성 진단 검사의 점수 기록하기**

표 7-3. 삶의 방향성 진단 검사 해석하기

구분	해석
12~25점	삶의 방향성을 아직 찾지 못했으며, 그에 대한 확신도 없다. 3가지 요소에 대해 거의 인식하지 못하고 있으며 작은 성공 경험도 없다.
26~39점	삶의 방향성을 거의 인식하고 있지 못하고 있다. 3가지 요소 중 일부는 대략적으로 알고 있으나 자신의 언어로 정리하거나 일상에서 활용하려는 노력은 거의 하고 있지 않다. 가끔 작은 성공을 경험하고 있지만 그것이 삶의 방향과 어떤 관련이 있는지 명확하게 인식하지 못한다.
40~50점	삶의 방향성을 전반적으로 인식하고 있으나 확신하지는 못하고 있다. 3가지 요소 중 일부를 내면화하였으나 일상에서 지속적으로 활용하고 있지는 못하며, 자신의 방향에 부합하는 작은 성공 경험을 쌓고 있으나 큰 성과는 아직 보이지 않는다.
50~60점	삶의 방향성을 명확하게 정립해 시각화 또는 언어화하여 가지고 있다. 3가지 요소 모두를 내면화하여 일상에서 구체적이고 지속적으로 활용하고 있으며, 그 결과 자신의 방향에 부합하는 굵직한 성과들을 꾸준히 창출하고 있다.

1. 자아의 발견

세상의 모든 문제는 나로부터 출발하고, 그 답 역시 내 안에 있다고 한다. 우리가 살아가면서 자주 들어 왔던 메시지가 "너 자신을 알라, 발견된 너 자신을 받아들여라, 그리고 자신의 특성을 최대로 활용하여 자기답게 살아라"일 것이다. 이처럼 나를 알고자 하는 길은 많은 고민과 방황이 따른다. 지금 이 순간 나를 찾기 위해 고민하며 방황하고 노력한다면 그것은 바른 길이다. 대신 노력하지 않는 방황이나 방종, 즉 욕망의 혼동은 삶에 대한 모독이 될 것이다.

'세상은 자신이 어디로 가는지 아는 사람에게 길을 열어 준다'는 말이 있다. 사람이 성장하려면 자신이 누구인지, 강점과 약점은 무엇인지, 무엇에 관심이 있는지를 알아야 하며, 또한 지금까지 어떤 길을 걸어왔는지, 지금은 어디에 있는지도 알아야 한다. 그렇지 않으면 앞으로 어디로 나아가야 할지를 결정할 수가 없다.

활동 5. 자아존중감 파악하기

다음은 여러분들의 자아존중감에 대한 질문입니다. 각 문항을 읽고 자신의 상태와 가장 적합하다고 생각되는 항목에 체크해 봅시다.

표 7-4. 자신의 자아존중감 파악하기

	내 용	1 전혀 그렇지 않다	2 약간 그렇지 않다	3 보통 이다	4 약간 그렇다	5 매우 그렇다
자기존중	1. 나는 가끔 내가 다른 사람이었으면 하고 바란다.	⑤	④	③	②	①
	2. 나는 고쳐야 할 점이 많다.	⑤	④	③	②	①
	3. 나는 매사를 쉽게 포기하는 편이다.	⑤	④	③	②	①
타인과의 관계	1. 가족 중에서 나에게 관심을 보여 주는 사람이 없다.	⑤	④	③	②	①
	2. 새로운 것에 익숙해지기까지 많은 시간이 걸린다.	⑤	④	③	②	①
	3. 나는 다른 사람들에 비해 별로 사랑을 받지 못한다.	⑤	④	③	②	①
지도력과 인기	1. 나는 여러 사람 앞에서 이야기하기가 어렵다.	⑤	④	③	②	①
	2. 나는 다른 사람들과 재미있게 지낸다.	①	②	③	④	⑤
	3. 나는 다른 사람이 나에게 의지해도 될 만큼 강하지 못하다.	⑤	④	③	②	①
자기주장	1. 나는 어렵지 않게 마음을 결정할 수 있다.	①	②	③	④	⑤
	2. 나는 비교적 남보다 행복한 편이다.	①	②	③	④	⑤
	3. 나는 모든 것이 그다지 어렵게 생각되지 않는다.	①	②	③	④	⑤

표 7-5. **자신의 자아존중감 파악 점수 기록하기**

구분	점수 산출	평균 점수
자기존중	총 획득점수(　　　　)/3	
타인과의 관계	총 획득점수(　　　　)/3	
지도력과 인기	총 획득점수(　　　　)/3	
자기주장	총 획득점수(　　　　)/3	

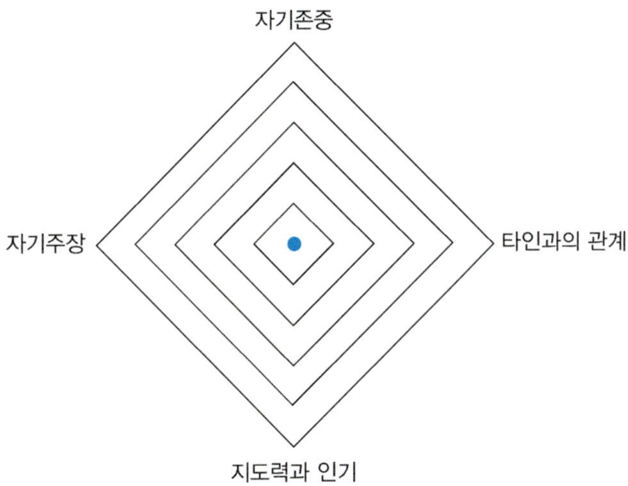

그림 7-2. **자신의 자아존중감 파악 점수 기록하기**

2. 자아존중감

자아존중감은 자신에 대한 주관적 평가로, 자아존중감이 높다는 것은 자기 자신이 자신을 존중하고 수용하며, 자신을 좋아하여 스스로를 가치 있게 느끼는 것을 말한다(Rosenberg, 1985). 또한 자아존중감을 자기 스스로가 자신에 대해 느끼는 자기수용, 자신감, 자만족, 자아개념 등과 비슷한 개념으로 자신에게 주어진 과업을 성공적으로 수행할 수 있는 가치성과 평가 판단의 심리적인 기준을 말하며, 특히 자아존중감은 청소년기 이후부터 일관성 있게 증가하는 특징을 가지고 있으며, 성인 이후의 삶에 지속적으로 영향을 미친다(Gunney, 1988).

사람은 누구나 장점을 가지고 있으며, 자신의 장점을 많이 얘기할 수 있는 사람은 그만큼 자기를 존중하며, 자신감이 있는 사람이다. 하지만 우리는 그동안 살아 오면서 칭찬을 듣기보다는 단점을 지적당한 일이 더 많았을 것이다. 그런 경험들로 인해 자연히 자신의 장점에 대해서는 생각해 보지 않고, 잘못한 일만 오래 마음에 두는 경우가 많게 된다. 우리는 우리의 부족한 것만 생각하고 있지는 않은지 생각해 보고 또한 자신의 특성에 대해 깊이 생각해 본 후 자신의 장점을 발견하는 것이 무엇보다 중요하다. 그리고 장점을 부각시킬수록 단점은 축소된다.

활동 6. 자신의 장점 파악과 칭찬하기

❶ **나의 장점 찾기:** 10분 정도 자신의 장점을 기록한 후 발표하기

☺ 나의 장점 ☺

❷ **서로 칭찬하기(장점 찾아 주기):** 옆에 있는 사람의 장점을 기록한 후 칭찬하기

☺ OO의 장점 ☺

예) OO는 ____________________해서 ____________________ 합니다.

그래서 OO의 __________________________ 장점을 칭찬합니다.

활동 7. 자기효능감 파악하기

다음은 여러분들의 자기효능감에 대한 질문입니다. 각 문항을 읽고 자신의 상태와 가장 적합하다고 생각되는 항목에 체크해 봅시다.

표 7-6. **자신의 자기효능감 파악하기**

	내 용	1 전혀 그렇지 않다	2 약간 그렇지 않다	3 보통이다	4 약간 그렇다	5 매우 그렇다
일반적 자기효능감	1. 나는 자신감이 있다.	①	②	③	④	⑤
	2. 어떤 일을 첫 번에 잘못했더라도 나는 될 때까지 해 본다.	①	②	③	④	⑤
	3. 나는 중요한 목표를 설정하면 성취할 수 있다.	①	②	③	④	⑤
	4. 실패는 나로 하여금 더 열심히 노력하도록 만들 뿐이다.	①	②	③	④	⑤
	5. 나는 계획대로 수행할 수 있다.	①	②	③	④	⑤
사회적 자기효능감	1. 나는 어떤 사람이 보고 싶으면 그 사람이 와 주기를 기다리는 대신 내가 먼저 간다.	①	②	③	④	⑤
	2. 첫눈에 호감이 가지 않는 사람이라 해도 나는 그 사람과 사귀는 것을 쉽게 그만두지 않는다.	①	②	③	④	⑤
	3. 나는 지금의 내 친구들을 내 사교성 덕분으로 사귀었다.	①	②	③	④	⑤
	4. 새 친구를 사귀는 일은 내게 너무 쉬운 일이다.	①	②	③	④	⑤
	5. 나는 사회적(사교적) 모임에서 내 자신이 어떻게 해야 하는지를 잘 알고 있다.	①	②	③	④	⑤

표 7-7. **자신의 자기효능감 파악 점수 기록하기**

구분	점수 산출	평균 점수
일반적 자기효능감	총 획득점수(　　　)/5	
사회적 자기효능감	총 획득점수(　　　)/5	

3. 자기효능감

자기효능감(Self-efficacy)은 자신의 능력에 대한 자신감으로, 주어진 과업 달성에 필요한 행동을 조직하고 시행하는 개인의 능력에 대한 믿음을 의미한다(Bandura, 1999). 즉, 새롭고 긴장되는 상황에서 자신이 얼마나 행동을 잘 수행할 수 있는지, 얼마나 많은 노력을 기울일 것인지 등 자신이 소유한 능력을 어느 정도 수행할 수 있는지에 대한 개인의 판단과 신념을 나타내는 것이다. 이와 같은 자기효능감은 네 가지 주요한 근원으로부터 형성되고 영향을 받는데, 이는 성공에 대한 경험, 대리적 경험, 언어적 설득, 생리·정서적 상태가 영향을 미치게 된다. 이 중 개인의 성공에 대한 경험(mastery experience)은 자기효능감에 있어 가장 중요한 요소라 할 수 있다. 사람들은 스스로 만족할 만한 성취를 이루면 성공감을 느끼며 이를 통해 자기 가치 또한 느끼게 된다. 이는 본인 능력에 대한 믿음으로 이어지게 되고 새로운 업무를 할 때에도 그 업무에 대한 성공의 확신을 갖게 된다. 이러한 직접적인 성공경험은 자기효능감을 증진시키게 되고 나아가 건강한 자아존중감 형성에도 도움을 준다.

활동 8. 자신의 행동유형 파악하기

DISC 행동유형 검사는 1928년 미국 콜롬비아 대학의 마스톤박사가 고안한 인간의 행동유형 패턴을 검사하는 방법으로, 사람들은 일상 속에서 자연스럽게 행동하는 유형들이 있는데 마스톤박사는 그 유형을 Dominance(주도형), Influence(사교형), Steadiness(안정형), Conscientiousness(신중형)의 4가지로 정의하고 있습니다.

행동유형 테스트는 테스트 용지〈표 7-8〉와 체크표 용지〈표 7-9〉가 있습니다. 자신을 가장 잘 설명한다고 생각되는 표현에 체크하면 됩니다. 1번부터 24번까지 문항을 보고 체크표에 표시를 합니다. 예를 들어, 〈표 7-8〉의 1번 문항(A. 절제하는 B. 강력한 C. 꼼꼼한 D. 표현력 있는)에서 본인에게 맞는다고 생각하는 것을 체크를 합니다. A이면 체크표에서 1번에 A를 체크합니다. 그런 다음 〈표 7-9〉 행동유형 체크표에 해당되는 곳에 체크를 하시면 됩니다. 그중에서 제일 많은 갯수가 나온 것이 본인의 행동유형입니다. 동점이 나오면 그중에서 더 본인과 어울리는 것을 선택하시면 됩니다.

표 7-8. 행동유형 테스트

	A	B	C	D
1	절제하는	강력한	꼼꼼한	표현력 있는
2	개척적인	정확한	흥미진진한	만족스러운
3	기꺼이 하는	활기 있는	대담한	정교한
4	논쟁을 좋아하는	회의적인	주저하는	예측할 수 있는
5	공손한	사교적인	참을성이 있는	무서움을 모르는
6	설득력 있는	독립심이 강한	논리적인	온화한
7	신중한	차분한	과단성 있는	파티를 좋아하는
8	인기 있는	고집 있는	완벽주의자	인상 좋은
9	변화가 많은	수줍움을 타는	느긋한	완고한
10	체계적인	낙관적인	의지가 강한	친절한
11	엄격한	겸손한	상냥한	말주변이 좋은
12	호의적인	빈틈없는	놀기 좋아하는	의지가 강한
13	참신한	모험적인	절제된	신중한
14	참는	성실한	공격적인	매력 있는
15	열정적인	분석적인	동정심이 많은	단호한
16	지도력 있는	충동적인	느린	비판적인
17	일관성 있는	영향력 있는	생기 있는	느긋한
18	유력한	친절한	독립적인	정돈된
19	이상주의적인	평판이 좋은	쾌활한	솔직한
20	참을성 있는	진지한	미루는	감성적인
21	경쟁심이 있는	자발적인	충성스러운	사려 깊은
22	희생적인	이해심 많은	설득력 있는	용기 있는
23	의존적인	변덕스러운	절제력 있는	밀어 붙이는
24	포용력 있는	전통적인	사람을 부추기는	이끌어 가는

출처: https://0muwon.com/1459[공무원닷컴].

표 7-9. **행동유형 체크표**

	D	I	S	C
1	B	D	A	C
2	A	C	D	B
3	C	B	A	D
4	A	D	C	B
5	D	B	C	A
6	B	A	D	C
7	C	D	B	A
8	B	A	D	C
9	D	A	C	B
10	C	B	D	A
11	A	D	C	B
12	D	C	A	B
13	B	A	D	C
14	C	D	B	A
15	D	A	C	B
16	A	B	C	D
17	B	C	D	A
18	C	A	B	D
19	D	B	C	A
20	A	D	C	B
21	A	B	C	D
22	D	C	B	A
23	D	B	A	C
24	D	C	A	B
합계	( )개	( )개	( )개	( )개

행동유형 결과는 〈그림 7-3〉, DISC 유형별 일반특성은 〈표 7-10〉, 행동유형별 장점과 약점은 〈표 7-11〉과 같습니다.

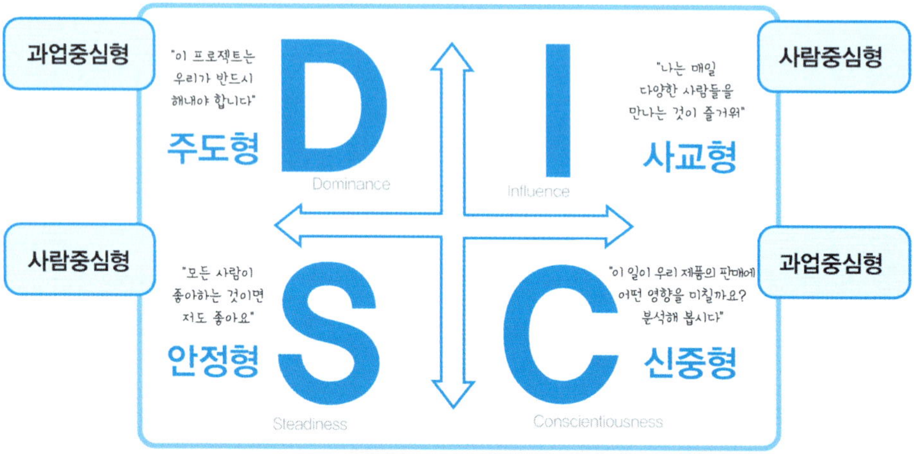

그림 7-3. 행동유형의 결과

표 7-10. DISC 유형별 일반특성

Dominance(주도형)	Influence(사교형)
D: 결과를 성취하기 위해 장애를 극복함으로써 스스로 환경을 조성한다.	I: 다른 사람을 설득하거나 영향을 미침으로써 스스로 환경을 조성한다.
• 빠르게 결과를 얻는다. • 다른 사람의 행동을 유발시킨다. • 도전을 받아들인다. • 의사결정을 빠르게 내린다. • 기존의 상태에 문제를 제기한다. • 지도력을 발휘한다. • 어려운 문제를 처리한다. • 문제를 해결한다.	• 사람들과 접촉한다. • 호의적인 인상을 준다. • 말솜씨가 있다. • 다른 사람을 동기유발시킨다. • 열정적이다. • 사람들을 즐겁게 한다. • 사람과 상황에 대해 낙관적이다. • 그룹활동을 좋아한다.

Conscientiousness(신중형)	Steadiness(안정형)
C: 업무의 품질과 정확성을 높이기 위해 기존의 환경 안에서 신중하게 일한다.	S: 과업을 수행하기 위해서 다른 사람과 협력한다.
• 중요한 지시나 기준에 관심을 둔다. • 세부사항에 신경을 쓴다. • 분석적으로 사고하고 찬반, 장단점 등을 고려한다. • 외교적 수완이 있다. • 갈등에 대해 간접적 혹은 우회적으로 접근한다. • 정확성을 점검한다. • 업무수행에 대해 비평적으로 분석한다.	• 예측가능하고 일관성 있게 일을 수행한다. • 참을성을 보인다. • 전문적인 기술을 개발한다. • 다른 사람을 돕고 지원한다. • 충성심을 보인다. • 남의 말을 잘 듣는다. • 흥분한 사람을 진정시킨다. • 안정되고, 조화로운 업무 환경을 만든다.

표 7-11. **행동유형별 장점과 약점**

	Dominance (주도형) : 담즙질, 든든한, 지배적인, 역동적인 		Influence (사교형) : 다혈질, 활발한, 영향을 미치는, 인기 있는 
장점	• 즉시 성과를 올린다. • 신속한 결정을 내린다. • 포기하지 않는다. • 책임을 떠맡는다. • 자신감이 있다. • 도전을 받아들인다. • 열심히 일한다. • 문제를 피하지 않고 해결하려고 한다.	장점	• 낙관적이다. • 표현력이 좋다. • 즐거운 분위기를 만든다. • 좋은 인상을 준다. • 인간적이다. • 다른 사람들에게 설득을 잘한다. • 외향적이고 사람들을 잘 사귄다. • 열정적이다.
약점	• 조급하다. • 다른 사람에 대해 무관심하다. • 위험 부담과 경고를 간과한다. • 융통성이 없고 고집이 세다. • 지나치게 많은 일을 떠맡는다. • 세부 사항을 무시한다. • 제한받는 것을 참지 못한다. • 다른 사람들에게 너무 많은 요구를 한다.	약점	• 일의 끝마무리가 부족하다. • 너무 말을 많이 한다. • 충동적으로 행동한다. • 급하게 결론을 내린다. • 무리하게 약속을 한다. • 교묘한 말로 설득한다. • 능력에 대한 평가를 과대하게 한다. • 결과에 대해 지나치게 낙관적이다.

Steadiness (안정형) : 점액질, 만사태평, 꾸준한, 평온한		Conscientiousness (신중형) : 우울질, 음울하고 어두운, 양심적인, 완벽한	
장점	• 협조적이다. • 쉽게 동의한다. • 충성스럽다. • 남을 잘 섬긴다. • 꾸준하다. • 작업 수행이 안정되어 있다. • 대인 관계가 원만하다. • 다른 사람의 의견을 잘 들어준다.	장점	• 정리 정돈을 잘한다. • 유능하다. • 자기 훈련을 잘한다. • 정확하다. • 철저하다. • 외교적 수완이 있다. • 분석적이다. • 높은 기준을 가지고 있다.
약점	• 급격한 변화를 꺼린다. • 지나치게 관대하다. • 일을 미룬다. • 우유부단하다. • 갈등을 회피한다. • 감정을 잘 표현하지 않는다. • 피동적이다.	약점	• 지나치게 조심스럽다. • 세부적인 일에 얽매인다. • 일하는 방법에 융통성이 없다. • 비판하기를 좋아한다. • 자발성이 약하다. • 의심이 많다. • 비판에 예민하게 반응한다.

활동 9. 자신의 강점 파악하기

다음은 여러분 자신의 강점을 파악하기 위한 질문입니다. 각 문항을 읽고 자신의 상태와 가장 적합하다고 생각되는 항목에 체크해 봅시다.

표 7-12. **자신의 강점 파악하기**

특성	1 매우 적음	2 적음	3 보통	4 많음	5 매우 많음
1. 언제나 세상에 대해 호기심이 많다.	①	②	③	④	⑤
2. 새로운 것을 배울 때 전율을 느낀다.	①	②	③	④	⑤
3. 판단력이 필요한 주제가 있을 때면, 아주 이성적으로 사고한다.	①	②	③	④	⑤
4. 어떤 일을 하는 데 필요한 새로운 방법을 찾는 걸 좋아한다.	①	②	③	④	⑤
5. 어떤 성격의 단체에 가도 잘 적응할 수 있다.	①	②	③	④	⑤
6. 항상 꼼꼼히 생각하고 더 큰 것을 볼 줄 안다.	①	②	③	④	⑤
7. 강력한 반대에도 무릅쓰고 내 주장을 고수할 때가 많다.	①	②	③	④	⑤
8. 한번 시작한 일은 끝까지 해낸다.	①	②	③	④	⑤
9. 약속을 반드시 지킨다.	①	②	③	④	⑤
10. 자발적으로 이웃을 도와 준다.	①	②	③	④	⑤
11. 본인의 기분과 행복 못지 않게 내 기분과 행복에 관심을 기울이는 사람이 있다.	①	②	③	④	⑤
12. 어떤 단체에 가입하면 최선을 다한다.	①	②	③	④	⑤
13. 어떤 사람에게든 똑같이 대한다.	①	②	③	④	⑤
14. 일일이 참견하지 않고도 사람들이 단합해 일하도록 이끌어 준다.	①	②	③	④	⑤
15. 내 정서를 다스릴 줄 안다.	①	②	③	④	⑤
16. 다칠 위험이 있는 일은 하지 않는다.	①	②	③	④	⑤
17. 다른 사람들이 나를 칭찬할 때면 슬그머니 화제를 돌린다.	①	②	③	④	⑤
18. 음악, 미술, 연극, 영화, 스포츠, 과학, 수학의 아름다움과 경이로움을 보고 전율한 적이 있다.	①	②	③	④	⑤
19. 아무리 하찮은 일이라도 항상 고맙다고 말한다.	①	②	③	④	⑤
20. 항상 긍정적인 면만 본다.	①	②	③	④	⑤
21. 삶의 목적이 뚜렷하다.	①	②	③	④	⑤
22. 과거의 것을 문제 삼지 않는다.	①	②	③	④	⑤
23. 되도록 일과 놀이를 잘 배합한다.	①	②	③	④	⑤
24. 무슨 일을 하든 전력투구한다.	①	②	③	④	⑤

표 7-13. **자신의 강점 점수 기록하기**

문항	점수	구분	특성
1		창의성	문제를 해결할 때 평범하지 않고 새롭고 기발하며 다양한 생각과 행동을 만들어 낼 수 있는 능력
2		호기심	새로운 것을 경험할 때 그냥 지나치지 않고 궁금해 하며 알아보고 싶고, 탐구 해 보고 싶은 욕구
3		개방성	자신의 생각만 고집하지 않고 반대의 증거들도 적극적으로 알아보려고 노력하며, 그것이 옳다면 기꺼이 받아들일 수 있는 열린 마음
4		학구열	배움에 대한 사랑으로서, 새로운 지식이나 기술을 배우고 싶어 하며, 무언가를 배우고 알게 되는 것을 즐기고 좋아하는 태도
5		통찰	무엇이 진실하고 중요한 것인지를 잘 이해하며, 복잡한 상황에서도 현명한 판단을 내릴 수 있는 능력
6		용감성	위험, 도전으로부터 두려워하지 않고 이를 이겨 내는 능력으로서, 옳은 일이라면 다른 사람의 반대에도 용감하게 말하고 행동하는 태도
7		끈기	여러 가지 어려움이 있더라도 시작한 일을 꾸준히 해 나갈 수 있는 태도
8		진실성	가식이나 위선 없이 자신에 대해 솔직하게 드러내고, 자신의 감정이나 행동에 대해 책임을 지려는 태도
9		활력	에너지가 넘치며 활기차고 적극적으로 생활하며, 주어진 일을 열정적으로 하는 태도
10		사랑	가족 및 친구 등 다른 사람과 깊은 관계를 만들고, 사랑을 주고받을 수 있는 태도
11		친절	다른 사람을 잘 배려하고 친절하게 대하며, 도움이 필요한 사람을 보살펴 주려는 태도
12		사회성	자신에 대해 잘 이해할 뿐 아니라, 다른 사람의 감정과 의도를 잘 파악하여 원만한 인간관계를 형성할 수 있는 능력
13		용서	비록 잘못을 하였고, 나에게 상처를 준 사람이라도 미워하고 보복하려는 마음보다는 진심으로 용서를 할 수 있는 태도
14		겸손	자신을 드러내려 애쓰지 않고 자신의 장점이나 성취에 대해 절제된 평가를 내리며, 다른 사람에게 자신을 낮출 수 있는 겸손한 태도
15		신중성	말과 행동이나 결정을 신중하게 함으로써 나중에 후회할 말이나 행동을 하지 않으며 장기적 목표에 체계적으로 접근하는 태도

문항	점수	구분	특성
16		자기조절	상황에 따라 자신의 욕구와 감정, 생각, 행동을 스스로 조절하고 통제할 수 있는 능력
17		시민 의식	사회나 집단, 팀의 구성원으로서 주어진 약속과 규칙을 잘 지키며 자신의 역할을 충실히 수행하는 태도
18		공정성	편견이나 개인적인 감정에 치우치지 않고 모든 사람에게 똑같이 대하는 태도
19		리더십	자신이 속한 집단의 구성원을 격려하여 각자의 역할을 잘 완성하도록 하며, 집단을 잘 이끌어 갈 수 있는 능력
20		감상력	아름다움과 탁월함을 그냥 지나치지 않고 아름다움에 대해 감탄과 즐거움을 느낄 수 있는 능력
21		감사	자신에게 일어난 일에 다른 사람의 수고와 배려를 느끼고 고마움을 느끼는 태도
22		희망	미래에 대해 긍정적인 태도와 소망하는 일들이 미래에 실현될 것으로 기대하는 태도
23		유머	삶을 의연하고 즐거운 태도로 극복할 수 있고, 자신과 다른 사람을 웃기고 즐겁게 할 수 있는 능력
24		영성	삶의 의미와 인생의 궁극적이고 절대적인 것을 구하며, 신의 존재를 통해 충만하고 성스러운 삶을 추구하는 태도

■ 강점 명료화(자신의 강점 활용사례 공유): 자신의 강점을 살려 어떤 일에서 좋은 결과를 낸 사례가 있다면 적어 봅시다.

■ 앞에 표시한 것을 토대로 24개의 성격 강점 중, 나에게 가장 많이 있다고 생각되는 성격 강점과 강점이 낮은 점수 항목에 대해 기록해 보고 어떤 노력을 해야 할지 작성해 봅시다.

	강점의 높은 점수	더욱 향상시키려는 노력
1		
2		
3		
4		
5		

	강점의 낮은 점수	낮은 강점을 향상시키려는 노력
1		
2		
3		
4		
5		

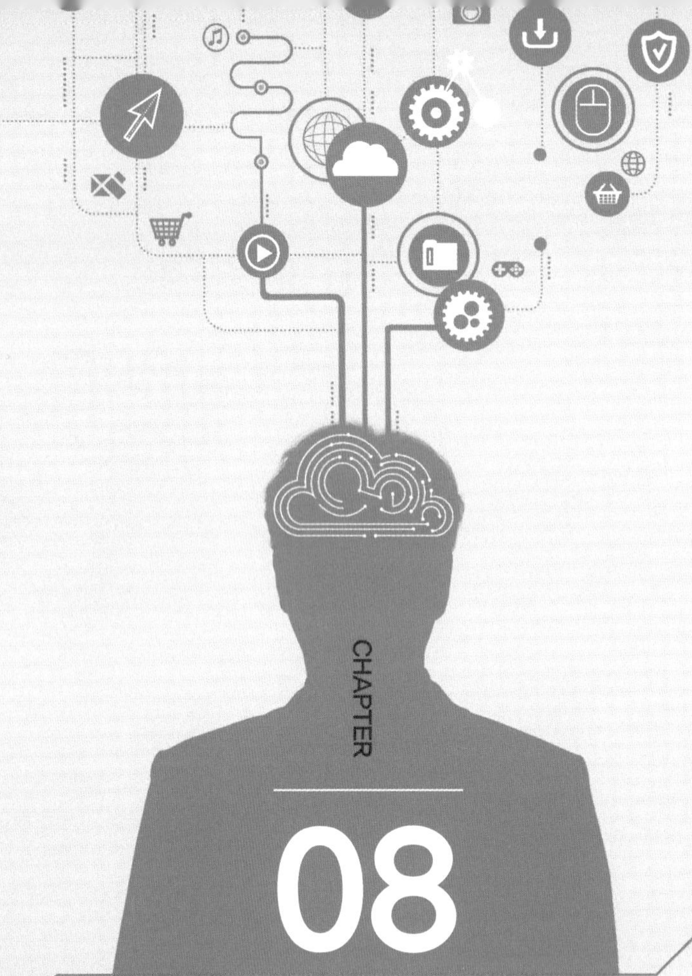

CHAPTER 08

대인관계 역량개발

배울 내용

1. 대인관계능력
2. 인상형성
3. 개인 이미지 관리
4. 팀워크

학습목표

1. 대인관계능력의 개념과 필요성을 이해한다.
2. 인상형성의 원리와 과정을 이해한다.
3. 개인 이미지 관리방법을 익힌다.
4. 팀워크를 향상할 수 있는 방안을 모색해 본다.

활동 1. 대인관계능력에 대해 알아보기

■ 자신이 생각하는 대인관계능력이 무엇인지 작성해 봅시다.

■ 최근 일주일 동안 일상생활(가정 및 학교생활) 혹은 직장생활에서 대인관계의 어려움을 경험한 것에 대해 작성해 봅시다.

상 황:

대처한 방법:

■ 대인관계능력이 높을 때 얻을 수 있는 이득과 낮을 때의 불이익에 대해 작성해 봅시다.

활동 2. 자신의 대인관계능력 알아보기

다음은 일반적으로 요구되는 대인관계능력 수준을 스스로 알아볼 수 있는 척도입니다. 본인의 평소 행동을 잘 생각해 보고, 행동과 일치하는 것에 체크해 봅시다. 학생의 경우 학과를 팀으로 학과 친구들을 팀원으로 고객은 친구들이라고 가정하고 작성하면 됩니다.

표 8-1. **자신의 대인관계능력 척도**

구분	문항	1 전혀 그렇지 않다	2 약간 그렇지 않다	3 보통이다	4 약간 그렇다	5 매우 그렇다
대인관계 능력	1. 나는 대인관계능력의 의미와 중요성을 설명할 수 있다.	①	②	③	④	⑤
	2. 나는 대인관계능력 향상방법을 설명할 수 있다.	①	②	③	④	⑤
팀워크 능력	1. 나는 팀 구성원들과 효과적으로 의사소통한다.	①	②	③	④	⑤
	2. 나는 팀의 규칙 및 규정을 준수한다.	①	②	③	④	⑤
	3. 나는 팀 내에서 나에게 주어진 업무를 성실하게 수행한다.	①	②	③	④	⑤
	4. 나는 팀의 목표 달성에 필요한 자원, 시간을 파악하고 있다.	①	②	③	④	⑤
리더십 능력	1. 나는 조직원들을 동기화할 수 있다.	①	②	③	④	⑤
	2. 나는 리더의 행동 특성에 맞는 행동을 한다.	①	②	③	④	⑤
	3. 나는 조직성과를 향상시키기 위한 전략을 제시한다.	①	②	③	④	⑤
	4. 나는 수시로 조직원에게 코칭을 활용한다.	①	②	③	④	⑤
	5. 나는 앞장서서 바람직한 변화를 선도한다.	①	②	③	④	⑤
갈등관리 능력	1. 나는 타인과 의견 차이가 있을 때 원인을 파악한다.	①	②	③	④	⑤
	2. 나는 타인과 대화할 때 생각과 가치관을 배려한다.	①	②	③	④	⑤
	3. 나는 타인과의 갈등을 줄이기 위해서 노력한다.	①	②	③	④	⑤
	4. 나는 타인과의 갈등을 조절할 수 있는 방법을 활용한다.	①	②	③	④	⑤
협상 능력	1. 나는 대화 시 쟁점사항이 무엇인지 파악한다.	①	②	③	④	⑤
	2. 나는 대화 시 상대방의 핵심요구사항을 파악한다.	①	②	③	④	⑤
	3. 나는 대화 시 상대방을 설득하기 위해서 노력한다.	①	②	③	④	⑤

구분	문항	1 전혀 그렇지 않다	2 약간 그렇지 않다	3 보통이다	4 약간 그렇다	5 매우 그렇다
	4. 나는 협상할 때 사전에 전략을 수립한다.	①	②	③	④	⑤
고객서비스능력	1. 나는 고객의 유형에 따라서 대응한다.	①	②	③	④	⑤
	2. 나는 고객의 요구를 수시로 파악한다.	①	②	③	④	⑤
	3. 나는 고객의 불만사항을 해결하려고 노력한다.	①	②	③	④	⑤

출처: 한국산업인력공단(2016). 대인관계능력 학습자용 워크북. p.5.

표 8-2. 자신의 대인관계능력 점수 기록하기

구분	점수 산출	평균 점수
대인관계능력	총 획득점수( )/2	
팀워크능력	총 획득점수( )/4	
리더십능력	총 획득점수( )/5	
갈등관리능력	총 획득점수( )/4	
협상능력	총 획득점수( )/4	
고객서비스능력	총 획득점수( )/3	

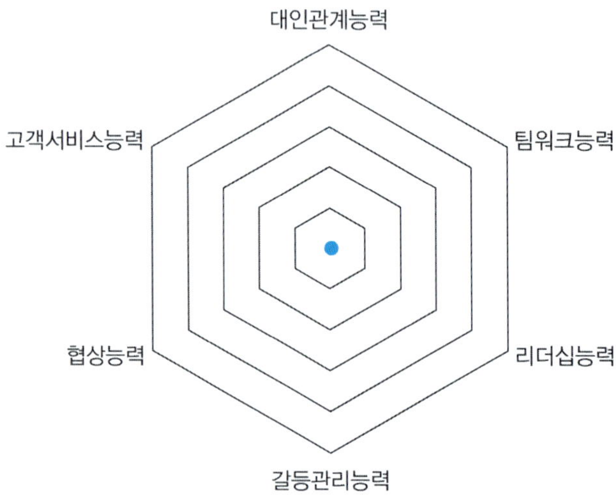

그림 8-1. 자신의 대인관계능력 점수 기록하기

- 앞에서 기술한 최근 일주일 동안 일상생활(가정 및 학교생활) 혹은 직장생활에서 대인관계의 어려움이 자신의 대인관계능력 중 어떤 구성요소와 관련이 있는지에 대해 작성해 봅시다.

1. 대인관계능력

1) 대인관계능력의 개념

지금까지 살아오는 동안 가장 행복했던 때를 기억해 보라고 한다면 어떤 순간을 떠올릴 것인가? 어떤 사람은 사랑하는 사람을 처음 만난 순간을 머리에 떠올리고, 어떤 사람은 어릴 때 가족과 함께 갔던 여행을 머리에 떠올릴 수도 있을 것이다. 이렇게 볼 때 행복이란 감정은 인간관계를 떠나서는 생각할 수 없다. 물론 시험에 합격하거나 복권에 당첨된 경우에도 행복을 느낄 수 있지만 그러한 일을 함께해 줄 수 있는 사람들이 주변에 없다면 그렇게 행복하지는 않을 것이다.

인간관계는 이렇게 삶을 행복으로 충만하게 만들기도 하지만 삶을 불행하게 만들기도 한다. 가령 결혼하기 전에는 다정하고 행복했던 남녀라도 일단 결혼을 하게 되면 먹고 자는 사사로운 일부터 시댁이나 친정과의 관계 같은 일까지 서로의 생각이 다르다는 것을 깨닫게 되고 자기 마음을 이해해 주지 못하는 상대방을 원망하게 된다. 만일 서로가 차이를 인정하고 상대방의 생각과 감정을 이해해 주기 시작한다면 두 사람은 인간적으로 성숙할 수 있을 뿐 아니라 상대방을 더 깊이 이해할 수 있게 된다. 그렇지만 이와 같은 행복한 결말은 쉽게 기대하기 어려우며 많은 부부들이 서로를 이해하려고 하기보다 비난하며 불행 속으로 빠져든다. 비록 남녀 관계를 통해 인간관계의 어려움을 이야기하였지만 친구들 사이에서도 이와 비슷한 일이 흔히 발생할 수 있다. 그렇다면 어떻게 해야 인간관계를 통해 행복이 충만한 삶을 살아갈 수 있을까? 그 출발점은 인간관계도 다른 행동들과 마찬가지로 시행착오를 통해 배워야 한다는 점을 인식하는 데 있다. 여러분이 자전거를 처음 배울 때 쓰러지고 다치듯이 인간관계도 그러한 경험을 필요로 한다(정진선, 문미란, 2005).

이와 같이 인간은 세상을 살아가면서 타인과의 상호작용은 필수조건이다. 다시 말해 자기 혼자서 아무리 일을 잘하고 똑똑하다고 할지라도 타인과 잘 조화되지 못한다면 자신의 능력은 묻히고 마는 것이다. 이는 인간에게 있어 대인관계능력이 매우 중요하다는 것을 의미한다. 즉, 대인관계능력이란 특정한 조직에서 타인과의 협조적인 관계를 원만히 유지하여 조직구성원들에게 도움을 줄 수 있으며, 조직 내부 및 외부와의 갈등을 원만히 해결하여 타인의 요구를 충족시켜 줄 수 있는 능력을 의미한다.

■ 현재 당신은 다양한 사람들과 대인관계를 맺고 있습니다. 본인이 타인과의 대인관계를 형성할 때 자신의 장점과 개선이 필요한 점에 대해 이야기해 봅시다.

2) 대인관계능력의 필요성

인간은 사회적 존재로 타인과의 관계를 떠나서는 살 수 없는 존재이다. 탈무드에서 "혼자 살려면 신이 되든지 짐승이 되든지 선택해야 한다"고 말한 것도 인간관계가 인간에게 얼마나 중요한 것이 되는지를 보여 준다. 인터넷이 발달하여 누구와도 손쉽게 대화를 할 수 있는 요즘에 오히려 인간관계의 필요성이 강조되는 이유는 인간관계가 단순히 의사소통 이상의 의미를 가지기 때문이다. 따라서 인간이 세상을 살아가면서 대인관계능력이 필요한 이유에 대해 살펴보면 다음과 같다(이경우, 김경희, 2007).

(1) 인간은 근본적으로 약한 존재이다

"인간은 모두 미숙아로 태어난다"라고 폴트만이 말한 것처럼 인간은 어머니의 자궁에서 벗어나는 순간 누군가의 보호가 없다면 생명을 유지하기 어려운 존재이며, 어머니나 보호자의 보살핌을 받아야만 스스로 생존할 수 있는 개체로 성장하게 된다. 자신의 생명유지에 절대적인 위치를 차지하는 어머니와의 관계는 아기의 정신과 육체에 엄청난 영향을 미치게 된다. 어머니로부터 부드럽고 따뜻한 보살핌을 받은 아기는 낯선 환경에서도 쉽게 적응하며 타인과도 따뜻한 인간관계를 지속할 수 있지만 그렇지 못했던 아기는 주변의 사람들을 비롯한 모든 대상에 대해 두려움을 느끼게 된다. 이렇게 어릴 때 어머니에 의존하여 성장을 한 인간은 성인이 되어서도 타인으로부터 사랑과 인정을 받으려는 욕구를 갖게 되고 이러한 욕구를 만족시키기 위해 친구나 애인을 찾게 된다.

(2) 인간은 대인관계를 통해 자신을 발견한다

사람은 대인관계를 통해 자신의 생각이나 감정이 일반적으로 수용될 수 있는지를 알게 된다. 어린 아이들은 부모나 친구들과의 관계를 통해 우리 사회에 보편적으로 존재하는 규범뿐 아니라 대인관계의 원리를 배우며 사회의 한 구성원으로 성장하게 된다. 즉, 왜 남의 물건을 함부로 가져서는 안 되는지, 다른 사람이 말할 때 관심을 기울여 줘야 하는지 등에 대해서 알게 된다. 이렇게 다양한 사람들과의 인간관계 경험을 통해 다른 사람의 입장을 이해하는 방법을 배우지만 우리는 여전히 선입관의 굴레에서 벗어나기 어렵다. 가령, 너무나 사랑했던 애인이 갑자기 헤어지자고 하였을 때 우리는 자신의 감정이 얼마나 진실하였는지 상대방에게 설득하려고 노력한다. 하지만 사람마다 다르게 해석하며 그에 따라서 상대방과 함께 있을 때 자신의 방식대로 사랑을 표현한다. 또한 상대방과 모든 것을 공유하는 것이 사랑이라고 느끼는 사람이 있는가 하면 PC방에서 게임에 몰두하듯이 사랑을 흥미로 여기는 사람도 있다. 이렇게 사랑이란 감정을 서로 다르게 받아들이고 있는 상황에서 자신의 진심을 알아주지 못한다고 서로 원망한다면 더 이상의 희망을 기대하기 어려울 것이다. 이때 필요한 것은 대화와 자기성찰을 통해 자신이 사랑이라고 느꼈던 것이 상대방에게 어떻게 받아들여졌고 어떻게 하면 상대방과 공감대를 형성해 나갈 수 있을지를 생각해 보는 것이다. 이렇게 인간관계를 통해 사람은 자신의 생각이나 감정이 얼마나 보편타당한 것인지를 확인할 수 있고 더 나아가서는 자신의 정체감을 분명하게 인식할 수 있다. 타인과의 교류를 통해 자신이 어떤 사람이고 어떻게 행동해야 하는지를 알게 되며 이러한 과정을 통해 자신의 가치를 발견할 수 있다.

(3) 대인관계는 인간의 기본적인 욕구이다

매슬로우(Maslow, 1971)에 따르면 〈그림 8-2〉에서 보듯이 인간은 가장 하위에 있는 생리적 욕구에서 가장 상위에 있는 자기실현 욕구에 이르기까지 기본적인 욕구 위계(need hieracrhy)를 가지고 태어난다. 이 욕구 위계에서 상위에 있는 욕구는 하위에 있는 욕구가 충족되어야만 충족될 수 있으며, 인간은 성장하면서 더 상위에 있는 욕구를 추구하는 경향을 보인다. 인간은 우선 다른 동물들과 마찬가지로 먹고 마시고 성적 욕구를 해소하고자 하며(생리적 욕구), 생명의 위협에서 안전하게 자신을 지키기를 원한다(안전욕구). 이렇게 개체 유지에 필요한 최소한의 욕구가 충족되면 나타나는 가장 근본적인 심리적 욕구가 바로 소속과 애정에 대한 욕구이다. 즉, 사람은 가정이든 국가든 어떤 집단에 소속되고 다른 사람과 애정을 나누기를 원하며 이러한 욕구가 충족되기 전에는 더 상위의 욕구를 충족시키기 위해 노력하지 않는다.

소속과 애정의 욕구란 다시 말해 인간관계에 대한 욕구를 의미하며 타인과의 인간관계를 통해 정서적인 욕구를 충족시켜야만 자기만족을 위해 자신을 발전시키려는 자존감의 욕구나 자신의 잠재능력을 충분히 발휘하고 표현하고자 하는 자기실현의 욕구가 나타날 수 있다.

그림 8-2. **매슬로우의 욕구 위계**

■ 당신은 처음 사람을 보았을 때 그 사람의 어떤 점을 먼저 파악하려고 하십니까? 그리고 그 이유는 무엇입니까?

2. 인상형성

우리는 일상생활 속에서 어떤 사람을 만나거나 보게 되면, 그 사람의 모습이나 언어 또는 행동을 보고 거의 즉각적으로 그 사람의 내적 상태, 즉 기분 · 감정(정서) · 성격(기질) 등에 대해 전반적인 인상을 형성하게 된다. 사람들은 보통 매우 제한되고 단편적인 정보에 근거하여 타인에 대한 인상을 형성함에도 불구하고, 그 사람이 갖고 있는 내부적 특성에 대해 이제는 거의 모든 것을 다 파악했다는 식의 결론을 내리는 것이 보통이다(김정희 외, 2001).

우리가 한 사람을 평가하기 위해서는 그 개인이 가지는 생김새, 표정, 옷차림, 동작 등의 단서(cue)를 이용한다. 그런 단서들을 통해 그 사람이 화가 났다, 행복하다, 슬프다, 또는 놀라고 있다 등으로 지각하며, 온화하다, 정직하다 등으로 판단하고 타인에 대한 인상을 형성하게 되는 것이다. 인상형성(impression formation)에 대한 단서와 인상형성에 영향을 주는 요인들은 살펴보면 다음과 같다.

1) 인상형성에 영향을 미치는 요인

(1) 단서

어떤 사람을 직접 대면함으로써 얻을 수 있는 단서(cue)로는 그 사람의 생김새, 신체의 크기, 체형, 자세, 행동(결과), 얼굴표정, 옷차림, 걸음걸이, 말소리, 동작 등이 있다. 이 단서들은 대상 인물이 자신의 인상을 좋게 하기 위해 혹은 자신의 감정이나 의도를 드러내 보이지 않도록 하기 위해 조작을 할 수도 있다. 이런 이유로 오류를 범할 수 있는데, 특히 이러한 단서들로부터 비교적 영속적인 성격특성을 추리하는 경우 오류를 범할 가능성이 더 높아진다.

(2) 판단

우리는 인상형성 시 어떤 사람에 대해 판단(inference)을 하게 되는데, 그 판단에는 그 사람의 성격과 관련되는 것이 많다. 판단되는 인간의 속성에는 변하지 않는 속성과 변하는 속성, 외형적인 것이 있는데, 그 내용은 다음과 같다.

- 변하지 않는 속성: 능력, 신뢰성, 태도, 성격, 기질
- 변하는 속성: 기분, 감정, 노력, 의도
- 외형적인 것: 신분, 출신학교, 나이, 역할, 교육수준

(3) 중심특질이론(central trait theory)

Asch(1946)는 대상의 속성에 관한 언어의 역할을 연구하였는데, 그는 한 피험자 집단에게 7개의 특성, 즉 영리하다(intelligent), 능숙하다(skillful), 근면하다(industrious), 온화하다(warm), 단호하다(determined), 실천적이다(practical), 주의 깊다(cautious)를 불러 준 후 이 특성을 가지고 있는 개인의 인상을 상징적으로 서술하게 하고, 또 다른 피험자 집단에게는 온화하다는 단어 대신 차갑다(cold)라는 말로 대치시킨 후 인상에 대해 기술하도록 하였다. 결과 그 사람 전체에 대한 인상이 크게 달라졌다는 사실이 밝혀졌다. 이처럼 사람의 특성을 나타내는 말 중에는 다른 것들에 비해 인상형성에 더 큰 영향을 갖는 것이 있는데, 이것을 중심특질이라고 한다.

Osgood(1957)는 인상형성에 영향을 미치는 중심특질에 관한 형용사를 줄이기 위해 요인분석을 실시한 결과, 대상을 판단하는 3가지 차원으로 나타난다고 주장하였는데, 그 내용은 다음과 같다.

- 평가(Evaluation)차원: 좋다－나쁘다, 따뜻하다－차갑다.
- 권력(Potency)차원: 세다－약하다.
- 활동(Activity)차원: 빠르다－느리다.

이 중에서 대인지각의 인상형성에 가장 강하게 작용하는 것이 좋다−나쁘다, 따뜻하다−차갑다의 개념을 가진 평가(Evaluation)차원이라는 것이 실험으로 밝혀졌다.

(4) 판단에 영향을 주는 요인들

성격, 감정들을 판단하는 많은 연구가 있지만 그 자체가 타인에 대한 정확한 판단을 하게 해 줄 수 있는가에 대한 명확한 답은 없다. 다음에 설명되는 내용은 사람들을 판단하는 데 영향을 주는 요인들이다.

① 보는 사람의 마음가짐(the state of the judges)

사람들은 자신의 느낌을 타인에게 투사하기도 하고, 자신의 정서 상태 때문에 특별한 사건에 더 민감한 반응을 보이기도 한다. 예로, 징병 소집된 성인남자들에게 군장교들의 사진을 평정시킨 결과, 징병과 관계없는 사람들보다 장교들을 더 위협적이고 큰 지휘력을 가지고 있는 것으로 평가한다는 사실을 발견하였다.

② 지각의 왜곡(perceptual biases)

대인지각에 있어 상대방을 객관적이고 정확하게 평가하지 않는 것을 지각의 왜곡이라고 한다. 지각의 왜곡에는 후광효과와 논리적 오차, 긍정적 왜곡, 가정된 유사성에 의해 영향을 받게 되는데 구체적인 내용은 〈표 8-3〉과 같다.

표 8-3. 지각의 왜곡

구분	내용
후광효과 (halo effect)	후광효과는 개인의 탁월한 특질 때문에 그 인물 전체의 가치를 과대평가하게 되는 것을 의미한다. 여러 실험을 통해 얼굴이나 몸매가 잘생긴 사람이 타인으로부터 더 호감을 받을 것이라는 생각을 가지게 된다는 것이 입증되었다. 여기서 더 나아가 잘생긴 사람에 대해 사람들은 다른 면에서도 좋은 점을 갖고 있다고 보는 경향이 강하다. 예로, 잘생긴 사람은 친절하고, 예의도 바르고, 사교적이며, 지능도 높고, 여러 면에서 유능하리라고 본다는 것이다. 이것을 후광효과라고 부른다.

구분	내용
	후광효과는 평정요소 간의 상관관계가 낮다. 예로, 생김새와 지능 간의 상관이 낮음에도 불구하고 잘생긴 사람이 지능이 높을 것으로 판단하는 경우이다.
논리적 오차 (logical error)	사람들은 소박한 성격관을 가지고 비과학적인 상태에서 추리하고 판단하는 경우가 많다. 그러므로 개인이 가지고 있는 한 특성으로부터 그가 가지고 있는 다른 여러 특성들을 추리하는 경향이 있다. 가령 어떤 사람이 지능이 높다고 생각하면 마찬가지로 상상력이 풍부하고, 영리하며, 활동적이고, 사려가 깊고, 신중한 사람으로 판단하게 된다. 논리적 오차는 후광효과와 달리 평정요소 간의 상관이 다소 높은 경우에 해당이 된다. 예로, 지능이 높다고 해서 모두 영리할 수 없지만 보편적으로 지능이 높으면 영리하다는 것은 어느 정도 논리적으로 상관이 있기 때문이다.
긍정적 왜곡 (positivity bias)	사람들에게는 일반적으로 타인을 보다 긍정적으로 평가하려는 경향을 가지고 있다. 이것을 관대의 효과(leniency effect)라고도 한다.
가정된 유사성 (assumed similarity)	사람들은 상대방이 나와 동일할 것이라는 관련 의식을 가지고 타인을 판단하는 경향이 있다. 극단적으로 대인지각에서 관찰자로서 상대방을 보는 것이 아니라 상대방 지각에 자신을 투영시켜 생각한다. 이러한 현상은 상대방의 연령, 종족, 혈통, 사회, 경제적 지위가 유사할 때 일어나지만, 이러한 것에 무관하게도 발생한다. 예로, 자기가 어떤 정당을 좋아한다면 남들도 좋아할 것으로 생각하고, 자신이 공격적이면 남들도 공격적이라고 생각한다. 이것은 타인을 더 잘 지각해서가 아니라 항상 사람들을 자신과 유사하게 평가하기 때문이다.

③ 타인에 대한 지식

타인에 대한 지식(knowledge of the others)이 그 사람의 성격이나 행동을 판단하는 데 유용하지만 그런 지식이 타인에 대해 정확하게 판단하는 데 방해가 되기도 한다. 더하여 그 사람이 속해 있는 집단이나 문화권에 대한 지식 또한 타인을 판단하는 데 영향을 미치게 된다. Gage(1952)는 피험자로 하여금 한번도 보지도 못했지만 대학생으로 생각되는 사람들을 평가시키고, 다시 실제 그 사람들을 피험자에게 보게 한 후 평가시킨 결과 전자가 훨씬 정확하게 평가했다는 것을 밝혔다.

2) 인상형성 과정

지금까지 인상형성에 영향을 주는 여러 가지 단서 및 타인을 평가하는 데 미치는 영향들에 대해 살펴보았다. 그렇다면 여러 가지의 인상형성 단서가 동시적으로 들어올 때 어떻게 단일한 인상으로 통합되는 것일까? 이러한 과정을 인상형성 과정이라고 하는데, 이에 대한 이론들을 살펴보면 다음과 같다.

(1) 평균원리

평균원리(averaging principle)란 한 사람에 대한 긍정적인 성격특성과 부정적인 성격특성을 동시에 접했을 때, 사람들은 이 특성들의 평가치를 평균하여 인상을 형성한다는 것이다(Anderson, 1965). 예로, '착하다'는 것은 매우 긍정적인 성격특성으로 +3점이고, '인내심이 있다'는 것은 비교적 긍정적인 특성으로 +2점, 무뚝뚝하다는 부정적인 특성으로 −2점으로 평가된다고 한다면, 이 세 가지 점수를 평균 낸 값 +3.0이 그 사람에 대한 인상형성 값이 되는 것이다.

(2) 초두효과

대상 인물에 대해 상반되는 정보가 순서적으로 제시되는 경우 먼저 제시된 정보가 나중에 제시된 정보보다 인상형성에 더 큰 영향을 주게 된다. 이처럼 먼저 주어진 정보가 나중에 주어진 정보보다 인상형성에 더 큰 비중을 차지하는 현상을 초두효과(primacy effect)라고 한다. 초두효과가 왜 일어나는지에 대한 한 가지 설명은 먼저 주어진 정보에 의해 일단 인상이 형성되고 나면 나중에 제시되는 정보는 이 인상과 일치하는 방향으로 의미가 바뀌어져 해석되기 때문이라는 것이다. 다른 설명은 먼저 주어지는 정보에 대해서는 주의를 많이 기울이지만 나중에 주어지는 정보에 대해서는 그만큼 많은 주의를 기울이지 않기 때문이라는 주장도 있다.

3. 개인 이미지 관리

개인의 이미지는 조직의 구성원인 직원 한 사람 한 사람의 용모와 첫인상, 행동이 하나로 결집된 느낌을 의미한다. 그리고 조직 내부의 계층별 의사결정 과정을 거쳐 집행되는 분야로 포괄적인 이미지를 형성한다. 개인의 이미지는 타인의 경험에 직접적인 영향을 미친다. 또한 개인의 이미지가 차별화의 중요한 요소로 부각되고 있다. 긍정적인 이미지는 타인의 경험을 좀 더 만족스럽게 해 주는 역할을 하며, 이러한 이미지는 자신의 귀중한 자산이 된다.

이미지는 홍보나 인적 서비스, 사회의 평판 등과 같은 요소와 같이 타인의 기대와 상호작용을 한다. 이미지는 타인의 기대뿐만 아니라 타인 경험의 함수이기도 하다. 기대한 이미지만큼 대인관계가 인식될 경우, 이미지 구축에 긍정적인 이미지를 강화하고 유지시켜 준다. 어떤 사람의 모습을 떠올리면 그 사람의 이름과 함께 마음속에 떠오르는 얼굴, 생김새, 표정, 음성, 말투, 옷차림, 걸음걸이, 함께 있을 때의 느낌, 성격, 실력, 신뢰감 등 수많은 생각들이 얽히고 풀리면서 점차 하나의 형체가 만들어진다. 이렇게 우리 나름의 사고와 취향에 따라 편집되어 만들어지는 그 사람에 대한 생각의 덩어리, 하나로 통합되는 독특한 감정, 고유한 느낌이 있는데, 이것이 바로 한 사람이 가지고 있는 행위 결과로서의 이미지라고 할 수 있다.

개인의 이미지는 한 개인이 어떤 특정한 대상에 대해 가지고 있는 신념, 즉 개인에 있어서 타인이 특정한 개인의 여러 속성에 대해 가지고 있는 신념들을 나 자신의 이미지라고 한다.

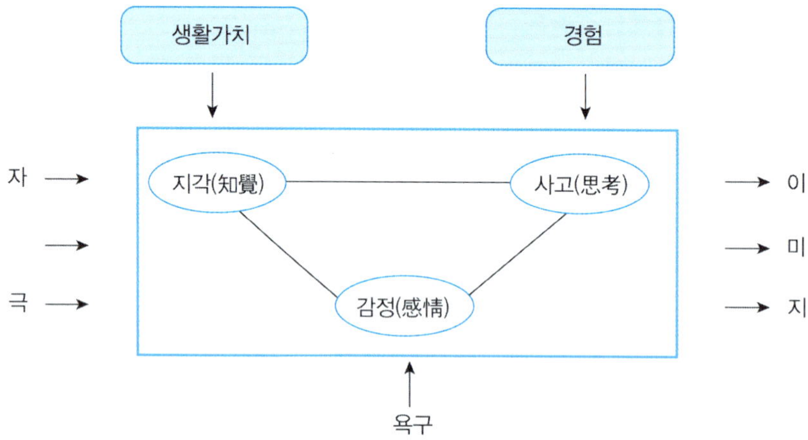

그림 8-3. **이미지 형성 과정**

이미지 형성 과정은 크리시(Crissy)에 의하면 지각 과정(perception process), 사고 과정(thinking process), 감정 과정(feeling process)의 세 가지 기본적인 심리적 과정의 상호작용을 통하여 이루어지는데, 그 의미는 〈표 8-4〉와 같다.

표 8-4. **이미지 형성 과정의 의미**

구 분	내 용
지각 과정	인간이 환경에 대하여 의미를 부여하는 과정이다. 이 과정은 주관적이며 선택적으로 이루어지기 때문에 동일한 대상에 대하여 다른 의미를 부여하게 되는 것이다.
사고 과정	과거와 관련된 기억과 현재의 지각이라는 두 가지 투입 요소가 있다. 사고는 이들 요소를 혼합한 것이며, 어떤 대상에 대하여 개인이 갖는 이미지는 과거의 기억과 현재의 지각이 혼합되어 형성되는 것이다.
감정 과정	지각과 사고 이전의 감정에 의하여 반응하는 과정이다. 감정적 반응은 확장 효과를 가진다. 어떤 대상에 대한 감정은 좋은 이미지와 나쁜 이미지의 형성과 직접적으로 관련된다.

1) 용모와 복장

인간은 다른 동물과 달리 인체를 무한히 창조적인 형태로 꾸밀 수 있는 지혜를 가지고 있다. 따라서 의복은 인류 초기부터 인간의 내면세계를 표현하는 역할을 해 왔다. 의복 착용은 단순히 신체 보호만이 아닌 여러 가지 욕구나 동기에서 비롯된다. 일반적으로 상대방의 사전 정보나 선입견 없이 사람을 만나게 되면 우선 그 사람이 입고 있는 옷차림에 가장 먼저 시선이 갈 것이다. 그리고 그 옷이 잘 어울리는지, 격식에 어긋나지는 않는지를 살피고, 나아가 옷을 입은 사람의 개성이 잘 나타나는지의 여부를 논할 것이다. 따라서 옷은 무성의 언어(nonverbal language)로서, 우리가 살아가고 있는 이 사회 내에서 한 개인의 사회적 지위, 직업, 역할, 자신감, 지능, 동조성, 개성 그리고 기타 성격 특징에 대한 인상을 다른 사람들에게 전달해 준다. 그뿐만 아니라 옷차림의 특징적 행동이 유행(fashion)으로 표현될 때, 행동은 규칙적이고 예측할 수 있는 그 시대의 문화 양식을 반영하기도 하는 것이다.

우리는 사람들의 옷차림에서 그의 신분이나 직업 등을 추측할 수도 있다. 이것은 그 사람의 행위에 의해서 알 수도 있지만 옷차림에 의해서 즉각적으로 판단할 수 있는 것이다. 옷차림이 사람의 외적인 면과 함께 내적인 자아도 직접적으로 표현하고 있음을 알 수 있다. 즉, 사회 속에서 개인의 역할 및 지위에 대한 단서를 제공하고, 또 올바르게 지각되도록 도움을 주는 것이다. 따라서 스스로를 표현하는 데 있어 좀 더 나은 자신을 정확하게 알릴 수가 있고, 개인의 감춰진 감정을 상대에게 전달할 수도 있는 것이다.

복장은 그 자체가 갖고 있는 표현력, 즉 상징성이 있어야 한다. 옷은 제2의 피부이며, 착용하는 사람의 됨됨이를 나타낸다. 그러나 여기서 옷이 지닌 자체 특성이나 기능을 무시한 채 입게 된다면 옷의 표현력, 즉 옷의 생명력은 사라질 것이다. 따라서 옷을 착용할 때는 반드시 그 옷이 가지고 있는 자체의 표현력과 생명력이 입는 사람과의 조화를 이루어야만 한다.

자신과 가장 잘 어울리는 옷을 입었을 때, 우리는 그에게 옷을 잘 입는 사람이라고 칭찬할 수 있고, 착용한 옷은 비로소 제 기능을 다하게 되는 것이다. 따라서 옷이 나타내는 상징성과 생명력을 잘 이해하고 착용한다면, 더 멋지고 세련된 옷차림을 할 수 있는 것이다. 복장과 용모의 중요성을 살펴보면 〈표 8-5〉와 같다.

표 8-5. **복장과 용모의 중요성**

- 바른 몸가짐은 바른 행동의 기본이다.
- 겉으로 보이는 용모도 인격의 일부분이다.
- 용모는 직업의식의 적극적 표현이다.
- 단정한 몸차림은 상대방에게 신뢰를 주고, 좋은 대인관계의 바탕이 되며, 일의 성과에도 영향을 준다.
- 때와 장소에 맞는 몸가짐은 자신을 소중히 할 뿐만 아니라 자신의 삶을 풍요롭게 한다.

Tip 사적인 용모 복장과 공적인 용모 복장의 구분

- 가능한 범위 내에서 가장 양질의 옷을 구입한다.
- 선정적인 옷(미니스커트, 배꼽티)는 입지 않는다.
- 익숙하지 못한 상황에서는 가장 보수적으로 옷을 입는다.
- 자신의 체형과 개성에 맞게 옷을 입는다.
- 너저분하고 단정치 못한 옷은 입지 않는다.
- 스타킹은 항상 착용한다.
- 주위 사람들의 의견을 고려한다.

2) 신뢰감을 주는 인사

사람들의 만남은 인사로 시작해 인사로 끝난다. 말 그대로 인사(人事)란 사람(人)을 섬기는 일(事)로 삶에 가장 기본이 되는 일이다. 바쁜 출근 시간 엘리베이터에서 만난 직원들과의 활기차고 예의 바른 인사를 주고 받은 날이면 왠지 기분 좋은 하루를 보내게 된다. 고개 숙여 인사하는 모습을 통해 관심과 배려의 마음이 느껴지기 때문이다. 이처럼 다른 사람에게 자신의 허리를 굽혀 인사하는 자세는 단순히 예의를 차리는 것보다 더 중요한 의미가 있다. 남에게 고개를 숙임으로써 상대방에 대한 관심, 존중, 배려의 마음을 표현하는 동시에 자기를 낮추는 겸허함을 갖게 된다.

인사는 상대방에게 하는 것이지만 결국 자기 자신에게 하는 것과 마찬가지인 것이다. 하지만 세계 어느 나라 사람보다 정이 많고 친절한 우리 나라 사람들은 자존심이 세고 쑥스러움이 많아서인지 남에게 깊이 허리 숙여 인사하는 일에는 서툴다. 이에 비해 일본인들의 결벽증에 가까운 인사성은 잘 알려진 사실이다. 그들을 흉내 내 허리를 깊이 굽혀 공손히 인사를 습관처럼 해 본 사람이면 오히려 자신의 마음이 가라앉고 차분해지는 것을 느낄 수 있을 것이다. 인사성 하나만 봐도 그 사람을 알 수 있다고 했다. 오죽하면 선조들은 '군자가 예절이 없으면 역적이 되고, 소인이 예절이 없으면 도적이 된다(명심보감)'는 말로 자녀들을 교육했을까? 요즘은 "인사 잘하는 아이가 커서 돈도 잘 번다"며 영어단어 대신 인사 제대로 하는 법을 먼저 가르쳐야 한다는 웃지 못할 이야기도 들린다. 상대방에게 마음속으로부터 우러나오는 존경심과 친절을 나타내는 형식인 인사는 인간관계를 원할하게 해 주는 중요한 매너이자, 성공한 인생의 핵심이라 할 수 있다.

표 8-6. **인사의 기본자세와 실습**

구분	내용
인사의 기본자세	인사를 할 때, 얼굴에는 미소를 머금고, 머리, 목, 등, 허리, 다리를 위에서 당긴다는 느낌으로 반듯하게 한다.
인사요령	① 인사는 항상 명랑하고 활기차게 먼저 한다. ② 곧은 자세를 취하고, 인사 전후에 상대방의 눈을 보며 미소를 짓는다. ③ 목례는 15도, 보통례는 30도, 정중례는 45도 정도로 상체를 숙인다. ④ 목과 허리를 곧게 한 상태에서 상반신 전체를 동시에 숙인다. ⑤ 숙일 때보다는 조금 빠른 속도로 몸을 일으킨다. ⑥ 다리를 가지런히 하고 무릎 사이는 붙인다. ⑦ "안녕하십니까"," 반갑습니다" 등의 인사말을 주고 받는다.
실습	**실습활동:** 올바른 인사매너 • 2명씩 짝을 지어 직접 역할연기를 실시한다. • 서로 역할을 바꾸어 실시한다. • 스마트 폰으로 인사하는 모습을 촬영한다. • (　　　) 안에 다른 인사 말을 이야기해 본다. 　– 환영하는 마음 → "어서 오십시오." (　　　　　　　　) 　– 밝은 마음 → "안녕하십니까" (　　　　　　　　) 　– 긍정의 마음 → "네, 그렇습니다" (　　　　　　　　) 　– 감사의 마음 → "고맙습니다" (　　　　　　　　) 　– 위로하는 마음 → "수고하셨습니다" (　　　　　　　　) 　– 사과하는 마음 → "미안합니다" (　　　　　　　　) 　– 겸허한 마음 → "OO님 덕택으로" (　　　　　　　　) 인사를 받은 상대의 매너는? **활동 후:** • 촬영한 모습을 모니터링하면서 서로의 인사 행동에 대한 느낌을 이야기한다. • 서로의 모니터링한 내용을 이야기하면서 올바른 인사에 대해 정리를 한다.

출처: 김은영 외(2016). 인성과 리더십. 양성원.

4. 팀워크

1) 팀워크의 정의

조직 내에서 혼자 잘해서만 되는 것은 아니다. 그래서 조직생활은 반드시 2명 이상의 팀 구성이 되어 있고 그 팀구성원이 공동의 목적을 달성하기 위해서 상호관계성을 가지고 협력하여 업무를 수행한다. 팀워크라는 것은 팀(Team)과 워크(Work)의 합성어라고 할 수 있다. 팀워크와 응집력은 약간 차이가 있는데, 팀워크라는 것은 각자 행동을 하더라도 공통의 목적을 달성하기 위해 상호관계성을 가지고 협력하여 일을 해 나가는 것을 말한다. 반면 응집력은 사람들로 하여금 집단에 머물도록 소속감을 느끼게 만들고, 그 집단의 멤버로 계속 남아 있기를 원하게 만드는 힘을 말하며, 집단의 멤버로서 소속감을 느끼게 할 수 있는 그 정도라고 할 수 있다. 따라서 팀워크는 수행해야 할 그 목표는 하나이며, 목표를 같이 공유하면서 자신이 어떤 역할을 해야 할지, 공통의 목표를 달성할 수 있도록 노력하는 부분이 굉장히 중요하다고 할 수 있다.

2) 팀워크의 유형

팀워크의 유형은 협력적인 팀워크, 통제적인 팀워크, 자율적인 팀워크 등으로 구분할 수 있다. 추구하는 사업의 특성에 따라서 다르게 운영을 할 수가 있다.

팀의 리더는 우리팀을 굉장히 자율적으로 운영을 해야 할지, 아니면 통제적으로 운영을 해야 할지, 협력적으로 운영을 해야 할지를 판단할 필요가 있다. 통제적인 팀워크의 대표적인 것이 군대 문화로서 조직 상하관계를 명확하게 해서 한치의 실수도 일어나지 않도록 하는 것이다. 즉, 하나의 명령이 일관되게 하부조직까지 전달이 되어 하나의 목표로 갈 수 있도록 하는 것이다.

창의성이 요구되는 조직에서는 이런 통제적인 팀워크보다는 자율적인 팀워크가 더 중요할 때가 있다. 그래야 자율적으로 생각하고, 일에 대한 보상을 받을 수 있으며, 자신의 아이디어를 제시하려고 하는 부분이 있다. 하지만 통제적 팀워크나 자율적 팀워크 모두 서로 협력은 필요하다.

협력적인 분위기가 하나의 팀워크라고 할 수 있다. 그래서 유연하면서도 시너지 효과를 낼 수 있는 협력적인 팀워크를 지향하면서 구성할 필요가 있다.

3) 효과적인 팀의 특성

효과적인 팀의 특성을 살펴보면 〈표 8-7〉과 같다.

표 8-7. 효과적인 팀의 특성

- 창조적으로 운영된다. 현재 팀을 구성하고 있는 사람들의 성향이 다르기 때문에 그 사람들의 특성에 따라서 창조적으로 운영할 필요가 있다.
- 팀의 사명과 목표를 명확하게 기술한다. 명확하게 팀의 사명과 팀이 가야 할 목표 등 경영계획을 수립, 비전 등을 세워서 하나의 목표한 방향으로 갈 수 있도록 명확하게 기술할 필요가 있다.
- 결과에 초점을 맞춘다. 과정을 중시하는 팀이 있고, 결과를 중시하는 팀이 있다. 성과를 지향하면서 성과를 도출할 수 있도록 스마트하게 일하는 게 요즘의 특징이다. 내가 할 일을 명확하게 알고, 내가 이 일의 성과를 내기 위해서 효율적으로 할 필요가 있다. 시간관리를 잘하면서 자기 관리를 하고 성과를 낼 수 있도록 성과에 초점을 두어야 한다.
- 역할과 책임을 명료화시킨다. 내가 무슨 역할을 해야 할지 할 일과 책임을 명료화시켜서 미션을 할당한다. 정확하게 내가 할 일을 알기 때문에 기대가 명확해진다.
- 조직화가 잘 되어 있다. 조직화라는 것은 그 조직이 체계성을 갖추는 것이다.
- 개인의 강점을 활용한다. 각자 갖고 있는 강점을 잘 활용해서 팀의 목표를 달성할 수 있도록 강점 코칭을 한다.
- 리더십 역량을 공유하며 구성원 상호 간에 지원을 아끼지 않는다.
- 팀 풍토를 발전시킨다. 우리 팀만의 고유한 문화를 발전시킬 필요가 있다.
- 의견의 불일치를 건설적으로 해결한다.
- 개방적으로 의사소통을 한다.
- 객관적인 결정을 내린다.
- 팀 자체의 효과성을 평가한다. 팀에 대한 성과 평가, 즉 피드백을 할 필요가 있다.

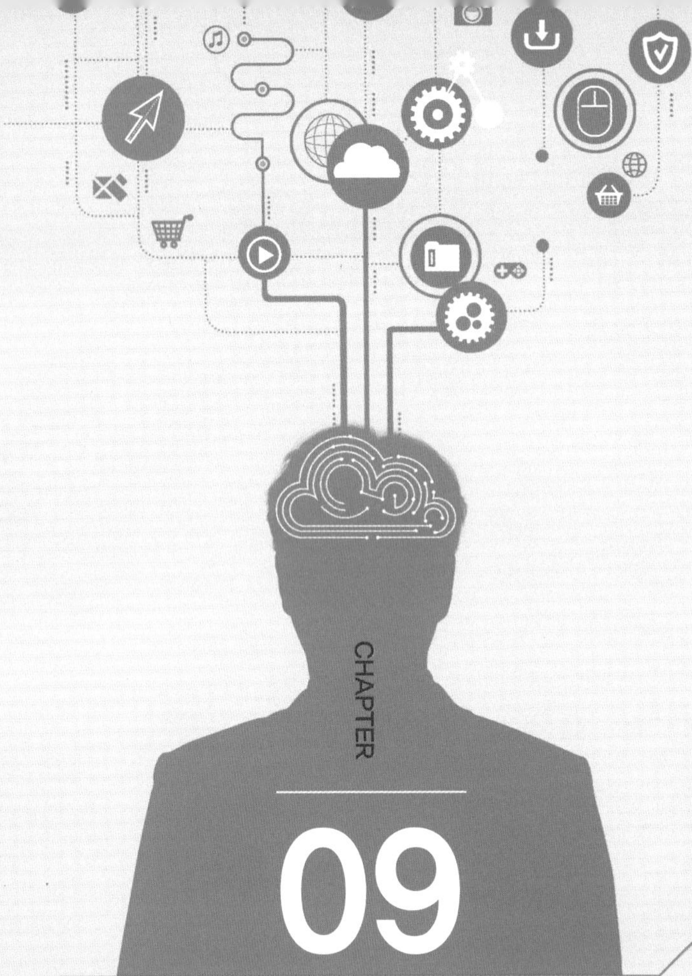

CHAPTER 09

꿈과 비전

배울 내용

1. 나의 꿈
2. 꿈 이루기
3. 꿈 실행하기
4. 비전
5. 비전 설정하기

학습목표

1. 꿈의 중요성을 알아보고 나의 10년 후의 꿈을 작성해 본다.
2. 비전의 개념과 특징을 이해한다.
3. 비전 실현을 위해 비전 설정 전략 및 목표를 세워 본다.

활동 1. 생각해 보기

이 일을 하기로 결정한 직후 한 대학생이 물었다.
"재미있는 세계 여행이나 계속하지 왜 힘든 긴급구호를 하세요?"
"이 일이 내 가슴을 뛰게 하고, 내 피를 끓게 만들기 때문이죠" 이렇게 대답하고 속으로 깜짝 놀랐다. 긴급구호 일을 해 보지 않겠냐는 제안을 받고 맛보기로 갔던 케냐에서의 일이 떠올랐기 때문이다. 그곳의 이동 병원에 사십대 중반의 케냐인 안과의사가 있었는데, 알고 보니 그를 만나려면 대통령도 며칠을 기다려야 할 정도로 유명한 의사였다. 그럼에도 그런 강촌에서 전염성 풍토병 환자들을 아무렇지 않게 만지며 치료하고 있었다.
궁금해진 내가 물었다. "당신은 아주 유명한 의사이면서 왜 아무도 알아주지 않는 이런 험한 곳에서 일하고 있어요?" 그러자 이 친구, 어금니가 모두 보일 정도로 활짝 웃으며 이렇게 말했다. "내가 가지고 있는 기술과 재능을 돈 버는 데만 쓰는 건 너무 아깝잖아요. 그러나 무엇보다도 이 일이 내 가슴을 몹시 뛰게 하기 때문이에요" 그 말을 듣는 순간 나는 벼락을 맞은 것처럼 온몸에 전율이 일고 머릿속이 짜릿해졌다. 서슴없이 가슴 뛰는 일을 하고 있다고 말하는 그 의사가 몹시 부러웠고, 나도 언젠가 저렇게 말할 수 있다면 얼마나 좋을까 생각했다. 그런데 내가 방금 그 말을 한 것이다.

출처: 한비야(2005). 지도 밖으로 행군하라.

- 여러분을 가슴 뛰게 하는 일이 있나요? 아직 여러분에게 열정을 주는 일을 찾지 못했다면 오늘 수업시간에 나를 움직이게 하는 것은 무엇인지 진지하게 생각하는 시간을 가져 봅시다. 여러분을 가슴 뛰게 하는 꿈에 대해서, 정말로 하고 싶은 일을 하기 위해 준비하고, 목표를 세우고 실행하는 이야기를 나누어 봅시다.

....

....

....

활동 2. 꿈의 변화과정 파악하기

표 9-1. 꿈의 변화과정

시기	나는 OO가 될거야 !	왜 그랬을까?	영향을 미친 사람
초등학교 4학년	나는 판사가 될거야	부모님이 판사가 좋다고 하셨다.	부모님
중학교 3학년	컴퓨터 전문가가 될거야	컴퓨터를 하는 것이 재미있었다.	안철수
고등학교 2학년	영화감독이 될거야	영화를 보면서 나도 멋진 영화를 만들고 싶었다.	박찬욱, 이창동

출처: 한국고용정보원(2006). 청년층 직업지도프로그램.

■ "나는 OO가 되고 싶어"라고 생각했던 꿈을 시기별로 적어 보고 이유를 이야기해 봅시다.

1. 나의 꿈

1) 꿈의 중요성

인생에서의 행복과 성공은 우연적 요인에 의해 영향을 받기도 하지만 미리 준비하고 노력한 자에게 주어지는 것이다. 특히 대학생 시기는 "무엇을 위해 어떻게 살 것인가?" 라는 물음에 대해 깊이 고민하며 탐색해 보아야 하는 시기이다. 대학의 입학준비에 몰두해 온 우리나라의 젊은이들은 대학 이전 시기에 이런 고민을 해 오지 못하다가 대학생 시기에 진지하고 깊이 있게 탐색하는 경향이 있다.

행복하고 성공적인 삶을 위해서는 인생의 설계가 필요하다. 대학생 시기에 접할 수 있는 풍부한 지식과 경험에 근거하여 자신의 인생을 설계하고 준비하는 것이 중요하다. 우리의 인생은 반드시 계획한 대로 이루어지는 것은 아니다. 그러나 자신의 인생에서 추구하는 소중한 가치를 실현하기 위해 미래를 치밀하게 계획하고 체계적으로 준비한 사람에게 의미 있는 인생의 열매가 주어지는 것은 당연한 이치이다. 사회적 진출을 앞두고 있는 대학생에게는 미래의 삶에 대한 계획과 준비가 더욱 절실한 과제라고 할 수 있다.

1,000개나 되는 퍼즐 조각을 테이블에 쏟았는데, 그림이 없다면, 어떻게 퍼즐을 맞출 것인가? 어떤 그림인지 1초만 볼 수 있다면 퍼즐을 맞출 수 있겠지만, 그림이 없다면 어디서 출발해야 할지 알기 어렵다. 마찬가지로 우리가 인생의 퍼즐을 맞추려고 할 때, 그림이 없는 인생의 퍼즐은 시행착오와 많은 시간이 걸릴 것이다. 따라서 대학생의 시기에 인생의 밑그림을 그리는 작업은 성공한 인생을 살기 위한 첫걸음이다(권석만, 2004).

2) 꿈 너머 꿈

꿈이 나의 장 · 단기적인 목표라면, 꿈 너머의 꿈은 목표를 달성한 후 어떻게 살 것인가에 관한 것이다. 꿈이 있으면 행복해지고 꿈 너머 꿈이 있으면 위대해질 수 있다고 한다. 직업이나 미래에 대한 목표가 있는 사람과 꿈 너머의 꿈이 있는 사람은 미래를 보는 안목도 다를 것이다.

꿈 너머 꿈은 "무엇이 되느냐"를 넘어서 "무엇이 된 후 어떤 일을 할 것인가?"에 대한 대답이기 때문이다. "왜" 그것이 되고 싶은지에 대한 이유이기도 하다. 꿈 너머 꿈을 가진 사람은 무지개를 보는 사람이다. 지금은 비가 내리지만, 조금만 더 걸어가면 그 비가 그치고 무지개가 피어나는 것을 내다보며 묵묵히 빗길을 가는 사람이다(고도원, 2007). 당신의 꿈 너머 꿈은 무엇인가?

활동 3. 10년 후 나의 꿈 알아보기

■ 10년 후 직업과 나의 삶과 꿈의 목록을 작성해 봅시다.

표 9-2. **10년 후 나의 꿈**

▌10년 후 내 직업은 무엇일까요 ?	
1. 직 업	
2. 꿈 너머 꿈	
▌나의 삶	
1. 나의 집	
2. 나의 가족	
3. 나의 취미	
▌꿈의 목록	
1. 가고 싶은 곳	
2. 배우고 싶은 것	
3. 먹고 싶은 것	
4. 사고 싶은 것	
5. 만나고 싶은 사람	

2. 꿈 이루기

1) 법칙 활용하기

미국의 유명한 성공학 강사 브라이언 트레이시는 "자연에는 법칙이 있듯 인간에게도 몇 가지 정신 법칙이 있다"고 주장한다. 그의 말에 따르면, 인생이 순조롭다는 것은 생각과 행동이 바로 이 정신 법칙과 조화를 이루기 때문이며, 만약 문제가 발생했다면 틀림없이 법칙을 어긴 결과라는 것이다.

인간에게 나타나는 정신 법칙으로는 첫째, "신념의 법칙"이다. 이것은 "무엇이든 느낌을 갖고 믿으면 그것은 현실이 된다"는 것이다. 꿈을 이룰 것이라고 자신을 믿으면 어떤 어려움에 처해도 목표를 향해 계속 전진할 수 있다. 그러나 성취가 운이나 우연에 의해 좌우된다고 믿으면 쉽게 포기하거나 좌절하게 된다.

Tip 피그말리온 효과

피그말리온 효과는 로젠탈(Rosenthal, Robert) 효과, 자성적 예언, 자기 충족적 예언이라고도 한다. 그리스 신화에 나오는 조각가 피그말리온의 이름에서 유래한 심리학 용어이다. 조각가였던 피그말리온은 아름다운 여인상을 조각하고, 그 여인상을 진심으로 사랑하게 된다. 여신(女神) 아프로디테(로마 신화의 비너스)는 그의 사랑에 감동하여 여인상에게 생명을 주었다. 이처럼 타인의 기대나 관심으로 인해 능률이 오르거나 결과가 좋아지는 현상을 말한다. 정신을 집중해 어떠한 것을 간절히 소망하면 불가능한 일도 실현된다는 심리적 효과를 의미한다.

둘째, "인력의 법칙"이다. 이것은 "인간은 살아 있는 자석이다"라는 것이다. 즉, 우리는 자신의 생각과 일치하는 것들을 우리의 삶으로 끌어들인다. 행복한 사람들은 행복한 다른 사람들을 끌어당기고 경제적 풍요로움을 생각하는 사람은 돈을 벌 수 있는 아이디어와 기회를 잡아당긴다. 이처럼 자신이 진정 원하는 것에 집중하면 인력의 법칙이 작동한다.

셋째, "상응의 법칙"이다. 이것은 "안에 있는 대로 밖으로 표출된다"라는 것이다. 삶의 모든 것은 안으로부터 밖으로 향한다. 따라서 먼저 스스로를 변화시켜야 한다. 내면의 상태를 꿈과 희망으로 가득 채우면 외부로 나타나는 삶 또한 그에 따라 변화된다. 괴테는 "무엇인가를 잘하기 위해서는 먼저 그것이 되어야 한다"라고 말했는데, 이것을 의미한다.

2) 시각화하기

꿈을 현실화시키는 데 가장 유용한 방법은 바로 그것을 이미지로 시각화하는 것이다. 자신이 원하는 모습에 대한 성공적이고 이상적인 목표를 세워 매일 그것을 생각하고 바라보면 우리는 그것을 현실로 만들 수 있다.

꿈을 현실화시키는 데 이미지를 시각화하기 위해 중요한 것은 첫째, 빈도(frequency)이다. 미래의 목표, 행동 등을 얼마나 반복해서 시각화하느냐가 우리의 생각과 느낌과 행동에 강력한 영향을 끼친다. 반복의 정도는 우리가 그것을 얼마나 이루고 싶어하는가를 알려 주고 그 만큼 욕구와 믿음을 강화시키는 작용을 한다. 둘째, 선명도(vividness)이다. 이것은 꿈을 얼마나 맑고 깨끗하게 또 구체적으로 상상하여 볼 수 있는가를 말한다. 성공한 사람들은 자신이 원하는 것을 분명히 그릴 수 있다. 반면 실패한 사람들은 이루고자 하는 것에 대해 불분명하고 확신이 없다. 셋째, 강도(intensity)이다. 이것은 꿈의 시각화에 부여하는 감정의 양을 말한다. 어떤 것을 원하면 우리는 그것에 흥분하고 몰입하여 열정을 갖게 된다. 이렇게 목표가 달성될 것이라고 강하게 믿으면 훨씬 빨리 이루어진다. 넷째, 지속시간(duration)이다. 이것은 꿈을 마음속에 잡아 두는 시간을 말한다. 상상하는 시간이 길수록 반복하여 실현될 가능성은 커진다. 이렇게 하면 잠재의식에 명령처럼 수용되고 우리 자신은 그와 일치되도록 조정된다.

3) 꿈을 이루는 과정 즐기기

꿈을 이루려면 그 과정을 즐길 줄 알아야 한다. 거스 히딩크 감독은 우리나라 대표팀을 맡고 나서 가장 먼저 지적한 것이 "축구를 즐겨라"라는 것이었다. 히딩크는 선수들에게 늘 다음과 같이 강조했다. 애국심으로 축구를 한다고 16강에 들 수는 없다. 브라질 축구, 지단의 유연한 몸동작과 절묘하기 짝이 없는 타이밍은 결고 전투적으로 연습해서 얻어지는 것들이 아닌 것이다. 진정으로 즐겨라. 그러면 프로가 된다. 열정적으로 즐겨라. 그러면 스타가 된다. 공부를 재미있어 하고 배우기를 즐기는 학생이 공부를 잘하게 된다. 비즈니스를 재미있어 하는 사업가가 결국 부자가 된다.

3. 꿈 실행하기

1) 실행하기

자신의 꿈을 찾는 일은 재미있기는 하지만 다소 환상이나 공상처럼 생각해서 들뜰 우려가 있다. 또한 자기가 원하는 것을 행동으로 옮기지 않는다면 순식간에 아무 상관없는 연습에 그치고 만다. 대개 발견 속에는 뭔가 "행동"에 대한 암시가 함께 들어 있다. 습관을 바꾸는 일, 누군가를 만나는 일, 여행, 교육, 새로운 기술습득 등과 같은 행동이 이미 그 안에 들어 있는 것이다. 행동이 뒤따르지 않는 목표는 종이 위에서 죽어 갈 뿐이다. 그러나 새로운 행동방식을 끌어내는 목표는 인생에 새로운 결과를 가져온다(Eills, 2009).

2) 포기하지 않기

성공한 사람들이 실패하지 않고 바로 자신이 원하는 꿈이나 목표를 이루었다고 생각하는가? 그렇지 않다. 우리가 많이 알고 있는 축구선수 박지성, 피겨선수 김연아도 수없이 많은 실패와 아픔의 시기가 있었다. 하지만 그들과 다른 사람의 차이는 무엇인가? 힘든 시기가 있어도 포기하지 않았다는 것이다. 자기가 원하는 꿈을 이루기 위해서는 실패를 하더라도 실패를 배움의 과정으로 생각하면서 또 다시 시도하는 것이 중요하다. 인디언들의 기우제는 한 번도 실패한 적이 없다고 한다. 그 이유는 비가 내릴 때까지 기우제를 지내기 때문이다.

활동 4. 미래를 위한 준비 파악하기

■ 미래를 위해 나에게 더 필요하다고 생각되는 능력은 무엇입니까?

....

....

....

■ 내가 앞으로 해야 할 일은 무엇이라고 생각하십니까?

....

....

....

김구

일제강점기 나라의 독립과 통일민족국가 건설을 위해 투쟁하고 애국계몽운동을 전개했던 독립운동가. 본관은 안동, 자는 연상, 호는 연하 또는 백범으로 1919년 상해로 망명하기 전까지 국내에서 동학농민운동과 애국계몽운동에 참여했다. 임시정부의 초대 경무국장을 거쳐 국무위원과 주석을 지냈다. 이후 여러 갈래로 갈라진 민족독립운동 진영을 통합하고자 한국광복전선을 결성하고 좌우합작의 이념적 통합을 이루었다. 해방 이후 신탁통치에 반대했던 그는 반탁운동을 맹렬히 전개했고 완전자주독립노선을 주장했으나, 1949년 6월 경교장에서 육군 현역 장교 안두희가 쏜 총탄을 맞고 서거했다. 저서로는 『백범일지』가 있다.

나의 소원

네 소원(所願)이 무엇이냐 하고 하느님이 내게 물으시면, 나는 서슴지 않고 "내 소원은 대한 독립(大韓獨立)이오"하고 대답할 것이다.
그 다음 소원은 무엇이냐 하면, 나는 또 "우리 나라의 독립이오"할 것이요.
또 그 다음 소원이 무엇이냐 하는 세 번째 물음에도, 나는 더욱 소리를 높여서 "나의 소원은 우리 나라 대한의 완전한 자주 독립(自主獨立)이오"하고 대답할 것이다.

동포(同胞) 여러분! 나 김구의 소원은 이것 하나밖에는 없다. 내 과거의 칠십 평생을 이 소원을 위하여 살아왔고, 현재에도 이 소원 때문에 살고 있고, 미래에도 나는 이 소원을 달(達)하려고 살 것이다.

독립이 없는 백성으로 칠십 평생에 설움과 부끄러움과 애탐을 받은 나에게는, 세상에 가장 좋은 것이, 완전하게 자주 독립한 나라의 백성으로 살아 보다가 죽는 일이다. 나는 일찍이 우리 독립 정부의 문지기가 되기를 원하였거니와, 그것은 우리 나라가 독립국만 되면 나는 그 나라의 가장 미천(微賤)한 자가 되어도 좋다는 뜻이다. 왜 그런고 하면, 독립한 제 나라의 빈천(貧賤)이 남의 밑에 사는 부귀(富貴)보다 기쁘고 영광스럽고 희망이 많기 때문이다. 옛날, 일본에 갔던 박제상(朴堤上)이 "내 차라리 계림(鷄林)의 개, 돼지가 될지언정 왜왕의 신하로 부귀를 누리지 않겠다"한 것이 그의 진정이었던 것을 나는 안다. 제상은 왜왕이 높은 벼슬과 많은 재물을 준다는 것을 물리치고 달게 죽음을 받았으니, 그것은 "차라리 내 나라의 귀신이 되리라"

마틴 루터 킹 주니어
(Martin Luther King, Jr.)

마틴 루터 킹 주니어(1929~1968)는 침례교 목사로 미국 시민권 운동을 이끈 주요 지도자였다. 본명은 마이클 킹 주니어였으나, 독일 개신교 혁명가인 마틴 루터를 기리는 성직자 아버지의 뜻에 따라 개명하였다. 킹 목사는 뛰어난 학자이기도 했다. 열 다섯 살에 모어하우스 대학에 입학하였고 이후 크르지어 신학교와 보스턴 대학에서 수학하였다. 운동가로서 킹 목사는 1955년 몽고메리버스 보이콧 운동을 이끌면서 처음으로 세간의 관심을 받게 되었다. 그리고 2년 뒤 남부기독교지도자협회 설립에 참여하였다. 35세에 최연소 노벨평화상 수상자가 되었다. 1968년 4월 4일, 테네시 주 멤피스에서 암살당하였다.

나에겐 꿈이 있습니다

동지 여러분, 저는 오늘 여러분에게 말씀드리고 싶습니다. 절망의 구렁에 빠져 허우적대지 맙시다. 비록 우리는 지금 고난을 마주하고 있지만 나에게는 꿈이 있습니다. 그 꿈은 아메리칸드림에 깊이 뿌리를 내리고 있습니다.

나에게는 꿈이 있습니다. 언젠가 이 나라가 '모든 인간은 평등하게 태어난다는 사실을 우리는 자명한 진리로 받아들인다'는 이 나라 건국 신조의 참뜻을 되새기며 살아가리라는 꿈입니다.
나에게는 꿈이 있습니다. 언젠가 조지아 주의 붉은 언덕에서 노예의 후손과 노예 주인의 후손이 형제애라는 식탁 앞에 나란히 앉을 수 있는 날이 오리라는 꿈입니다.
나에게는 꿈이 있습니다. 부당함과 억압의 뜨거운 열기로 신음하는 미시시피 주도 언젠가 자유와 정의가 샘솟는 오아시스가 되리라는 꿈입니다.
나에게는 꿈이 있습니다. 언젠가 내 아이들이 자신의 피부색이 아니라 인격으로 평가 받는 나라에서 살게 되리라는 꿈입니다.
지금 나에게는 꿈이 있습니다! 나에게는 꿈이 있습니다. 지독한 인종차별주의자들이 들끓는 앨라배마, 주지사가 '주권 우위'라느니, '연방 법령 실시 거부'라느니 같은 말만 떠벌리는 저기 앨라배마에서도 언젠가 흑인 소년 소녀들이 백인 소년 소녀들과 형제자매처럼 손을 마주 잡게 되리라는 꿈입니다.
지금 나에게는 꿈이 있습니다! 나에게는 꿈이 있습니다. 언젠가 모든 골짜기가 솟아오르고 모든 언덕과 산등성이가 낮아지며, 고르지 않은 곳은 평평해지고 굽이진 곳은 곧게 펴질 것이요, '주님의 영광이 나타나 모든 인류가 그 영광을 함께 보게 되리라'는 꿈입니다. 이것이 우리의 희망입니다. 저는 이러한 믿음을 안고 남부로 돌아갈 것입니다.

이러한 믿음이 있으면 우리는 절망이라는 산을 깎아 희망이라는 돌을 만들 수 있을 것입니다. 이러한 믿음이 있으면 우리는 이 시끄러운 불협화음을 형제애라는 아름다운 교향곡으로 바꿀 수 있을 것입니다. 이러한 믿음이 있으면 우리는 언젠가 자유로워지리라는 사실을 알면서 함께 일하고 함께 기도하며, 함께 투쟁하고 함께 감옥에 갈 것이요, 함께 자유를 옹호할 것입니다. 그날, 바로 그날 주님의 자녀들은 이 구절을 새로운 의미를 담아 부르게 될 것입니다.

4. 비전

1) 비전의 의미

대학생을 대상으로 비전을 가진 여부와 비전의 명확성이 학교생활에 미치는 영향을 분석한 연구(변상우, 허갑수, 2014)가 있다. 명확한 비전을 가지고 대학생활을 하는 학생일수록 학교생활에 대한 만족감, 열정, 소속감이 강했으며, 학교생활 과정에서 일어나는 여러 가지 좌절 상황에서도 결코 포기하지 않고 부단히 노력한 결과 결국에는 자신의 삶의 목표를 향해 나아가게 된다고 연구는 밝히고 있다. 이 결과는 인생을 살아가는데 있어 비전을 가지는 것은 어떻게 삶을 살아가야 하는지에 대한 방향성과 현재의 삶을 충실하게 살아갈 수 있는 힘을 준다는 것을 의미한다.

그렇다면 비전이란 무엇일까? 비전이란 용어는 종교, 경영분야에서 많이 사용되고 있으며 현재는 일상적으로 사용되고 있다. 비전(vision)은 보이는 것(시력), 선견, 상상력 및 통찰력으로 해석되고 사전적 의미는 '내다 보이는 미래의 상황'으로 정의된다. 미래를 내다본다는 것은 앞으로 다가오는 미래를 상상력과 통찰력을 바탕으로 예견하는 것이다. Blanchard와 Stoner(2006)는 '비전은 자신이 누구이고, 어디로 가고 있으며, 무엇이 그 여정을 인도할지를 아는 것이다' 라고 정의하고, 비전의 세 가지 핵심요소로 의미 있는 목적, 뚜렷한 가치, 미래에 대한 청사진을 이야기하고 있다. 즉, 비전은 자신의 존재와 가치관 탐색을 통해 상상력과 통찰력을 바탕으로 바람직한 미래의 삶을 생생한 이미지로 그려 보는 것으로 궁극적으로 자신의 잠재력을 극대화시켜 나아갈 방향을 찾고 추진해 나가는 것이라 할 수 있다(정보현, 2012).

비전과 비슷한 의미로 쓰이는 단어로는 꿈, 목표가 있다. 흔히 혼용하여 쓰기도 하는데 비전과 꿈과 목표는 구별해서 사용해야 한다. 꿈은 잠자는 동안 깨어 있을 때와 마찬가지로 여러 가지 사물을 보고 듣는 현상, 실현될 가능성이 아주 적거나 전혀 없는 헛된 기대나 생각, 실현하고 싶은 희망이나 이상을 말한다(조성진, 지희진, 2014). 비전은 실현가능한 꿈으로써 꿈이 막연한 희망이나 이상이라면, 비전은 실제로 실현가능한 결과를 구체적으로 그림으로 그려 내는 것이며, 이를 위해 행동하게 되는 것이다. 이러한 실현가능성으로 인해 꿈보다 훨씬 강렬하며 구체적인 행동으로 드러난다. 비전이 우리 삶의 목적지라면 목표는 그 목적지를 가기 위해 들러야 하는 정거장들이 되는 것이다(박윤희, 2011). 비전이 장기적이라면 목표는 단기적이며 훨씬 구체적인 특성을 가진다. 원태연 시인의 〈이별역〉을 김중순이 각색하여 만든 시(김중순, 2009)인 〈꿈역〉은 꿈과 비전과 목표의 차이를 잘 알려 준다.

표 9-3. 꿈역(dream station) 시

이번 정차할 역은
'목표', '목표역(goal station)'입니다.
내리실 분은 잊으신 행동(behavior)이 없는지
다시 한번 확인하시고
내리십시오.
계속해서
'꿈역(dream station)'으로 가실 분은
이번 역에서
'비전(vision station)'행 열차로 갈아타십시오.
'과거(past station)'행 열차는
여러분들의 꿈(dream)을 위해
영원히 운행하지 않습니다.

표 9-4. 비전(VISION)의 의미

V(vivid): 생생하게 그려라.
I(image): 입체적으로 이미지화하라.
S(speak): 여기저기 떠벌려라.
I(insane): 미쳐라.
O(organize): 계획을 수립하고 진행과정을 잘 정리하라.
N(notice): 만천하에 알려라.

출처: 김중순(2009). 꿈을 디자인하라. 한솜미디어.

표 9-5. **비전 사례와 목표 사례**

비전 사례		목표 사례
• 마이크로소프트사, 빌 게이츠(1975): "모든 책상과 가정에 컴퓨터를" • 포드(1900년대초): "자동차를 대중화하자" • 케네디(1950년대): "달에 인간을 착륙시키자" • 애플 CEO, 스티브 잡스(2010): "우주에 영향을 미치자(Make a Dent in the Universe.)"	VS	• 부자가 되고 싶다. • 회사를 운영하고 싶다. • 교수가 되고 싶다. • 아름다운 별장을 갖고 싶다.

2) 비전의 특징

비전은 다음과 같은 특징을 가지는데(박윤희, 2011) 첫째, 비전은 미래에 대한 것이고 원대한 것이어야 한다. 비전은 삶의 방향을 잡아 주는 길잡이와 같기 때문에 삶 전체를 포괄할 수 있도록 커야 한다. 다시 말해, 비전은 달성하면 끝나는 목표를 넘어서 살아가는 동안 삶에 계속해서 영향을 미치는 영속성을 가진 살아 움직이는 목표이어야 한다.

둘째, 비전은 바람직한 것이고 함께하는 것이어야 한다. 비전은 개인적인 이기심을 채우기보다는 다른 사람들과 함께 나누고 사회에 기여할 수 있는 것이어야 한다. 또한 개인의 삶의 비전은 개인 혼자서만 알고 있는 것이 아니라 가족과 함께 공유하여 어느 곳에서든 실천의지를 가지는 것이 좋다. 조직의 비전은 조직 구성원 모두가 공유하고 함께 실현해 나가게 함으로써 조직 전체가 자기혁신을 가능하게 하여 최고경영자 한 사람에게 귀속되는 한계를 벗어나게 해 준다.

셋째, 비전은 변화와 발전을 수반하는 것이어야 한다. 비전은 고정된 것이 아니라 끊임없이 변화한다. 건강한 비전은 목표에 대한 명확한 의미를 갖고 그 의미를 중심으로 끝없이 다음, 다 다음 목표를 새롭게 만들어 내며 개인에게 끊임없이 개발하고 발전시키기 위한 노력을 이끌어 낸다(김세우, 2007).

넷째, 비전은 장기적인 것이어야 한다. 비전은 목표와 구별되며, 장기적인 기간 동안 이루어 나가는 것이다. 장기적으로 비전을 실현해 나가기 위해서는 단기적으로 달성할 수 있는 목표들이 수립되고 이들 목표를 달성하기 위한 전략들을 계획하고 수행해 나가야 한다.

다섯째, 비전은 가슴을 뛰게 하는 것이어야 한다. 미래에 성취하는 모습을 상상했을 때 가슴이 뛰고 기분이 좋아진다는 것은 비전을 이루고자 하는 동기가 가득하다는 것이다. 이러한 동기가 있을 때 비전을 이루고자 하는 노력에 몰입할 수 있을 것이다. 또한 비전은 몰입할 수 있는 자기가 좋아하는 것이다.

3) 비전과 행동의 관계

Hitt(1988)은 비전을 실천하는 정도를 〈그림 9-1〉과 같이 네 가지 유형으로 구분하여 설명하고 있는데(변상우, 허갑수, 2014 재인용) 첫째, 방관자 유형이다. 비전도 없고 비전을 이루기 위한 행동도 하지 않은 사람은 방관자로서 이런 유형의 사람은 성공할 수 없다. 둘째, 행동가 유형이다. 이런 유형의 사람은 행동을 하기는 하지만 비전이 없어 단순히 바쁘기만 하다. 따라서 맹목적으로 일을 하고, 목적의식과 방향이 없기 때문에 큰 성과를 기대할 수 없다. 셋째, 몽상가이다. 이런 유형의 사람은 비전은 가지고 있지만 비전을 달성하기 위한 전략적인 행동이 부족하다. 그러므로 가지고 있는 비전은 환상에 불과하다. 넷째, 효과적 리더이다. 이런 유형의 사람은 명확한 자신의 비전이 있고, 그 비전을 전략적 행동으로 옮긴다. 따라서 모든 부분에서 최선을 다하기 때문에 조직에서 성공하게 된다.

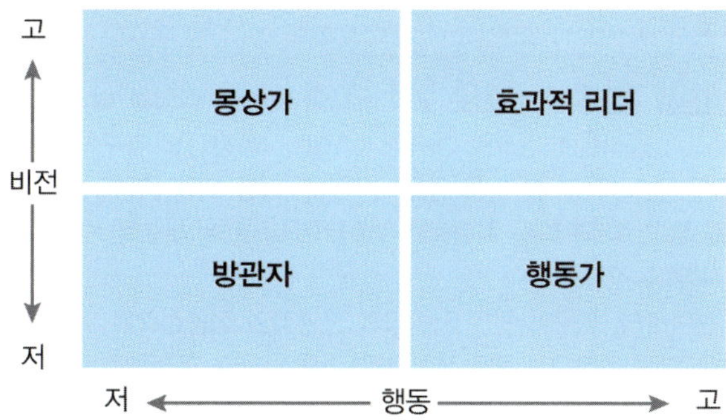

그림 9-1. **비전과 행동과의 관계**

5. 비전 설정하기

비전은 개인적으로는 삶의 미래상이고 기업에서는 조직의 미래상이라 할 수 있다. 즉, 비전을 가지는 것을 통해 세상에 존재하는 이유와 무엇을 하려는지에 대한 명확한 그림이 그려지게 된다. 비전이 없다면 자기가 왜 여기 있는지를 모르게 되고 온갖 방향에서 이리저리 휘둘리며 살게 될 것이다.

1) 비전 설정을 위한 전략

자신의 꿈을 실현가능한 비전으로 만들기 위해서 정철상(2011)이 제안하는 비전 수립 전략이 도움이 된다〈표 9-6〉.

표 9-6. **비전 수립 전략**

- 올바른 방향으로 비전을 추구하라. 비전은 우리가 나아가야 할 방향을 알려 주고 집중하도록 도와주는 역할을 한다. 우리가 올바른 방향으로 계속해 앞으로 나아간다면 추구하던 목표를 이루는 것은 물론이고 우리가 원했던 것보다 더 큰 것을 얻을 수 있다. 이를 위해 좀 더 열린 마음으로 꾸준히 학습하고 다양한 경험을 쌓고, 나와 다른 사람들의 이야기도 들으며 새로운 지식을 받아들여야만 올바른 방향의 궤도를 유지할 수 있다.
- 가슴 뛰는 비전을 선택하라. 성공한 많은 사람들의 근본적인 성공전략은 '자신이 좋아하는 일을 하라'이다. 자신이 노력한 만큼 돌아오는 물질적 대가가 적을지라도 열정을 가지고 움직인다면 그 이상의 기쁨을 느낄 수 있다.
- 현재 자신의 직업이나 재능을 확장해 보라. 자신이 가진 재능과 직업을 제쳐 두고 현실과 동떨어진 꿈을 꾸다가 일장춘몽으로 일생을 끝낼 수 있다. 그래서 멀리서 꿈을 찾기보다는 가까이에 있는 자신의 재능과 자질, 취미, 인맥, 경험, 능력 등을 활용할 수 있는 일들이 무엇이 있을까 고려해 보는 것이 좋다.
- 꿈은 원대하게 가지되 현실은 냉정하게 직시하라. 자신의 꿈을 실현한 사람들은 단순히 생존하기 위해서 살아가는 것이 아니라 위대한 일을 해내리라는 확고부동한 믿음으로 살아간다.
- 비전을 좀 더 가치 있고 멋있게 포장하라. 비전을 멋지게 포장하는 것은 남들에게 멋지게 보여 줘야 할 필요가 있을 뿐만 아니라 스스로도 만족스럽게 느끼도록 하기 위해서이다.
- 미래 이력서를 만들어라. 짧은 비전의 기록만으로는 구체적인 실행계획을 잡기가 어렵다. 그럴 때는 인생 설계도를 함께 그려 보는 것이 유용하다. 직업뿐만 아니라 미래의 꿈, 능력, 성취 등 하고 싶은 일을 마치 다 이룩한 것처럼 기록해 본다. 미래 이력서는 막강한 힘을 발휘하여 자신이 기록한 일들이 모두 이뤄지는 기적을 일으킨다.
- 미래의 모습을 생생하게 꿈꿔라. 자신이 꿈꾸는 삶의 모습을 영상화된 이미지나 사진으로 표현해 보는 것도 좋다. 더 나아가 마음속에 목표를 달성했을 때의 감정을 미리 느껴 보는 심상화를 한다.
- 스마트한 행동계획을 수립하라. SMART한 행동계획이란 "모호한 계획이나 목표가 아니라 구체적이어야(Specific) 하고, 목표 결과가 측정 가능한 것(Measurable)이어야 하며, 현실과 너무 동떨어진 것이 아니라 성취가능한 것(Achievable)이어야 하며, 현재보다는 미래지향적이고 결과지향적(Result-oriented)이어야 하며, 무엇보다 마감기한(Time-bounded)이 설정되어 있어 구체적인 기간 내에 완수할 수 있도록 일을 처리해야 한다"는 뜻을 담고 있다.
- 틈나는 대로 비전을 공표하라.

2) 비전 선언문 작성하기

비전을 수립했다면, 비전을 글이나 말로 표현하는 것이 중요하다. 글이나 말로 비전을 표현하는 순간 이미 행동으로써 실현되기 시작한다. 미국의 한 통계조사에서 비전을 가지고 표현하는 것이 생활수준과 어떻게 연결되는지를 잘 보여 주고 있다(박윤희, 2011). 조사에서 전체 인구 중 27%는 자신의 미래에 대해 아무 생각 없이 살고, 60%는 자신의 미래에 대해 생각을 조금 가지고 있고, 10%는 좀 구체적으로 자신의 미래에 대해 생각하고, 3%는 자신이 미래에 대해 구체적인 목표를 가지고 그것을 글로 기록한다고 답변하였다. 생활수준을 조사해 보니 27%는 생계보조를 받아 살아가고 있고, 60%는 겨우 생계를 꾸려 가고 있고, 10%는 부유하게 살고 있으며, 3%는 아주 부유하게 산다는 결과가 나왔다.

비전이나 목표를 구체적으로 표현하는 것이 실현가능성을 높인다는 연구는 예일대학교의 연구(1953)와 허버드 대학교의 연구(1979)에서도 밝히고 있다(MacLeod, Les, 2012). 예일대학교에서 실시한 연구(1953)에서 목표를 구체적으로 글로 작성한 3%의 학생들이 20년이 지난 추적 조사에서 97%의 학생들이 다 합한 것보다 더 많은 재산들을 가지고 있음을 밝혔다. 또한 1979년에 하버드 대학에서 경영대학원에서도 같은 조사를 한 결과 재학 중인 대학원 학생들의 3%만이 목표를 구체적으로 작성했고, 졸업 후 다른 97% 학생들의 10배가 넘는 수입을 갖고 있음을 알아냈다.

비전 선언문은 비전을 말이나 글로 표현한 것이며 비전을 이루기 위해 도움을 받는 지도와 같다. 강상구(2005)는 비전 선언문을 작성하는 방법으로는 〈표 9-7〉과 같이 제시하고 있으며, 비전의 시각화를 위한 네 가지 측면(Tracy, 2003)은 〈표 9-8〉과 같다.

표 9-7. 비전 선언문을 작성하는 방법

- 혼자 있을 수 있는 조용한 장소를 찾는다. 혼자만의 조용한 시간과 공간을 갖고 깊게 생각해 본다.
- 자신의 꿈을 생각해 본다. 어릴 때 생각했던 꿈을 생각해 본다거나 꿈을 잊고 살았던 자신을 돌아볼 수 있다. 꿈을 꾸는 것의 의미를 찾아볼 수 있다.
- 내가 잘하는 일을 찾는다. 내가 가장 잘하는 일을 찾아본다. 잘 찾아지지 않을 수도 있지만 차분히 찾아보면 내가 하고 있는 일 중에서 특별히 잘하는 일이 나타날 수 있다.
- 내가 원하는 것을 찾는다. 자신의 내면 깊숙이 숨겨진 원하는 것을 찾아본다.
- 시각화한다. 도표화된 꿈, 내가 잘 하는 것, 내가 원하는 것을 잘 정리하여 이것이 성취된 모습을 상상해 본다.
- 문장으로 완성한다. 시각화된 비전을 문장으로 작성한다. 단지 몇 단어로 끝날 수도 있고 몇 쪽으로 구성될 수도 있다.
- 긍정적인 언어로 비전 선언문을 채운다. 예를 들어, '나는 건강을 유지하기 위해서 늦게 잠자리에 들지 않는다' 보다는 '나는 건강을 증진시키기 위해 일찍 잠자리에 든다'라고 바꾼다. 성공한 사람들의 언어습관을 분석해 보면 부정적인 말은 하지 않는 것으로 나타났다.
- 액자를 만들어 잘 볼 수 있는 곳에 게시한다. 완성된 비전을 액자로 만들어 가장 잘 볼 수 있는 곳에 걸어 놓는 것은 자신의 비전을 상기시키고 그 비전을 실천하고자 하는 의지를 다질 수 있게 한다.

표 9-8. 비전의 시각화

구분	내용
얼마나 자주 하는가?	비전을 성취한 것으로 시각화하거나 비전을 성취한 자신의 모습을 시각화하는 횟수로써, 최선을 다하는 모습이나 최고의 결과를 이룬 모습의 명확한 마음속 그림을 자주 되풀이해서 시각화할수록 잠재 의식은 더욱 빠르게 그것을 받아들일 것이고 쉽게 현실의 일부로 실현될 것이다.
얼마나 오래 하는가?	마음속 그림을 지속시키는 시간의 길이이다. 비전이 성취된 모습이나 자신의 최고의 모습을 보여 주는 마음속 그림을 몇 초, 몇 분 동안 계속하면 잠재 의식에 깊이 새겨지고 그 후의 행위에서 더욱 빠르게 표출된다.
얼마나 선명한가?	비전이나 바라는 목표를 정신 속에서 명확하게 볼수록 더 빨리 현실로 이루어진다.
얼마나 강렬한가?	시각적 이미지에 얼마나 강한 감정을 느끼느냐 하는 것으로 감정이 강렬하고 시각적 이미지가 선명하기만 해도 그 즉시 목표가 실현되기도 한다.

활동 5. 비전 선언문 작성하기

■ 비전을 명확한 문장으로 표현하여 비전을 이루는 원동력으로 만들어 볼 수 있다. 예) 나는 싱가포르를 1, 2, 3, 4, 5의 나라로 만들겠다. 1명의 아내, 2명의 자녀, 3개의 침실, 4바퀴의 자동차, 주당 500 달러의 1인당 소득을 실현하는 나라로 만들겠다(1965년 싱가포르 총리 리콴유의 '12345 비전' 서울신문(2008. 03. 18.)).

비전 선언문

3) 비전 실현을 위한 목표 세우기

비전 없는 목표는 생명력이 없으며, 목표 없는 비전은 상념에 그칠 뿐이다(정철상, 2011). 삶의 미래상이라는 비전을 실현하기 위해서는 반드시 구체적인 목표가 있어야 한다. 목표는 선택에 대한 확실한 지침을 제공하고, 이러한 목표들을 하나씩 이루어 나가다 보면 비전에 도달할 수 있게 된다. 목표를 설정할 때는 일반적으로 사용하고 있는 목표설정 법칙인 SMART 법칙을 참고하여 작성하는 것이 효과적이다.

(1) S: 구체적인 목표(Specific)

추상적인 목표보다 구체적인 목표는 잠재의식과 실현에서 더 효과적이다. '올해는 몸무게를 줄여 날씬하고 싶다'는 추상적인 목표이고 '올해는 몸무게를 10kg 줄이겠다'는 것은 구체적인 목표이다. 구체적인 목표는 정확히 무엇을 달성하고자 하는가에 대해 답을 준다.

(2) M: 측정 가능한(Measurable) 목표

목표를 달성했는지를 알고자 한다면, 관찰가능하고 측정가능한 목표이어야 한다. 측정 가능하다는 정규적으로 목표 달성 과정을 측정하고 피드백을 통해 목표 달성 여부를 판단할 수 있게 해 준다. '80kg의 몸무게를 70kg으로 줄이겠다', '100일 동안 책 10권을 읽기 위해 10일마다 1권씩 읽겠다'라는 것이 측정가능한 목표이다.

(3) A: 달성 가능한(Achievable) 목표

목표는 너무 쉽게 달성하거나 달성할 수 없는 목표가 되어서는 안된다. 달성 가능한 목표는 내가 무엇을 어떻게 해낼 수 있는지를 알게 해 준다. '100일 동안 30권의 책을 읽겠다'는 책읽는 습관이 되어 있지 않은 상태에서는 3일에 책 한 권씩을 평균적으로 읽어야 하는데 이는 불가능한 목표이다.

(4) R: 결과지향적(Result-oriented) 목표

목표는 결과 지향적이어야 한다. 목표를 달성했을 때 구체적인 결과가 나와야 한다. '졸업 전에 자격증 따기' 보다는 '2학년 1학기 마치기 전에 전공과 관련된 ○○ 국가자격증 1개, 2학년 2학기 ◇◇ 자격증 1개 따기'가 결과지향적 목표이다.

(5) T: 달성기한이 있는(Time-bounded) 목표

목표는 달성하고자 하는 기한이 명시되어야 한다. 기한 안에 목표를 달성하기 위해 몰입해서 노력하고 단계적인 성취를 가지면서 목표달성 가능성을 높여 준다. 달성기한이 있는 목표는 목표 달성의 기한이 언제인가를 제시하는 것이다. '책 10권 읽기' 보다는 '100일 동안 책 10권 읽기'가 달성기한이 있는 목표이다.

활동 6. 비전 실현을 위한 목표 세우기

■ 이상의 목표설정 법칙인 SMART 법칙을 고려하여 활동 5에서 작성한 자신의 비전 실현을 위한 목표를 세워 봅시다. 자신이 설정한 비전을 달성하기 위해 자신에 대한 영역, 타인과의 관계에서의 영역에 대한 목표를 설정할 수 있습니다.

나의 비전			
구분		목표	목표를 위한 행동
자아 계발	자신감 키우기		
	자기관리		
	문제해결능력		
대인 관계	감사와 봉사		
	예절과 에티켓		
	의사소통		
	습관형성		

4) 비전 실현을 위한 행동하기

설정된 비전을 실현하기 위해서는 끊임없는 노력들이 필요하다. 지금 현재 각자의 상황에서 비전을 실현하기 위해 어떻게 해야 할까? 이를 위해서 경영분야에서 많이 쓰고 있는 로드맵을 활용해 볼 수 있다. 로드맵은 목표 실현을 위해 어떻게 목표를 달성할 것인지를 그림으로 도식화하는 것이다.

(1) 경력 로드맵

비전을 실현하기 위해서 전공분야에서 직업을 가지고 활동하는 것은 중요한 실천행동이다. 따라서 현재 자기가 속해 있는 전공분야(학과)에서 전문 직업인이 되기 위해 어떠한 경력들을 쌓아 가야 하는지를 알아보고 자신이 준비해야 하는 것을 예측하는 것은 중요한 일이다.

활동 7. 전문가가 갖추어야 할 조건 분석하기

■ 자신의 전공분야에서 전문가가 되기 위하여 기본적으로 가져야 할 조건에 대하여 조사하고 조사 결과에 따라 자신에게 필요하고 갖추어야 할 것들에 대해 살펴봅시다.

전공분야 전문가			
구분	조사 결과	자신에 대한 평가	
		나의 강점	부족한 점
필요한 자질			
필요한 전문 능력			
요구되는 학력수준			
필요한 자격증			

(2) 대학생활 로드맵

현재 우리는 대학생활을 통해 자신의 전공분야에서 전문가가 되기 위하여 전공에 대한 지식과 경험을 구성하는 기초과정을 수행하고 있다. 앞서 경력 로드맵에서 살펴본 전문가가 되기 위해 갖추어야 할 조건들과 자신의 현재 상황에 대한 이해를 바탕으로 대학생활을 어떻게 보내야 하는지 로드맵을 작성해 보자.

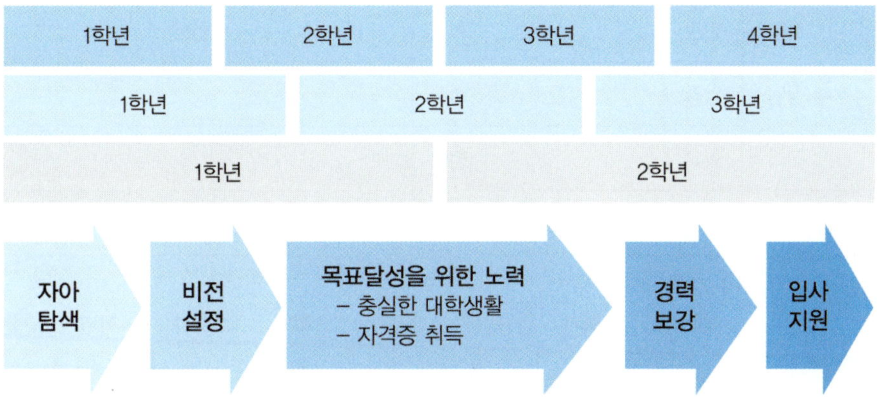

그림 9-2. 대학생활 학년별 로드맵

활동 8. 대학생활 로드맵 작성하기

■ 대학생활 동안 자신의 전공분야에서 전문가가 되기 위해 목표를 세우고 구체적인 행동 계획을 작성해 봅시다.

<table>
<tr><td colspan="2">비 전</td><td colspan="6"></td></tr>
<tr><td colspan="2">진로목표
(졸업 후)</td><td colspan="6"></td></tr>
<tr><td rowspan="3">세부
목표</td><td>취업</td><td>업종</td><td></td><td>회사</td><td></td><td>연봉</td><td></td></tr>
<tr><td>창업</td><td>업종</td><td></td><td>회사</td><td colspan="3"></td></tr>
<tr><td>진학</td><td>학교</td><td></td><td>전공</td><td colspan="3"></td></tr>
</table>

학기별 계획

구분	1학년		2학년		3학년		4학년	
	1학기	2학기	1학기	2학기	1학기	2학기	1학기	2학기
대학행사								
학과행사								
자기이해 (인적성검사, 성격검사 등)								
학점관리								
자격증								
외국어능력								
컴퓨터 활용능력								
봉사								
기타								

출처: 이영희 외(2010). 자기주도형 인성과 경력개발. 백석문화대학.

Tip 대학생활 로드맵 작성하기

- 목표를 설정할 때는 순차적으로 범위를 정하는 것이 좋다. 처음부터 너무 무리하게 목표를 세우게 되면 시작조차 안할 수 있기 때문에 순차적이고 계단식 목표를 설정하는 것이 좋다.

  예: 순차적이고 달성기한이 있는 목표(1년 목표, 월별, 주별, 일별, 시간별 목표)

  - 이번 주에는 매일 1시간씩 영어 공부를 하겠다.
  - 한 달 뒤에는 영어 단어 300개를 외우겠다.

- 목표는 구체적이어야 하며, 목표를 구체적으로 생각하는 과정 자체에 그 목표를 이루기 위한 방법도 함께 만들어진다.

  예: 구체적인 목표

  - 언제, 어디서, 무엇을 어떻게 얼마나 할 것인가를 분명하게 정한다.

- 측정할 수 없는 목표는 구체적이지 않고 막연하여 추상적인 목표가 되기 쉽다. 이러한 목표는 당연히 어디에서부터 실행에 옮겨야 할지 애매하여 전력을 기울이지도 않는다. 측정 가능한 목표는 수치화된 목표이다.

  예: 변화 정도가 선명하게 관찰되도록 측정 가능한 목표 세우기

  - 하루에 10개 영어 단어 외우기, 1개월 동안 300개 영어 단어 외우기

- 목표는 내가 무엇을 해야 하는지를 명확하게 제시해 줄 수 있어야 하고 내가 세운 목표를 달성하면 당연히 구체적인 결과가 나와야 한다. 결과를 기대할 수 없는 목표는 좌절감만 안겨 주게 되므로 성취동기를 불러일으킬 수 있는 행위 중심의 구체적인 결과를 도출할 수 있도록 목표를 세워야 한다.

  예: 행위 중심의 목표

  - 날마다 30분씩 헬스장에서 운동하겠다.

추상적 목표	구체적 목표
좋은 직장에 취업하겠다.	2022년에 OO 회사에 조리사로 취업한다.
좋은 학점을 받고 싶다.	2021년에 전공은 평점 4.3을 받는다.
해외 인턴을 가고 싶다.	6개월 후에 대학에서 보내 주는 해외 인턴십 프로그램을 간다.

- 현재 목표를 가지고 있거나 어릴 때 가졌던 목표가 진실로 내가 원하는 것인지 점검해 보아야 한다. 나의 목표는 반드시 자기 안에서 찾아야 한다. 내가 원하는 일인지 생각도 해 보지 않은 채 목표를 세우게 되면 이런 목표는 나에게 맞지 않는 스타일의 옷을 입는 것과 같다. 로또나 일

확천금과 같은 꿈을 꾸며 단순히 지금 생활에서 벗어나기 위한 충동적이고 비현실적인 생각은 좋은 목표가 될 수 없다.

내가 원하는 목표는 무엇인가요?	
1. 중기 목표(5년 후)	
2. 중기 목표로 가기 위해 필요한 것	
3. 단기 목표(2년 후)	
4. 단기 목표로 가기 위해 필요한 것	

- 대학생활을 위한 ROAD MAP 세우기: 자기의 목표에 따라 대학에서 언제, 어떤 목표를 가지고 단계적으로 실천해 나아갈지를 생각해 보고 구체적인 목표를 설정한다.

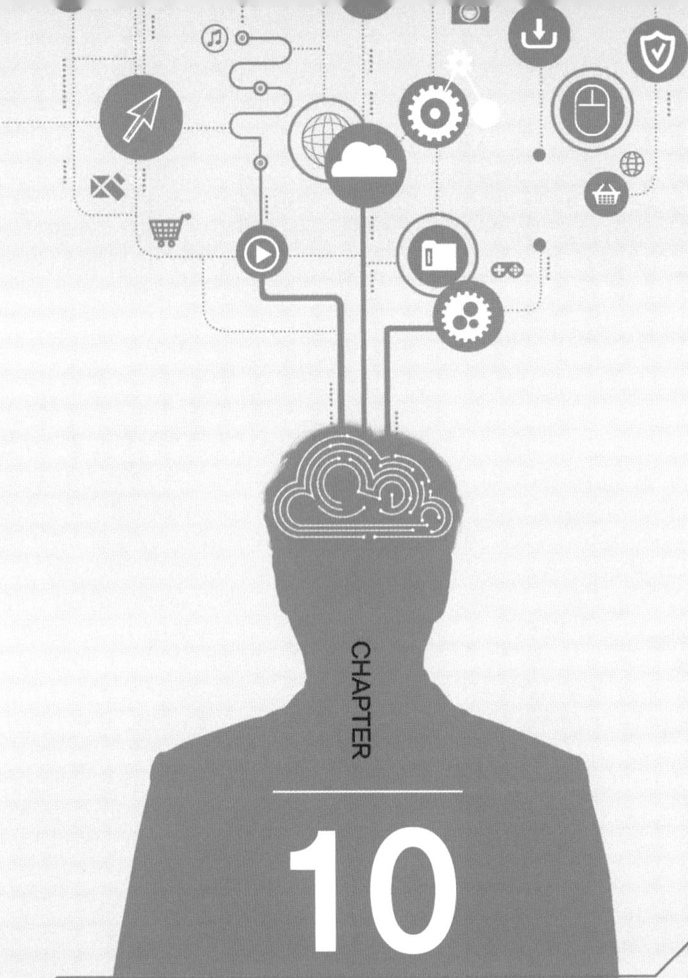

CHAPTER

10

건강하고 행복한 삶

배울 내용

1. 우울증
2. 스트레스
3. 사랑

학습목표

1. 우울증에 대한 개념을 파악하고 우울증을 예방할 수 있는 방안을 모색해 본다.
2. 스트레스를 이해하고 대처방안들을 모색해 본다.
3. 사랑에 대한 이해와 건전한 사랑을 할 수 있는 방법을 모색해 본다.

활동 1. 건강한 삶과 행복한 삶에 대한 자신의 생각 파악하기

- 자신이 생각하는 건강한 삶이란 무엇입니까?

- 자신이 생각하는 행복한 삶이란 무엇입니까?

활동 2. 자가평가 우울(Zung)정도 파악하기

다음의 항목들은 흔히 일상생활에서 느낄 수 있는 경험들을 열거한 것입니다. 각 항목을 주의 깊게 읽고 요즈음(오늘을 포함해서 지난 두 주 동안) 당신이 경험한 정도를 다음과 같이 그 정도에 따라 적당한 숫자에 체크해 봅시다.

표 10-1. **자가평가 우울척도(Zung)**

번호	문 항	아니다 (1)	가끔 그렇다 (2)	자주 그렇다 (3)	항상 그렇다 (4)
1	나는 매사에 의욕이 없고 우울하거나 슬플 때가 있다.	①	②	③	④
2	나는 하루 중 기분이 가장 좋은 때는 아침이다.	④	③	②	①
3	나는 갑자기 얼마 동안 울음을 터뜨리거나 울고 싶을 때가 있다.	①	②	③	④
4	나는 밤에 잠을 설칠 때가 있다.	①	②	③	④
5	나는 전과 같이 밥맛이 있다(식욕이 좋다).	④	③	②	①
6	나는 매력적인 여성(남성)을 보거나, 앉아서 얘기하는 것이 좋다.	④	③	②	①
7	나는 요즈음 체중이 줄었다.	①	②	③	④
8	나는 변비 때문에 고생한다.	①	②	③	④
9	나는 요즈음 가슴이 두근거린다.	①	②	③	④
10	나는 별 이유 없이 잘 피로하다.	①	②	③	④
11	내 머리는 한결같이 맑다.	④	③	②	①
12	나는 전처럼 어려움 없이 일을 해낸다.	④	③	②	①
13	나는 안절부절해서 진정할 수가 없다.	①	②	③	④
14	나의 장래는 희망적이라고 생각한다.	④	③	②	①
15	나는 전보다도 더 안절부절한다.	①	②	③	④
16	나는 결단력이 있다고 생각한다.	④	③	②	①
17	나는 사회에 유용하고 필요한 사람이라고 생각한다.	④	③	②	①
18	내 인생은 즐겁다.	④	③	②	①
19	내가 죽어야 다른 사람들 특히 가족들이 편할 것 같다.	①	②	③	④
20	나는 전과 다름없이 일하는 것이 즐겁다.	④	③	②	①
총점					

표 10-2. **자신의 자가평가 우울척도 점수 해석하기**

구분	해석
39점 이하	평균
40~49점	경미한 우울
50~59점	조금 심한 우울(심리치료 요망)
60점 이상	매우 심한 우울(심리치료 요망)

1. 우울증

자가평가 우울척도에서 자신의 우울정도는 어느 정도인가? 정상인가, 아니면 전문가의 도움을 받을 정도로 매우 심각한 상태인가? 우리는 '살아오면서 일을 하기 싫고, 몸조차 움직이기 싫은 우울감을 경험한 적이 있는가?'라고 누군가 질문을 한다면 '전혀 없다'고 대답하는 사람은 아무도 없을 것이다. 연구에 의하면, 우울증(Depression)은 남성의 5~12%, 여성의 10~25%가 평생 한 번은 경험한다고 보고하고 있다. 이처럼 우리는 일상생활에서 누구나 우울감, 좌절감 등을 느끼며 살아간다. 그러나 이런 감정을 느낀다고 해서 모두 우울증은 아니다. 이런 감정들은 대개 그 정도가 심하지 않고 짧은 기간 동안에만 지속되기 때문이다. 그러나 우울한 기분, 비관적인 생각, 불면증, 식욕감퇴 등의 현상이 수주에서 6개월 가량 지속되면 우울증으로 간주한다.

1) 우울증의 정의

기분에는 여러 종류가 있는데 즐겁고 유쾌한 기분, 우울하고 슬픈 기분, 짜증스럽거나 불쾌한 기분 등이 있다. 당연히 즐거운 일이 있을 때 즐겁고 슬픈 일이 있을 때

슬퍼하는 것은 자연스러우며 건강한 것이다. 정신의학에서 말하는 우울증이란 일시적으로 기분만 저하된 상태를 뜻하는 것이 아니라 생각의 내용, 사고과정, 동기, 의욕, 관심, 행동, 수면, 신체활동 등 전반적인 정신 기능이 저하된 상태를 의미한다.

2) 우울증의 원인

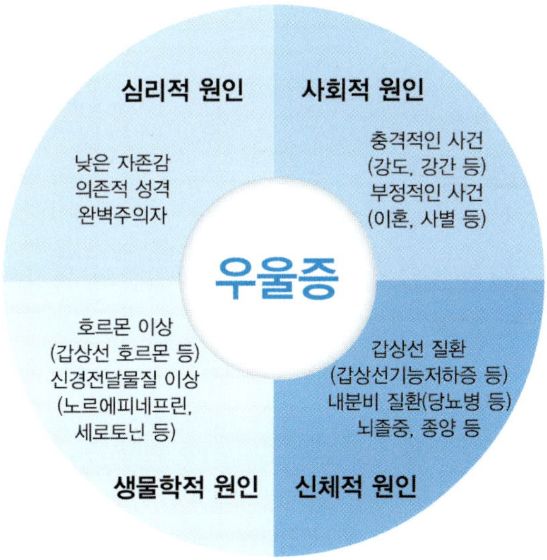

그림 10-1. **우울증의 원인**

일반적으로 우울증은 〈그림 10-1〉과 같이 심리적 원인, 사회적 원인, 생물학적 원인 및 신체적 원인에 의해 발생하는 것으로 알려져 있다. 하지만 아직까지 확실한 우울증의 원인에 대해서는 아직 명확하게 밝혀지지 않고 있다. 우울증의 원인을 생화학적 요인, 유전적 요인 및 환경적 요인으로 구분하기도 한다〈표 10-3〉.

표 10-3. 우울증의 원인

구분	내용
생화학적 요인	뇌 안에 있는 신경전달물질(노르에피네프린, 세로토닌, GABA 등)과 호르몬(갑상선, 성장 호르몬, 시상하부-뇌하수체-부신피질 축) 이상, 생체 리듬의 변화와 관련이 있다.
유전적 요인	일란성 쌍둥이의 경우, 한 명이 주요 우울증을 앓고 있으면 다른 한 명도 우울증이 걸릴 확률이 50% 정도 된다. 따라서 주요 우울증 발병에 유전적 요소가 작용하는 것은 명확하나 유전적 요소로 설명되지 않는 요인들도 발병에 영향을 준다. 현재까지 주요 우울장애와 관련하여 일관성 있게 보고되는 유전자 이상은 없다.
환경적 요인	스트레스만으로 주요 우울장애가 생기는 것은 아니지만 스트레스가 증상 발현에 영향을 준다. 환경적 요인은 삶에 있어서 대처하기 어려운 상황들로 사랑하는 사람을 잃는 것, 경제적 문제, 그리고 강한 스트레스 등을 예로 들 수 있다.

3) 우울증의 특징과 증상

정상적인 우울증과 달리 치료가 필요한 병적 우울증의 특징은 〈표 10-4〉와 같다.

표 10-4. 우울증의 특징

구분	내용
우울 증상이 2주 이상 지속된다.	일시적인 우울 상태라면 대개 며칠 안에 괜찮아지게 마련이지만 이런 상태가 2주 이상 장기화된다면 치료가 필요하다.
식욕과 수면 문제가 심각하다.	입맛이 없어서 전혀 식사를 못하거나 잠을 거의 못 자는 등 식욕과 수면 문제가 심하다는 것은 약물치료가 필요한 상태임을 의미하는 중요한 증거이다.
주관적 고통이 심하다.	우울증 환자들은 우울증으로 인한 정신적 고통을 견디기 힘들다고 느끼고 이런 상태가 낫지 않고 계속될 것이라는 비관적인 예상이 될 때 흔히 자살 시도를 한다. 이럴 때는 더 이상 혼자 힘으로 회복하려 하지 말고 전문가의 도움을 받는 것이 좋다.

구분	내용
사회적, 직업적 역할 수행에 심각한 지장이 있다.	우울증 상태에서는 여러 가지 일이 잘 안 될까 봐 걱정은 많이 하면서 정작 그 일을 해결하기 위한 실행능력은 매우 떨어지는 것이 특징이다. 예를 들어, 가정주부가 살림을 전혀 못하거나 학생이 공부를 할 수 없을 정도이면 치료가 필요한 상태로 보아야 한다.
환각과 망상이 동반되는 경우가 있다.	우울증 중에는 정신병적 증상인 환각이나 망상이 동반되는 경우가 있다. 이런 경우 자신과 타인에 대한 공격의 위험성이 높아 우울증상의 심각도와 상관없이 치료를 받는 것이 좋다.
자살 사고(자살 생각)가 지속되는 경우가 있다.	10대 청소년들의 사망원인 중 1위가 자살로 나타났다. 매년 약 440여 명의 아까운 청소년들이 자살로 생을 마감하고 있다는 현실은 생명을 경시하는 사회적인 풍조와 무관하지 않다고 생각된다. 청소년들의 대부분은 숙제를 하거나, 그림을 그리거나, 간접적인 언어적 표현 중에 자살에 대해 말할 수 있다. 또한 다양한 수단을 사용하여 실제 자살시도를 할 수 있다. 그런 상황에서 신속하고, 결정적인 행동을 통해 자살을 방지하는 지혜가 필요하다.

이러한 이런 우울증 특징은 〈그림 10-2〉, 〈표 10-5〉와 같이 정서적 증상, 사고적 증상, 행동적 증상, 신체적 증상, 인지적 증상으로 세분화할 수 있다.

그림 10-2. 우울증 환자에게 나타나는 특성

표 10-5. **우울증의 증상**

구분	내용
정서적 증상	우울한 기분은 우울증의 기본 증상이며, 광범위한 영역에 걸쳐 관심과 즐거움을 상실한다. 그러므로 우울증을 가진 사람들은 우울하다, 희망이 없다, 기운이 없다, 무가치하다고 느낀다. 이러한 기분은 아침에 심하고, 저녁에는 조금 나아진다. 아동이나 노인은 짜증, 신경질, 화내기 등으로 표현되기도 한다.
사고적 증상	우울증을 가진 사람들은 자신이나 세상에 대해 부정적인 생각을 가지고 있다. 즉, 자존감이 낮고 자기비하가 심하다. 매사를 비관적으로 생각하며, 일이 잘못되면 자기 탓을 하고 불필요한 죄책감을 느낀다. 사고의 흐름에 문제가 있어 낮은 목소리로 질문에 답하거나, 늦게 하거나 짧게 대답을 한다.
행동적 증상	흥미나 즐거움의 상실뿐 아니라 생활 전반에 걸쳐 무엇이든 시작하는 것이 어렵다. 가족, 친구들과의 관계를 멀리할 뿐 아니라 에너지 저하로 하던 업무를 마치지 못하고, 학교 생활이나 직장생활을 제대로 하지 못한다. 또한 타인의 칭찬이나 보상에도 관심이 없어지고 자살에 대한 생각을 많이 하고 자살을 시도하게 된다.
신체적 증상	잠을 자는 동안 자주 깨어, 밤새도록 자신의 문제에 대해 생각한다. 그로 인해 수면장애를 호소하게 된다. 식욕이나 체중감소를 호소하는 경우가 많고, 때로는 식욕, 체중, 수면 증가를 호소하는 경우도 있다. 여자에게는 월경불순이나 성욕 감퇴가 나타나며 남자에게는 성불능이 나타나는 경우도 있다.
인지적 증상	지남력의 이상은 없으나 질문에 대답할 기운이 없거나 흥미가 없다. 또한 집중력 저하와 건망증을 호소한다.

2. 스트레스

■ 2016년 한 해 동안 우리나라 사람들이 가장 많이 사용한 외래어는 무엇이라고 생각하십니까?

Tip **한국인이 가장 많이 사용하는 외래어 '스트레스'**

한국인이 가장 많이 사용하는 외래어는 무엇일까? 정답은 바로 '스트레스(stress)'다. 이처럼 많은 사람들이 입버릇처럼 얘기하는 스트레스는 보통 일시적인 증상으로 사라지곤 하지만, 반대로 오래 지속되는 경우엔 만병의 근원이 될 수 있어 각별히 주의해야 한다. 우리 몸의 기관은 스트레스에 취약해 근골격계(긴장성 두통 등), 위장관계(과민성 대장증후군), 심혈관계(고혈압) 등에 영향을 주어 각종 질병에 원인이 되기도 한다. 실제로 내과 입원 환자의 70% 정도가 스트레스와 연관이 있었다는 연구결과도 발표된 바 있다. 따라서 이러한 스트레스 관리법으로는 규칙적인 생활 습관 유지와 건강한 식습관을 갖는 것이 무엇보다 중요하다. 이를 위해서는 과도한 음주, 카페인, 인스턴트, 패스트푸드의 섭취는 자제하는 것이 좋다. 그 대신 스트레스 해소에 좋은 음식을 섭취하는 것이 증상 완화에 도움이 될 수 있다. 스트레스 해소에 좋은 음식으로는 고구마, 전체식 홍삼, 아스파라거스, 오렌지, 아보카도, 참치, 블루베리 등이 있다. 이들은 비타민 C나 항산화 물질 등으로 스트레스를 감소시킨다. 스트레스는 증상을 방치할 경우, 각종 질병의 주범이 될 수 있다. 따라서 이를 예방하기 위해서는 평소 스트레스를 잘 관리해야 한다. 스트레스의 적절한 관리로 건강을 유지하도록 하자.

출처: 시선뉴스 2016. 06. 29.(http://www.sisunnews.co.kr)

활동 3. 자신의 스트레스 파악하기

다음은 자신이 지각한 스트레스 정도를 알아보기 위한 것입니다. 최근 1개월 동안 다음 문항의 내용들을 얼마나 자주 느꼈는지 표시해 주시기 바랍니다.

표 10-6. 지각된 스트레스

지난 1개월 동안에 대한 문항	전혀 없었다	거의 없었다	때때로 있었다	자주 있었다	매우 자주 있었다
1. 예상치 못했던 일 때문에 당황했던 적이 얼마나 있었습니까?	0	1	2	3	4
2. 인생에서 중요한 일들을 조절할 수 없다는 느낌을 얼마나 경험하였습니까?	0	1	2	3	4
3. 신경이 예민해지고 스트레스를 받고 있다는 느낌을 얼마나 경험하였습니까?	0	1	2	3	4
4. 당신의 개인적 문제들을 다루는 데 있어서 얼마나 자주 자신감을 느꼈습니까?	4	3	2	1	0
5. 일상의 일들이 당신의 생각대로 진행되고 있다는 느낌을 얼마나 경험하였습니까?	4	3	2	1	0
6. 당신이 꼭 해야 하는 일을 처리할 수 없다고 생각한 적이 얼마나 있었습니까?	0	1	2	3	4
7. 일상생활의 짜증을 얼마나 자주 잘 다스릴 수 있었습니까?	4	3	2	1	0
8. 최상의 컨디션이라고 얼마나 자주 느끼셨습니까?	4	3	2	1	0
9. 당신이 통제할 수 없는 일 때문에 화가 난 경험이 얼마나 있었습니까?	0	1	2	3	4
10. 어려운 일들이 너무 많이 쌓여서 극복하지 못할 것 같은 느낌을 얼마나 자주 경험하셨습니까?	0	1	2	3	4
총점					

표 10-7. 자신의 자가평가 우울척도 점수 해석하기

구분	해석
13점 이하	정상적인 스트레스 상태로 스트레스 요인 자체가 심각하지 않거나 좋은 스트레스로 받아들인 경우이며, 이런 경우에는 자신이 하고 싶은 일을 제대로 할 수 있다고 판단됨
14점 이상	이미 스트레스의 영향을 받기 시작한 것이며, 만약 이런 상태가 지속되면 나쁜 스트레스의 결과가 나타날 수 있음
17점 이상	정신질환으로 발전될 가능성이 높아진 상태
19점 이상	전문가의 도움이 필요함

1) 스트레스의 정의

나날이 복잡해지는 사회구조와 과도한 업무 및 학업, 대인관계에서 오는 어려움 등으로 인하여 현대인들은 누구나 스트레스(stress)를 경험하며 살아가고 있다. 스트레스를 제대로 관리하기 위해서는 먼저 스트레스라는 것이 무엇인지 알 필요가 있다. 스트레스라는 말은 원래 19세기 물리학 영역에서 "팽팽히 조인다"라는 뜻의 "stringer"라는 라틴어에서 유래되었다. 의학영역에서는 20세기에 이르러 Hans Selye가 '정신적 육체적 균형과 안정을 깨뜨리려고 하는 자극에 대하여 자신이 있던 안정 상태를 유지하기 위해 변화에 저항하는 반응'으로 발전시켜 정의하게 되었다. Seyle는 스트레스를 ① 경고반응(alarm) → ② 대응-저항반응(resistance) → ③ 탈진반응(exhaustion)의 3단계로 나누었다. 경고반응에는 신체적 위협에 대항할 수 있도록 생리적 변화를 나타내는 시기로 정서적 흥분, 긴장과 같은 변화를 가져오고, 대응-저항반응에서는 지속되는 스트레스로 인해 정상 수준 이상의 반응을 나타내는 시기이며, 탈진반응은 신체적 방어능력이 떨어져 그 결과로 퇴화하거나 병들게 되는 단계를 의미한다. 즉, 스트레스 요인이 오랫동안 지속되어 마지막 단계인 탈진반응에 빠지게 되면, 신체적, 정신적 질병으로 발전할 수 있다고 주장하고 있다.

2) 스트레스의 양면성

스트레스는 긍정적 스트레스(eustress)와 부정적 스트레스(distress)로 나눌 수 있다. 당장에는 부담스럽더라도 적절히 대응하여 자신의 향후 삶이 더 나아질 수 있는 스트레스는 긍정적 스트레스이고, 자신의 대처나 적응에도 불구하고 지속되는 스트레스로 불안이나 우울 등의 증상을 일으킬 수 있는 경우는 부정적 스트레스라고 할 수 있다. 적절한 스트레스는 우리의 생활에 활력을 주고 생산성과 창의력을 높일 수 있다. 즉, 스트레스에는 긍정적 혹은 부정적 생활사건 모두가 포함될 수 있으나 주로 부정적 생활사건과 관련된 스트레스만을 가리킬 때를 일반적으로 스트레스 상황으로 인식하고 있는 것이다.

스트레스 상황을 부정적으로 받아들이면 결국 질병으로 가게 되지만, 긍정적으로 받아들이면 생산적이고 행복해질 수 있다. 긍정적 스트레스의 경우 생활의 윤활유로 작용하여 자신감을 심어 주고 일의 생산성과 창의력을 높여 줄 수 있다는 점에서 긍정적인 효과도 나타난다. 즉, 좋은 스트레스로 받아들이는 것이 건강, 행복, 성공의 열쇠가 될 수 있다.

그림 10-3. **스트레스의 양면성**

출처: 보건복지부, 대한의학회(국가건강정보포털).

3) 스트레스의 의미 구분

스트레스의 의미에 대해 일반인들은 스트레스 요인과 스트레스 반응을 구분하지 않고 혼용하여 사용한다. 예를 들어, “상사가 스트레스를 준다(스트레스 요인)”와 “요즘 스트레스 연속이야(스트레스 반응)”라는 말을 같은 개념으로 표현한다. 용어적인 측면에서 스트레스의 의미는 스트레스 반응을 나타내는 것이지만, 개념을 명확히 구분하기 위해 스트레스 요인(원인)과 스트레스 반응(증상)으로 나누어 설명하기도 한다.

그림 10-4. **스트레스 의미구분**

출처: 보건복지부, 대한의학회(국가건강정보포털).

활동 4. 자신의 생활 스트레스 파악하기

대학생이 주로 경험하는 스트레스 원인으로는 학업, 장래와 진로 문제로 스트레스를 가장 많이 경험하는 것으로 나타났다. 전겸구 등(2000)의 연구에서 대학생들이 주로 경험하는 생활스트레스 영역을 당면과제와 대인관계로 구분하였고, 당면과제는 장래 문제, 경제 문제, 학업 문제, 가치관 문제가 포함되었고, 대인관계는 친구관계, 이성관계, 교수관계가 포함되어 있다.

다음은 생활 스트레스에 대한 질문입니다. 지난 1년 동안, 다음의 상황이 여러분에게 얼마나 자주 일어났는지 해당하는 문항에 체크를 하시면 됩니다.

표 10-8. **생활 스트레스 척도**

구분	지난 1년 동안 생활에 대한 문항	1 전혀 그렇지 않다	2 그렇지 않다	3 보통	4 그렇다	5 매우 그렇다
가족	1. 부모와 의견 충돌이 있어서 싸웠다.	①	②	③	④	⑤
	2. 집안 식구가 나에게 불필요하게 간섭했다.	①	②	③	④	⑤
	3. 가족으로부터 억울한 비난을 받았다.	①	②	③	④	⑤
	4. 형제나 자매와 심하게 싸웠다.	①	②	③	④	⑤
친구	1. 친구들로부터 따돌림을 받았다.	①	②	③	④	⑤
	2. 친구가 나를 불신한다는 느낌을 받았다.	①	②	③	④	⑤
	3. 친구들로부터 무례한 행동을 당했다.	①	②	③	④	⑤
	4. 마음에 맞는 친구를 사귈 수 없었다.	①	②	③	④	⑤
가치관	1. 나의 가치관이 올바른 것인지에 대해 회의에 빠졌다.	①	②	③	④	⑤
	2. 왜 사는지에 대한 의문 때문에 방황했다.	①	②	③	④	⑤
	3. 내가 중요하다고 생각하는 가치를 실천하지 못했다.	①	②	③	④	⑤
	4. 확고한 인생관이 없어서 방황했다.	①	②	③	④	⑤
이성	1. 이성 친구와의 사이가 매우 악화되었다.	①	②	③	④	⑤
	2. 이성 친구와 심하게 싸웠다.	①	②	③	④	⑤

	3. 이성 친구와 헤어졌다.	①	②	③	④	⑤
	4. 이성 친구가 나 외에 다른 사람에게 관심이 있음을 알았다.	①	②	③	④	⑤
경제	1. 단지 학비가 부족해서 휴학을 한 적이 있다.	①	②	③	④	⑤
	2. 돈이 부족해 가족원끼리 다투거나 타인과의 관계에 지장을 받았다.	①	②	③	④	⑤
	3. 돈이 부족해서 가지고 싶은 물건을 구입하지 못한 적이 있다.	①	②	③	④	⑤
	4. 돈이 부족해서 각종 요금(월세, 휴대폰요금, 신용카드대금 등)을 연체한 경험이 있다.	①	②	③	④	⑤

표 10-9. **생활 스트레스 점수 기록하기**

구분	점수 산출	평균 점수
가족	총 획득점수(　　　)/4	
친구	총 획득점수(　　　)/4	
가치관	총 획득점수(　　　)/4	
이성	총 획득점수(　　　)/4	
경제	총 획득점수(　　　)/4	

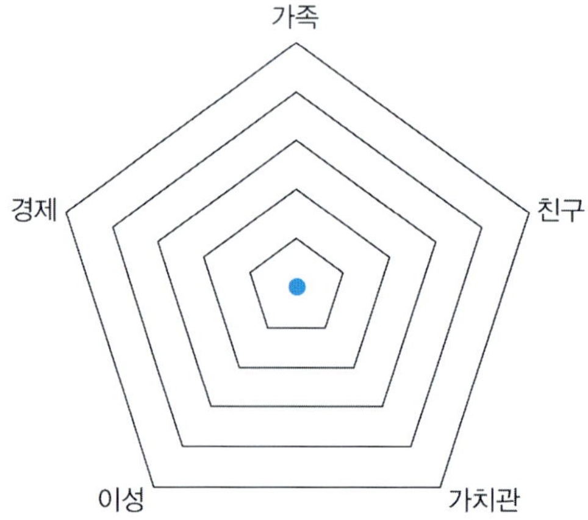

그림 10-5. **생활 스트레스 점수 기록하기**

표 10-10. 생활 스트레스를 극복하기 위한 앞으로의 노력

구분	노력
가족	
친구	
가치관	
이성	
경제	

4) 스트레스 원인과 건강에 미치는 영향

어떤 형태의 변화라도 스트레스 요인을 나눌 때 먼저 외적 · 내적 요인으로 나눌 수 있다. 스트레스 원인에 대한 내용은 〈표 10-11〉, 스트레스가 건강에 미치는 영향은 〈표 10-12〉와 같다.

표 10-11. 스트레스의 원인

구분	항목	내용
외적 요인	물리적 환경	소음, 빛, 열, 더위, 닫힌 공간, 편리함의 감소 등
	사회적 환경	조직의 환경(규칙, 규정, 절차, 마감시간 등), 사회적 관계(타인의 무례함, 명령, 공격적 태도, 괴롭힘 등)
	개인적 사건	중요한 사건(생노병사, 경제적 변화, 실직/사업실패, 승진, 결혼/이혼/사별/별거 등), 일상적 사건(출퇴근, 기계고장, 열쇠 잃어버림 등)
내적 요인	생활의 습관	카페인 섭취, 흡연, 수면부족, 과도한 스케줄 등
	왜곡된 인지	부정적 자기(비관적 생각, 자기비난, 과도한 분석), 생각의 함정(비현실적인 기대, 사적 감정 개입), 극단적 사고, 과장, 경직된 사고, 개인적 특성(완벽주의, 일중독 등)

표 10-12. **스트레스가 건강에 미치는 영향**

구분	내용
정신건강에 미치는 영향	스트레스를 받으면 초기에는 그로 인한 불안 증상(초조, 걱정, 근심 등)이 발생하고 점차 우울 증상이 나타나게 된다. 대부분의 경우 불안이나 우울 증상은 일시적이고 스트레스가 지나가면 사라지게 된다. 그러나 스트레스 요인이 너무 과도하거나 오래 지속되는 경우, 개인이 스트레스 상황을 이겨 낼 힘이 약화되어 있는 경우에는 각종 정신질환으로 발전할 수 있다. 스트레스로 인해 흔히 생길 수 있는 정신질환은 적응장애, 불안장애, 기분장애, 식이장애, 성기능장애, 수면장애, 신체형장애, 알코올 및 물질사용장애 등이 있다. 우리나라 주부들에게 흔한 화병도 스트레스와 매우 밀접한 정신질환으로 볼 수 있다.
신체질환에 미치는 영향	신체질환의 경우도 스트레스와 밀접한 연관이 있다. 내과 입원 환자의 70% 정도가 스트레스와 연관되어 있다는 연구를 볼 때, 스트레스가 신체질환의 발생 원인이나 악화 요인으로 작용한다는 사실은 이미 잘 알려져 있다. 이런 경우 정신과적으로 정신신체장애라는 진단을 붙이게 된다. 이는 정신/심리적인 요인에 의해 신체적인 질병이 발생하거나 악화될 경우에 붙이는 병명으로 정신/심리적 요인에 의해 치료 결과도 큰 차이를 보인다. 특히 스트레스에 취약한 우리 몸의 기관인 근골격계(긴장성 두통 등), 위장관계(과민성 대장증후군), 심혈관계(고혈압) 등이 영향을 더 많이 받는 것으로 알려져 있다.
면역기능에 미치는 영향	장기간 스트레스를 받으면 면역 기능이 떨어져 질병에 걸리기 쉬운 상태가 된다. 다양한 정신신체장애의 발병과 악화는 물론이고 암과 같은 심각한 질환도 영향을 많이 주는 것으로 알려지고 있다.

5) 스트레스 관리

■ 당신은 스트레스를 경험했을때 어떤 방법으로 스트레스를 해소하십니까?

(1) 규칙적인 생활 습관

평소 규칙적인 생활 습관을 가지는 것이 스트레스 관리의 출발점이다. 첫째, 건강한 식사습관을 익혀야 한다. 음식은 천천히, 편안하게, 골고루, 적당하게 먹는 것이 좋다. 현대인에게 부족한 비타민, 무기질, 섬유소를 골고루 섭취하도록 한다. 반면 술, 카페인, 설탕, 소금, 인스턴트 · 패스트푸드 등을 과량으로 섭취하는 것은 건강에 좋지 않다. 둘째, 충분한 수면을 취해야 하는데, 일반적으로 6~8시간 정도가 적당하다. 셋째, 규칙적인 운동도 해야 한다. 일반적으로는 걷기가 좋은 운동이다. 운동 시간은 하루에 30~60분 정도, 일주일에 최소 세 번 이상을 하는 것이 좋다. 운동을 전혀 하지 않았던 경우에는 단계적으로 회수나 시간을 늘려 가는 것도 좋은 방법이다.

(2) 적극적 · 문제해결형 대응

스트레스를 잘 관리하거나 적절하게 이용하려면 그 실체를 정확히 알아야 한다. 그 첫 번째 단계는 현재 상황이 불편하다는 것을 인정하는 것이다. 이렇게 불편하다고 느끼기 시작한 경우는 이미 그 스트레스를 피할 수 없을 가능성이 훨씬 더 높다. 면밀히 따져 스트레스로부터 적극적으로 도망가는 것이 가능하지 않다면 두 번째 단계인 스트레스의 수용이 필요하다. 스트레스를 수용한다는 것이 '재수 없는 일이 하필이면 나한테 일어났다'는 운명론적 태도와는 다르며 단순한 포기를 의미하는 것은 아니다.

이렇게 자신에게 가해진 스트레스를 받아들이기로 마음먹었다면, 마지막 단계인 적극적 · 문제해결형으로 대응하는 것이 중요하다. 문제를 해결하기 위해 자신의 능력을 확인하고 최선의 대처를 능동적으로 하는 것이 적극적 대응의 핵심이다. 이와 반대로 스트레스를 회피하거나 무기력하게 받아들이는 것은 스트레스가 불편하다는 것을 받아들인 후, 자신이 느꼈던 불편한 감정을 해결하기 위해 모든 방법을 동원하는 감정해결형의 전형이라고 할 수 있다. 감정해결형은 일시적으로는 도움이 되지만, 수렁에 빠진 사람이 허우적거리면 더 깊이 빠져드는 것과 같이 장기적으로는 문제가 더욱 꼬이고 스트레스 반응이 더욱 커질 수밖에 없다는 점을 명심해야 한다.

(3) 이완요법

이완을 잘 시키기 위한 조건은 조용하고 간섭 받지 않는 곳에서 편안한 자세로 근육을 이완하고 깊고 천천히 숨을 쉬는 복식 호흡을 하거나 명상을 하는 것을 의미한다.

표 10-13. **이완요법**

구분	내용
복식호흡	숨을 깊이 들여 마시고 천천히 내쉬는 복식호흡을 하면 들여 마셨던 공기는 폐 깊숙이 들어가 충분한 산소를 공급하고 배출된다. 호흡계는 충분한 산소를 받아들여 에너지를 생산하고 노폐물을 배출시켜 우리 몸의 대사가 잘 이루어지도록 도와준다. 따라서 자신의 호흡을 살펴보고, 천천히 깊숙이 호흡하는 훈련을 하면 마음과 몸이 이완되고 안정을 찾는 데 도움이 된다. • 먼저 눈을 감고, 편안한 자세로 몸의 긴장을 푼다. • 숨을 쉴 때 되도록 배만 오르내리도록 하며, 코를 통해 부드럽게 숨을 쉰다. • 들이 쉬면서 '하나', 내쉬면서 '편안하다', 속으로 말하면서 숨을 편안하게 쉰다. • 하나에 열까지 세고, 거꾸로 열에서 하나까지 센 후 눈을 뜨면 된다.
근육이완법	몸의 각 부위에서 긴장-이완을 연습하게 된다. 일반적으로 다음 순서대로 근육이완법을 연습하게 되는데, 팔(주먹 → 이두근) → 머리(이마 → 눈 → 어금니) → 어깨와 견갑골 → 기타(배 → 허벅지 → 종아리 → 발) 순으로 근육의 힘을 완전히 뺀 상태로 이완을 하게 된다. 만약 이완이 잘 되지 않는 부위가 있으면 5번까지 긴장-이완을 반복하게 된다. • 편안한 자세로 눈을 감고, 꽉 조이는 혁대나 옷을 느슨하게 한다. • 팔걸이에 양팔을 올려놓는다. • 10초 동안 주먹을 꽉 쥐고 손목을 말아 올려서 팔 아래쪽을 긴장시키고 그 긴장을 유지시킨다. • 이 동안 불편한(꽉 조이고 잡아당기는) 느낌에 집중한다. • 20초 동안 서서히 긴장을 풀면서 손바닥이 아래로 향하게 손과 팔을 의자 팔걸이에 편안히 걸쳐 놓는다. 이때 한꺼번에 힘을 빼거나 수의적으로 손을 펴지 않아야 한다. 이 동안 편안한(긴장이 스르르 풀려 나가는) 느낌에 집중한다.

구분	내용
바이오 피드백	바이오 피드백은 정신-생리적 반응을 기구를 이용하여 눈으로 확인하면서 능동적인 조절을 할 수 있도록 지속적으로 훈련하는 방법이다. 정신-생리적 반응은 근육의 긴장도, 피부 온도, 뇌파, 피부 저항도, 혈압, 심박동 수 등이며 자신이 이완될 때 이들의 지표가 어떻게 변하는지 인식한다. 이러한 이완상태를 유지할 수 있도록 훈련함으로써 스스로 이완상태로 들어갈 수 있도록 하는 치료법이다.
명상	명상은 스트레스 요인(감각, 심상, 행위)에 주의를 집중하는 집중명상과 마음에서 일어나고 사라지는 모든 변화를 관찰하는 마음챙김 명상으로 구별할 수 있다. 추월명상, 선, 요가, 마인드컨트롤, 단전호흡 등이 명상의 개념에 포함된다.

(4) 합리적이고 긍정적으로 사고하기

스트레스를 경험하게 되는 경우 어떤 사건에 대해 부정적인 사고와 비합리적인 사고를 가지고 있는 경우가 흔하다. 따라서 자신의 비합리적이고 부정적 사고를 인식할 수 있는 한 가지 방법은 각각의 생각들이 떠오를 때마다 기록을 한 다음 일주일이나 혹은 한 달 단위로 자신의 사고 내용들을 분석해 보는 것이다. 이것을 토대로 스스로의 감정과 스트레스에 영향을 주는 사고가 어떤 것인지, 자꾸만 머릿속을 혼란시키거나 맑게 해 주는 생각들이 어떤 것인지를 스스로 찾아낼 수 있다. 또한 문제를 안다면 해결책도 찾을 수 있다. 특히 주간이나 월간으로 사고 내용을 관찰하는 것이 필요하다. 중복되거나 중요하다고 생각되는 사고들을 발견하는 것이 중요하다.

이런 절차로 자신의 부정적 사고 패턴을 발견했다면 떠오르는 부정적 사고들을 조절, 통제하는 것이 중요하다. 먼저 부정적 사고들을 하지 않으려고 노력하기보다는 줄여 나가는 노력을 해야 한다. 이때 사고멈추기 기법이 도움이 된다. 사고멈추기 기법이란 원하지 않는 생각이 날 때, '그만'이라고 말하는 등 전환방법을 사용하여 원치 않는 생각을 지워 버리는 기법이다. 한 가지 기억해야 할 것은 긍정적 사고가 모든 스트레스를 해결해 주는 것은 아니라는 것이다. 생각이 행동을 바꾸기도 하지만 행동이 사고를 바꾸기도 한다.

Tip 긍정적인 사고

우리는 흔히 생각이 많은 사람을 보고 "오만 가지 생각을 다한다"고 말한다. 그런데 미국의 유명한 심리학자이며 동기부여가인 쉐드 헴스테더의 주장에 따르면 실제로 인간은 하루에 5~6만 가지 생각을 한다고 한다. 중요한 사실은 이러한 생각 가운데 75%인 3~4만 가지 생각은 자신의 의도와 상관없이 저절로 부정적 방향으로 흐른다는 것이다. 그런 까닭에 우리는 행복보다는 불행을 더 많이 생각하고, 긍정적이고 적극적인 사고보다는 부정적이고 소극적인 시각으로 자신을 바라보며 세상을 평가한다. 문제는 우리가 부정적이고 소극적인 생각이 깊어지면 깊어질수록 심한 스트레스와 우울증에 빠지게 되는 까닭에 어떻게 해서든지 부정적으로 흐르기 쉬운 3~4만 가지 생각을 긍정적으로 바꾸어서 기쁜 마음이 들도록 만들어 주어야 하는데, 일상생활에서 손쉽게 할 수 있는 방법이 웃음이라는 것이다. 심리학자인 톰킨스의 '안면 피드백 가설(facial feedback theory)'에 따르면 "얼굴 표정의 모습이 감정을 일으킨다"라고 한다. 즉, 웃는 얼굴은 즐거운 기분을 만들고 화난 얼굴은 불쾌한 기분을 일으키며, 그에 따라 억지로라도 웃는 게 좋다는 것이다.

출처: 박선환 외(2010). 정신건강론. 양서원.

3. 사랑

■ 자신이 생각하는 사랑이란 무엇입니까?

1) 사랑의 개념

사랑은 남녀 간의 가장 친밀하고 사적으로 보이는 관계를 형성해 준다. 사랑에 관한 논의는 심리학, 사회학, 철학 등 광범위한 영역에서 이루어져 왔다. 이들 논의는 대개 사랑이라는 감정의 심리적인 특질과 기능에 대해 논하거나, 배우자 선택과 관련하여 결혼에 이르기까지의 과정으로서의 사랑에 대해 연구하거나, 어떻게 사랑할 것인가의 문제를 중심으로 다루어져 왔다.

사랑에 대한 개념정의는 학자들마다 다양하다. 사랑 자체가 복잡하고 문화적인 제약을 받으며, 감정적인 현상이기 때문에 이론적으로 분석될 때 여러 가지 문제가 드러날 수 있기 때문이다. 또한 사랑은 끊임없이 변화하고 발달하므로 연구자들은 사랑의 개념에 대한 본질을 정의하는 것을 가장 중요한 과제로 보았다.

Erich Fromm은 “인간이란 근본적으로 고독한 존재이며, 그 같은 고독감 및 공허감을 극복하기 위하여 사람들은 사랑을 하는 것”이라고 주장하였다. 그러나 그는 고독이 인간의 기본 조건인가 아닌가 하는 문제보다도, 사랑하는 사람은 어떻게 하는가 하는 심리학 접근방법으로 사랑을 다음과 같이 정의하였다. 첫째, 사랑이란 상대의 생활과 성장에 대한 적극적인 관심이며, 둘째로 사랑은 상대에게 표현되거나 표현되지 않는 욕구에 대한 자발적인 반응이고, 셋째로 사랑은 상대를 있는 그대로 보며 그의 개성을 존중하는 태도이다. 그리고 사랑은 이심전심으로 상대방이 무엇을 느끼며 무엇을 원하는지를 아는 상태(또는 행동)이다. 그래서 그는 사랑에 대한 충분한 지식을 얻는 유일한 길은 사랑의 행위에 있다고 하였다.

이와 같이 사랑의 정의가 다양한 것은 다양성을 가지고 있는 사랑의 특성이 반영된 것이고, 각 인간관계에 따라 느끼는 감정이 다르기 때문이며, 사랑의 의미가 개인의 성장 및 생활환경에 근거하기 때문이라 할 수 있다.

활동 5. 사랑의 유형 파악하기

다음은 당신의 사랑 유형을 파악하기 위한 질문입니다. 현재 사귀고 있는 연인에 대한 당신의 생각에 응답해 주시면 됩니다. 만약 사귀고 있는 연인이 없다면 최근에 사귄 연인에 대하여 응답해 주시고, 교제 경험이 없는 분은 연인이 있다는 가정하에 응답해 주시면 됩니다.

표 10-14. **사랑의 유형 파악하기**

	내 용	1 전혀 그렇지 않다	2 약간 그렇지 않다	3 보통이다	4 약간 그렇다	5 매우 그렇다
열정적인 사랑	1. 나와 내 연인은 처음 만난 후 서로에게 이끌렸다.	①	②	③	④	⑤
	2. 나와 연인은 하늘이 정해 준 짝이라고 생각한다.	①	②	③	④	⑤
	3. 나와 내 연인은 서로를 진정으로 이해한다.	①	②	③	④	⑤
	4. 내 연인의 신체적 매력은 내 이상형과 일치한다.	①	②	③	④	⑤
유희적인 사랑	1. 내 연인이 나에 대해 모르는 것이 있어도 그것이 그/그녀에게 상처를 주지 않을 것으로 믿는다.	①	②	③	④	⑤
	2. 나는 때때로 내 연인이 나에게 다른 연인이 있다는 것을 알지 못하도록 조심해야 한다.	①	②	③	④	⑤
	3. 내 연인은 실제로 내가 다른 사람들과 관계를 맺은 적이 있다는 것을 알게 되면 굉장히 화를 낼 것이다.	①	②	③	④	⑤
	4. 나는 내 연인과 기타 여러 명의 여자(남자)들과 장난 삼아 사랑하기를 즐긴다.	①	②	③	④	⑤
친구 같은 사랑	1. 가장 최선의 사랑은 오래된 우정으로부터 발전되는 것이다.	①	②	③	④	⑤
	2. 우리의 우정은 시간이 지남에 따라 사랑으로 점차 발전되었다.	①	②	③	④	⑤
	3. 사랑은 알 수 없고, 신비스러운 것이 아니라 실제로는 깊은 우정과 같은 것이다.	①	②	③	④	⑤

	내 용	1 전혀 그렇지 않다	2 약간 그렇지 않다	3 보통이다	4 약간 그렇다	5 매우 그렇다
	4. 좋은 우정으로부터 발전된 것이 가장 만족스러운 사랑 관계이다.	①	②	③	④	⑤
실용적인 사랑	1. 내가 연인을 선택하는 데 있어서 주된 고려사항은 그/그녀가 우리 가족에게 어떤 영향을 미칠 것인가 하는 점이다.	①	②	③	④	⑤
	2. 연인을 선택하는 데 있어 중요한 고려사항은 그/그녀가 훌륭한 부모가 될 수 있는지의 여부이다.	①	②	③	④	⑤
	3. 연인을 사귈 때 그/그녀가 내 장래의 경력에 어떠한 영향을 미칠지에 대해 고려해야 한다.	①	②	③	④	⑤
	4. 나는 어떤 이성과 깊게 사귀기 이전에, 그 사람의 유전적 배경이 이후 자식을 가지게 될 경우에 나의 것과 잘 조화되는지를 생각해 본다.	①	②	③	④	⑤
소유적인 사랑	1. 내 연인이 나에게 관심을 두지 않을 때면, 나는 병이 난 것 같이 몸이 아프다.	①	②	③	④	⑤
	2. 사랑을 하고 있을 때면, 다른 것에 집중하기가 어렵다.	①	②	③	④	⑤
	3. 내 연인은 다른 이성과 함께 있다는 생각이 들기 시작하면, 나는 가만히 있을 수가 없다.	①	②	③	④	⑤
	4. 만약 내 연인이 한동안 나를 등한시한다면, 나는 그/그녀의 주의를 끌기 위해 바보 같은 짓도 할 수 있다.	①	②	③	④	⑤
헌신적인 사랑	1. 내 연인이 고통을 당하는 것을 그냥 두고 보고 있기보다는 차라리 내가 대신 당하겠다.	①	②	③	④	⑤
	2. 내 연인의 행복이 나의 행복보다 우선되지 않는다면 나는 행복할 수가 없다.	①	②	③	④	⑤
	3. 내 연인의 행복을 위해서라면 나 자신의 소망도 기꺼이 포기할 수 있다.	①	②	③	④	⑤
	4. 내 연인을 위해서라면 기꺼이 모든 것을 참을 수 있다.	①	②	③	④	⑤

표 10-15. **사랑의 유형 점수 기록하기**

구분	점수 산출	평균 점수
열정적인 사랑	총 획득점수(　　　)/4	
유희적인 사랑	총 획득점수(　　　)/4	
친구 같은 사랑	총 획득점수(　　　)/4	
실용적인 사랑	총 획득점수(　　　)/4	
소유적인 사랑	총 획득점수(　　　)/4	
헌신적인 사랑	총 획득점수(　　　)/4	

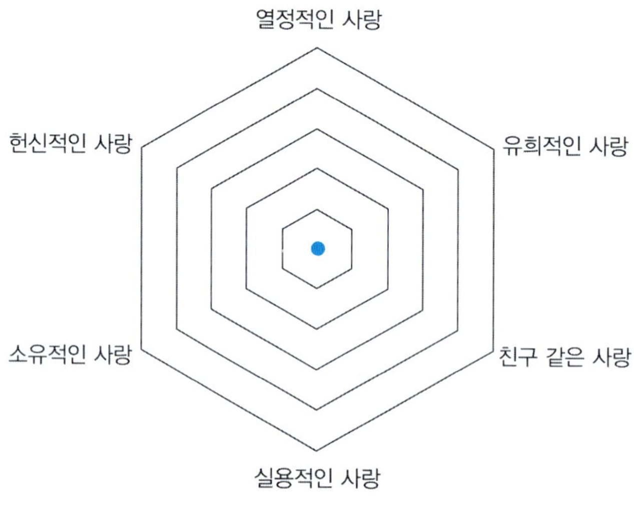

그림 10-6. **사랑의 유형 점수 기록하기**

2) 사랑의 유형

(1) 열정적인 사랑

Eros는 흔히 열정적인 사랑이라고 불리는 것으로 강한 정서적 감정이 특징이다. 이 유형의 사랑을 하는 사람들은 자신이 이상적으로 생각하는 신체적 유형이 어떤 것인지를 잘 알고 있으며, 이상에 맞는 상대를 만나게 되면 첫눈에 반해 버린다. 이들은 항상 시각적인 신체적 매력에 끌리며, 강력하면서도 갈망하지는 않지만 언제나 사랑할 준비가 되어 있으며, 이상적인 연인을 만나서 함께 사는 것이 삶에서 가장 중요하다고 생각한다. 상대에 대해서는 그 사람이 자신에게만 몰두하기를 바라지만 소유하려 하지는 않으며, 경쟁자의 존재도 두려워하지 않는다. 열정적인 사랑을 하는 전형적인 사람들은 자신의 어린 시절이 행복했었다고 생각하는 경향이 있으며, 말이나 접촉을 통해 사랑을 표현하는 것을 좋아한다.

(2) 유희적인 사랑

Ludus는 유희인 사랑을 의미하며, 이 유형의 사랑을 하는 사람들은 사랑을 일종의 게임(game-playing love)이라고 생각하여 사랑에 빠지거나 헌신할 의사가 없는, 정서가 자제된 사랑을 보여 준다. 이들은 한 대상에서 다른 대상으로 언제든지 떠날 준비가 되어 있으므로, 상대에 대해서도 매우 허용적이며, 한 상대에만 몰입하지 않으므로 여러 대상을 동시에 사랑하기도 하고, 상대가 질투하는 것을 싫어하며, 파트너와 자신에게 성(sex)은 사랑을 표현하는 의미가 아니라 단순히 재미를 위한 것이라고 생각하며, 이들에게 결혼과 같은 미래의 계획을 기대하기는 힘들다. 따라서 이들에게는 사랑은 인생에서 가장 중요한 것이 아니라, 그저 다양한 대상과 노는 상호작용 게임일 뿐이다. 이 유형의 사람들은 대체로 어린 시절이 그저 평범했다고 생각하지만 성인이 되어서는 종종 좌절을 경험한 사람들이 많다.

(3) 친구 같은 사랑

Storge는 우애적 사랑으로 시간이 흐르면서 서서히 무르익는 사랑을 의미한다. 열정인 사랑과는 달리 신체의 이상형이 없어 의도적으로 상대를 고르고 첫눈에 반하기보다는 시간이 흐르면서 우연히 사랑하게 되는, 지속적인 정에 근거한 사랑을 추구한다. 이들은 파트너에 대한 지나친 감정 표현을 꺼려하여 "사랑해" 와 같은 언어적 표현은 어색해하고, 공유할 수 있는 관심사에 대해 이야기하기를 더 좋아한다. 이 유형의 사람들은 서로 협조하고 보충하며 만족하여 관계가 장기간 안정적이라는 특징이 있고 대체적으로 안정적이고 우호적인 공동체 안에서 성장했을 가능성이 높다.

(4) 소유적인 사랑

Mania는 두 개의 기본인 사랑, 열정적인 사랑과 유희적인 사랑의 결합으로 인해 나타나는 소유적인 사랑으로 극도의 의존성과 강한 질투가 특징이다. 소유적인 사랑유형의 사람들은 사랑받고 있다는 확인이 항상 필요하고, 항상 상대로부터 더 많은 애정과 헌신을 요구한다. 이들은 열정적인 사랑의 특징으로 인해 강렬하면서도 육체적인 자극을 필요로 하는 관계를 원하지만, 거의 자기중심적으로 사람들을 가려내고, 이상형을 찾아내는 능력이 부족하다. 또한 유희적인 사랑의 특징으로 인해 자신이 사랑받는 것보다 더 많이 사랑하지 않도록 관계를 조정하기도 하지만 상대로부터 항상 너무 많은 사랑을 필요로 하기 때문에 관계에 냉정하게 처신할 수 없다. 이 유형의 사람들은 사랑의 자극과 모험을 경험하고 싶어 하는 경향이 있고, 자신의 어린 시절을 불행했다고 생각하기도 하며, 성인이 되어서도 대게는 외로워하고 종종 자신의 일에 만족하지 못하기도 한다.

(5) 실용적인 사랑

Pragma는 친구 같은 사랑과 유희적인 사랑이 결합한 논리적이고 실용적인 사랑이다. 친구 같은 사랑의 특징으로 인해 자기와 서로 어울리는 배경과 관심사를 지닌 상대를 선호하지만 그렇지 못했을 경우 유희적인 사랑의 특징을 활용해 적절한 대상을 찾기 시작한다. 즉, 상대가 자신의 기준에 적합한지를 의식적으로 판단하고 고려하여 적절한 상대를 추구하지만, 이는 분별력 있게 친구 같은 사랑의 상대를 찾는 것이지, 이들은 상대방이 어떤 사람인지 알 수 있는 상황, 이를 테면 자신이 속해 있는 공동체 내에서 파트너를 찾고 상대를 제대로 알기 전까지는 헌신이나 미래 같은 말에 대해 말하기를 꺼려한다. 실용적인 사랑유형의 사람들은 대체적으로 어린 시절과 현재의 삶이 거의 비슷하다고 생각하며, 자신이 노력만 하면 목적을 달성하고 성공도 할 수 있다고 생각하는 경향이 있다.

(6) 헌신적인 사랑

Agape는 열정적인 사랑과 친구 같은 사랑이 결합해 아무 조건 없이 좋아하고 돌보아 주며 용서하고 베풀어 주는 이타적 사랑이다. 의무적이며 베푼다는 의미에서 친구 같은 사랑의 사랑요소를 포함하고 있지만, 특정한 사람을 대상으로 하기보다는 일반적인 방식을 취한다. 이 유형의 사람들은 사랑하는 상대에게 관심과 보살핌을 베풀어야 할 의무를 강하게 느끼며, 파트너는 그러한 배려를 필요로 하는 사람이어야 한다. 이들은 파트너와의 관계에서 상대를 단지 보살핌을 필요로 하는 수많은 사람 중의 한 명으로 생각하기 때문에 그 상대에게 자신의 시간과 정열의 아주 적은 몫을 할애한다. 이들은 파트너가 자신보다 다른 누군가와 함께 있는 것이 더 낫고 행복하다고 생각되면 파트너를 위해 기꺼이 그 관계를 포기할 수도 있다.

3) 데이트 폭력(dating abuse)

■ 당신은 데이트 폭력을 경험한 경험이 있습니까? 있다면 그런 상황에서 어떻게 대처를 하셨습니까?

....

....

....

데이트 폭력이란 친밀한 관계에서의 폭력을 의미한다. 즉, 연인 관계나 호감을 가지고 만나는 관계에서 일어난 폭력을 말한다. 한 사람이 일방적으로 상대방에게 행하는 신체적, 정서적, 언어적, 경제적, 성적 폭력을 아우르는 개념으로 상대를 감시(스토킹)하거나 통제하려는 행위도 데이트 폭력에 포함될 수 있다. 가정 폭력과 마찬가지로 '친밀한 파트너에 대한 폭력(Intimate partner violence)'에 해당한다.

친밀한 관계(배우자, 연인 등)에서 발생하는 폭력이라는 특성상, 사적인 문제로 치부하는 경향이 있어 더 큰 피해로 이어지는 사례가 많다. 대부분의 나라에서 1980년대 이후에서야 인간의 기본권과 인권 등의 문제로 인식하기 시작하였다. 특히 여성이 피해자가 되는 사례가 많아 '여성을 대상으로 한 폭력(Violence against women)'의 하나로 보기도 한다.

(1) 데이트 폭력의 특징

재범률이 높고 반복적으로 나타나는 것이 특징이다. 특히 폭력이 반복되면서 강도가 심해져 살인으로 이어지는 사례도 있다는 점에서 피해가 심각하다. 2016년 발간한 한국형사정책연구원 연구보고서에 따르면, 2005년부터 2014년까지 연인에게 살해당한 경우가 전체 살인범죄의 10% 정도를 차지하는 것으로 나타났다. 무엇보다 연인 관계에서 데이트 폭력이 있었던 경우 결혼하면 가정 폭력으로 이어질 가능성이 매우 높다는 것이다. 그리고 피해자가 법적 대응을 하기 어렵다는 특성도 있다. 연인 관계의 특성상 피해자가 폭력 사실을 인지하기 어려운 경우가 많기 때문이다. 폭력 사실을 인지하더라도 가해자가 피해자의 정보를 많이 가지고 있어 보복 범죄를 두려워하는 측면도 있다. 또한 집이나 주변인, 개인 정보 등이 노출된 상황에서 피해자가 가해자와의 관계를 정리하거나 법적 대응을 하기가 쉽지 않다. 이런 이유로 많은 피해자가 가해자의 폭력이 심해질까 두려워 참는 경우가 많으며 신고율도 매우 낮은 편이다. 연인 관계에서 일어난 폭력을 사적 영역으로 생각하는 사회적 인식도 해결을 어렵게 만드는 요인이다.

(2) 데이트 폭력의 유형

데이트 폭력은 크게 상대에 대한 행동 통제, 정서적 폭력, 신체적 폭력 및 성적 폭력 등으로 구분할 수 있다〈표 10-16〉. 애정을 전제로 폭력이 행해지는 사례가 많아 피해자가 폭력을 인지하기 어려운 측면이 있다. 가해자가 피해자의 행동이나 태도를 폭력의 원인으로 지목하며 폭력을 정당화하기도 한다.

표 10-16. **데이트 폭력의 유형**

구분	내용
행동 통제	상대에 대한 감시와 통제는 데이트 폭력의 가장 흔한 형태다. 데이트 폭력 가해자는 피해자의 인간관계와 생활반경을 제한하고 통제하려는 경우가 많다. 누구와 있는지 항상 확인하거나 휴대폰이나 이메일, SNS 등을 점검하는 행위, 통화가 될 때까지 계속 전화하기, 옷차림 제한, 친구들을 못 만나게 하거나 다른 상대를 만나는지 의심하고 다른 사람과 통화를 못하게 하는 행위, 일정을 확인하고 간섭하거나 모임 활동 등을 못하게 하는 행위 등이 대표적이다. 결과적으로 피해자는 가족과 친구들로부터 고립되며 데이트 폭력에 대한 도움을 받기 어려워지는 경우가 많다.
정서적 폭력	정서적 폭력은 언어적 폭력과 심리적 폭력을 포함한 개념이다. 언어적 폭력으로는 상대에게 욕을 하거나 모욕하기, 비난하거나 책임전가를 하는 행위, 고함, 위협, 악의에 찬 말 등이 있다. 심리적 폭력으로는 발을 세게 구르거나 문을 세게 닫는 행위, 상대방 소유물을 만지거나 부수는 행위 등이 있다. 죽이거나 때리겠다는 협박, 빌려 간 돈을 갚지 않는 행위 등도 마찬가지다. 상대방이 자신을 만나 주지 않거나 헤어질 경우 자살하겠다고 위협하거나 자해하는 행위 등으로 상대에게 심리적 위협을 가하는 것도 데이트 폭력에 해당한다.
신체적 폭력	상대의 뺨을 때리거나 발로 차는 행위, 팔을 비틀거나 꼬집기, 머리채 잡기, 세게 밀치는 행위 등은 모두 물리적(신체적) 폭력에 해당한다. 거칠게 밀거나 힘껏 움켜잡는 행동, 목을 조르는 행위 역시 마찬가지다. 물건을 던지거나 흉기로 위협, 뜨거운 물이나 불로 화상을 입히는 행위 등도 신체적 폭력에 해당한다. 일부 가해자는 상대방의 반려동물에게 폭력을 행사하거나 죽이는 행위 등으로 폭력을 행사하기도 한다.
성적 폭력	상대방의 동의 없는 스킨십(성희롱)과 성관계(성폭력)를 말한다. 사귀고 있거나 호감을 느끼는 관계에서 상대방의 동의 없이 일방적으로 이뤄진 성관계를 데이트 강간이라 한다. 피해자가 만취한 상황을 악용하거나 약물을 사용하는 경우가 대표적이다. 물리적 폭력을 쓰거나 위협을 통해 관계를 맺는 경우도 있다. 상대가 원하지 않은 방식으로 성관계를 맺은 경우도 마찬가지다. 그러나 상대가 동의하지 않았는데도 연인 관계라는 이유로 자신의 행동이 성폭력이라고 생각하지 않는 경우가 많다. 같은 이유로 피해자가 피해 사실을 제대로 인지하지 못할 수도 있다.

(3) 피해 실태

데이트 폭력의 피해자는 대체로 여성이 남성에 비해 많은 비율을 차지하고 있다. 2016년 2월 한 달 동안 경찰청에서 데이트 폭력 신고 접수 결과 1,306명 중 여성이 1,201명, 남성이 78명으로, 여성이 92%, 남성 8%의 비율을 보였다. 이후 경찰청에 접수된 2016~2018년 3년간의 데이트 폭력 신고 건수는 2016년 9,364건, 2017년 1만 4,136건, 2018년 1만 8,671건으로, 여성이 73.3%, 남성이 26.7%의 비율을 보여, 데이트 폭력 신고 건수의 증가와 함께 남성 피해자의 비율도 증가하고 있음을 알 수 있다.

(4) 국가별 대응사례

데이트 폭력은 우리나라에서만 보이는 문제는 아니며, 전세계적으로 발생하고 있는 사회적인 문제 중의 하나이다. 각 국가별 데이트 폭력에 대한 대응 방안을 살펴보면 〈표 10-17〉와 같다.

표 10-17. 데이트 폭력에 대한 국가별 대응

구분	대응
영국	영국은 1990년대 중반부터 민관 합동으로 가정 폭력 대처 시스템을 마련했으며 2000년대 이후로는 가정 폭력 개념에 데이트 폭력을 추가하였다. 2009년 전과가 있던 전 연인에게 살해당한 클레어 우드(Clare Wood)의 사건을 계기로 일명 클레어법이라 불리는 '가정 폭력 정보공개 청구제도(Domestic violence diclosure scheme)'가 도입되었다. 클레어법은 개인이 배우자나 파트너가 가정 폭력이나 폭력 전과가 있는지를 확인하기 위해 경찰에 정보공개를 요청할 수 있는 제도이다. 가정 폭력이나 데이트 폭력의 잠재적 피해자를 보호하는 것을 목적으로 한다.
미국	미국 역시 영국과 마찬가지로 데이트 폭력을 가정 폭력 개념에 포함하는 추세이다. 연방법인 여성폭력방지법을 통해 여성폭력방지사무소를 설립하고 성폭력 가해자에 대한 총기소지 제한, 검사, 판사, 변호인 등의 인식 교육 등을 진행하고 있다. 또한 핫라인을 설치하고 거주지 지원을 확대하여 피해자와 가해자를 분리하고 피해자를 보호하는 데 중점을 두고 있다.

구분	대응
세계보건기구 (WHO)	세계보건기구(WHO)는 2013년 〈친밀한 관계에서의 파트너에 의한 폭행과 여성에 대한 성범죄에 대한 대응: WHO의 치료와 정책 지침서〉를 발간하여 의료기관이 데이트 폭력 및 가정 폭력, 성폭력 피해 여성에게 적절하게 응대할 수 있도록 안내하고 있다. 해당 지침서에서는 배우자나 파트너에게 폭력을 당한 것으로 보이는 피해자가 의료기관을 방문했을 경우 파트너 폭력을 당했는지 질문하고 폭력 사실이 확인될 경우 피해 진술을 강요하지 않는 선에서 피해자에게 필요한 초기 지원을 즉각적으로 제공할 것 등의 내용을 담고 있다.

(5) 처벌

한국에서 데이트 폭력은 통상적인 폭력 범죄로 처벌한다. 가정 폭력이나 성폭력이 「가정폭력범죄의 처벌 등에 관한 특례법」이나 「성폭력범죄의 처벌 등에 관한 특례법」으로 제재받는 것과 달리 데이트 폭력에 대한 처벌법은 별도로 존재하지 않기 때문이다. 따라서 데이트 폭력은 개별 사건의 특성에 따라 「형법」, 「성폭력범죄의 처벌 등에 관한 특례법」, 「경범죄 처벌법」 등을 적용하고 있다. 스토킹의 경우 「경범죄 처벌법」으로 처벌하고 있으나 10만원 이하의 벌금이나 구류, 과료의 형으로 규정되어 있어 범죄 억제 효과가 미미하다는 비판을 받고 있다.

데이트 폭력에 관한 수사기관이나 사법기관의 인식이 부족한 것도 처벌을 어렵게 하는 요인이다. 또한 폭력 상황이 사적인 공간에서 일어나는 경우가 많아 증거 부족이 되는 경우도 많다. 이런 이유로 데이트 폭력을 가정 폭력의 연장선에서 처벌할 수 있게 하거나 관련 법을 제정해야 한다는 의견이 대두하고 있다. 특히 재범률이 높은 데이트 폭력의 특성상 피해자를 가해자와 분리하여 보호할 수 있는 시스템이 함께 도입되어야 하며 수사기관, 사법기관을 포함해 일반 시민들에게 데이트 폭력에 대한 인식 교육이 이루어져야 한다.

참고문헌

강상구(2005). **성공하는 나의 비전 만들기**. 서울: 도서출판 어드북스.

강선보, 박의수, 김귀성, 송순재, 정윤경, 김래, 고미숙(2008). 21세기 인성교육의 방향설정을 한 이론적 기초 연구. **교육문제연구**, 30, 1-38.

강현주, 조대연(2017). 델파이 조사를 통한 4차 산업혁명시대의 인적자원개발 정책 방향 및 과제 탐색. **HRD연구(구 인력개발연구)**, 19(4), 1-34.

강현진(2008). 개인의 특성과 갈등관리 유형의 관계 연구. 부산대학교 행정대학원 석사학위논문.

강효주(2009). 대인관계성향과 대학생활적응과의 관계. 한국외국어대학교 교육대학원 석사학위논문.

경찰청(2016). 한국형사정책연구원 연구보고서.

고도원(2007). **아침편지 고도원의 꿈 너머 꿈**. 서울: 나무생각.

공영일, 이호, 김경규(2015). 미래 디지털 인재 정의에 관한 연구. 소프트웨어정책연구소.

구자억, 유홍휘, 유연웅, 안수진, 최선애(2019). **인성과 리더십: 4차 산업혁명시대 스워라밸**. 경기: 양서원.

국립국어원(2018). 표준국어대사전.

국민일보(2019. 08. 19.). 4년제 대학생 절반 "진로 아직 결정 못 해"

권석만(2004). **젊은이를 위한 인간관계 심리학**. 서울: 학지사.

권성민, 권경희, 김영희, 김은영, 노미라, 이대현, 이소영, 장현철, 최윤희, 김이영(2017). **NCS기반 창의적인 문제해결**. 경기: 수양재.

권성민, 권경희, 김영희, 노미라, 양승경, 유진영, 이대현, 장현철, 정재용, 김이영(2017). **NCS기반 직업기초능력 효율적인 대인관계**. 경기: 수양재.

권영주(2013). 한국 대학생의 경력역량에 대한 선행연구 분석과 시사점. **취업진로 연구**, 3(2), 21-39.

권은진(2017). 성격 5요인의 구조모형 검증 및 성별에 따른 대학생활적응과의 관계. 숙명여자대학교 대학원 박사학위논문.

권혁제(2001). 고등학교 교사의 갈등요인 및 관리 연구. 동아대학교 교육대학원 석사학위논문.

기획재정부(2019). 시사경제용어사전.

김경희(2014). 대학생활 스트레스와 심리적 안녕감의 관계에서 수용과 전념행동의 조절효과 분석. 전남대학교 대학원 박사학위논문.

김성동(2018). 4차 산업혁명과 인간. 경기: 연암서가.
김세우(2007). 인생을 성공으로 이끄는 셀프 리더십 비전. 서울: 한솔아카데미.
김은영, 김대곤, 김미영, 김이영, 박정연, 심정묘, 이행기, 임용숙, 정다운, 최병태(2016). 인성과 리더십. 경기: 양성원.
김정민(2019). 대학생 직업인성 역량 척도개발 및 타당화. 중앙대학교 대학원 박사학위논문.
김정민, 양승실, 이선호, 김일혁(2014). 한국교육개발원 교육여론조사(연구보고 RR 2014-24). 한국교육개발원.
김정희, 남기덕, 박영호, 송명자, 송인섭, 심응철, 윤가현, 윤영화, 이철원, 이현진(2001). 심리학의 이해. 서울: 학지사.
김주현(2011). 리더 갈등관리스타일이 부하 직무만족에 미치는 영향. 서울시립대학교 경영대학원 석사학위논문.
김중순(2009). 꿈을 디자인하라. 서울: 한솜미디어.
김지원(2017). 인공지능 시대의 새로운 교육패러다임에 대한 연구. 경북대학교 대학원 박사학위논문.
김현숙, 강선모(2013). 내현적 자기애와 대학생활적응과의 관계에서 의사소통능력의 매개효과. 한국청소년학회 청소년학연구, 20(1), 157-176.
김현주, 손은경, 신혜영(2013). 부모교육. 경기: 공동체.
김현철(2017). 4차 산업혁명에 대비한 SW 융합 인재 양성 방안. 서울: 국가과학기술자문회의.
김효원(2005). 가족체계유형 및 진로결정과 대학생활적응과의 관계연구. 숙명여자대학교 대학원 석사학위논문.
남궁달화(1999). 인성교육론. 서울: 문음사.
노승현(2016). 기본심리욕구와 게임전략유형이 대학생활적응에 미치는 영향. 명지대학교 대학원 석사학위논문.
대한상공회의소(2013). 100대 기업이 원하는 인재상 보고서.
동아일보(2013. 03. 07.). 왕따에 떨던 10대, 이젠 '카따' 공포.
두경희, 김계현, 정여주(2012). 사이버 폭력 연구의 동향과 과제: 사이버폭력의 정의 및 유형을 중심으로. 상담학연구, 13(4), 1581-1607.
류태호(2017). 4차 산업혁명 교육이 희망이다 교사, 학부모, 학생을 위한 미래 교육 길잡이. 서울: 경희대학교 출판문화원.
문관식(2010). 내부고객의 성격유형에 따른 직무만족도가 고객지향성에 미치는 영향.
문용린 외(2010). 배려와 나눔을 실천하는 창의인재육성을 위한 창의 · 인성교육 활성화 방안 연구(정책연구2009-019). 한국과학창의재단.

민춘기(2016). 대학생 인성과 시민성 함양을 위한 글로컬 프로그램의 방향. **교양교육연구**, 10(3), 447-486.

박강희(1997). 대학 신입생 대학생활 적응을 위한 집단상담 프로그램 개발 및 효과검증. 계명대학교 교육대학원 석사학위논문.

박상규, 김이영, 손명자(2001). **조망지향적 사회기술훈련**. 대구: 정신재활.

박선환, 박숙희, 이주희, 정미경, 김혜숙(2010). **정신건강론**. 경기: 양서원.

박성미, 허승희(2012). 청소년용 통합적 인성 척도 개발. **아동교육**, 21(3), 35-47.

박옥식(2015). 스마트폰을 이용한 청소년 사이버폭력 가해경험에 관한 연구. 중앙대학교 대학원 박사학위논문.

박윤희(2011). **진로 탐색 및 직업 선택**. 서울: 시그마프레스.

박은희(2014). 성인애착과 대학생활적응과의 관계에서 자아존중감과 대인관계능력의 매개효과. 경일대학교 대학원 박사학위논문.

배선영(2000). 아동의 친구관계의 질과 갈등해결전략의 관계. 연세대학교 대학원 석사학위논문.

배영희(2014). 中間管理者의 리더십과 葛藤管理유형이 組織沒入에 미치는 影響 - 부산, 경남소재 병원대상. 인제대학교 대학원 박사학위논문.

변상우, 허갑수(2014). 비전이 학교생활에 미치는 영향에 관한 연구. **경영과 정보연구**, 33(3). 155-166.

보건복지부, 대한의학회(국가건강정보포털).

서울신문(2008. 03. 18.). 기획기사 [경제 살린 세계의 지도자] 리콴유 싱가포르 前총리.

서정연(2016). 대학생의 의사소통 능력과 대인관계 유능성의 관계에서 분노표현방식의 매개 효과. 단국대학교 일반대학원 석사학위논문.

서혜진(2016). 성격 강점이 대학생활 적응에 미치는 영향: 역경 후 성장의 매개효과를 중심으로. 영남대학교 대학원 박사학위논문.

서희채(2005). 부모애착, 사회적 지지, 분리-개별화가 대학생활 적응에 미치는 영향. 계명대학교 교육대학원 석사학위논문.

손상미(2013). 대학생의 갈등관리 유형과 위험성 음주 및 음주문제와의 관계. 경북대학교 석사학위논문.

손진희(2008). 인성교육 참여가 청소년의 심리 · 사회성숙에 미치는 영향. 중앙대학교 대학원 석사학위논문.

송성수(2017). 제4차 산업혁명 특별기획 ① 역사에서 배우는 산업혁명론. STEP Insight, 207,1-39.

송윤정(2014). 대학생의 전공선택동기, 전공만족도, 교수-학생 상호작용이 대학생활적응에 미치는 영향. 동아대학교 대학원 박사학위논문.

시선뉴스(2016. 06. 29.). 한국인이 가장 많이 사용하는 외래어 '스트레스'
신지연(2014). 생활스트레스와 대학생활적응의 관계에서 자아탄력성과 스트레스 대처전략, 사회적 지지의 매개효과. 대구가톨릭대학교 대학원 박사학위논문.
안미나(2010). 의료종사자의 MBTI 성격유형에 따른 직업스트레스와 직무만족에 관한 연구. 경기대학교 대체의학대학원 석사학위논문.
오장근, 양시영(2018). 독일 인더스트리 4.0의 인문학적 특징과 정책적 대안에 대해서: 독일 일자리정책 사례분석을 중심으로. **문화교류연구**, 7(1), 107-128.
우종옥(2001). **창의적 교육과 인성교육**. 서울: 교육과학사.
유성은(2007). **명품인생을 창조하는 목표관리와 자아실현**. 서울: 중앙경제평론사.
유성은, 유미현(2008). **성공하는 10대의 시간관리와 공부방법**. 서울: 평단문화사.
유영국(1993). 敎育組織의 葛藤管理에 관한 硏究. 단국대학교 대학원 박사학위논문.
이건협(2007). 조직내 커뮤니케이션 유형과 갈등관리방식의 관계에 관한 연구. 단국대학교 행정법무대학원 석사학위논문.
이경순(2013). 경찰조직의 갈등관리방안에 관한 연구: 갈등유형이 조직유효성에 미치는 영향을 중심으로. 단국대학교 대학원 박사학위논문.
이경우, 김경희(2007). **커뮤니케이션과 대인관계**. 서울: 역락.
이수진(2011). 지각된 자율성, 관계성, 유능감과 대학생활에서의 학업성취, 정서적 적응과 주관적 안녕감과의 관계. 한국교육심리학회. **교육심리연구**, 25(4), 903-926.
이영봉(2011). 조직 내 갈등관리전략이 조직유효성에 미치는 영향에 관한 연구. 경원대학교 일반대학원 박사학위논문.
이영희, 이복희, 이현길, 조정융, 김인기, 김종표(2010). **자기주도형 인성과 경력개발**. 서울: 한국전문대학교육협의회.
이왕원, 김문조(2015). 대졸취업자의 임금에 대한 인지적·비인지적 능력의 효과에 관한 연구: 융합인재론의 경험적 검증. **한국HRD연구**, 10(1), 47-76.
이윤선, 권미진(2015). 대학생 인성수준의 종단적 분석. **윤리교육연구**, 36, 259-282.
이인재(2016). 학교 인성교육의 체계적 접근과 교사의 역량. **윤리교육연구**, 39(1), 271-300.
이재명(2006). 정서표현 갈등과 자기효능감이 대학생활 적응에 미치는 영향. 홍익대학교 대학원 석사학위논문.
이재호(2014). 인성의 의미와 인성교육의 방향에 대한 소고. **열린교육연구**, 22(1), 375-390.
이참슬(2020). 4차 산업혁명 시대 인재상 논의에 대한 비판적 연구: 인간교육의 관점을 중심으로. 상명대학교 대학원 박사학위논문.
이한샘(2014). 대학생이 인식하는 주요 발달과업과 대학생의 적응에 대한 연구. 연세대학교 대학원 박사학위논문.
임현진(2015). 대학생의 창의·인성에 영향을 미치는 변인들 간의 구조관계 규명. 이화여자대학교 대학원 박사학위논문.
장덕호(2018). 최근 교육정책 환경 분석과 향후 변화 전망. 한국교육개발원.
장해순(2003). 갈등관리전략에 대한 상호인식과 의사소통능력이 상호관계에 미치는 영향. 경희대학교 대학원 박사학위논문.
장현철, 권경희, 권성민, 김영희, 노미라, 양승경, 유진영, 이대현, 정재용, 김이영(2017). NCS기반 직업기초능력 효율적인 의사소통. 경기: 수양재.
전겸구, 김교헌, 이준석(2000). 개정판 대학생용 생활스트레스 척도 개발 연구. 한국심리학회지: 건강, 5(2), 316-335.
정보현(2012). 비전수립 코칭 프로그램이 방과후 아카데미 아동의 자기효능감과 진로성숙도 및 성취동기에 미치는 효과. 동아대학교 대학원 박사학위논문.
정세종(2005). 경찰조직 내 갈등관리방식이 조직유효성에 미치는 영향에 관한 연구. 동국대학교 대학원 박사학위논문.
정용주(2006). 갈등관리유형이 리더신뢰와 이직의도에 미치는 영향에 관한 연구. 경기대학교 대학원 박사학위논문.
정진선, 문미란(2005). 인간관계의 심리. 서울: 시그마프레스.
정창우(2017). 생애 단계별 인성교육 실천 모델의 모색. The SNU Journal of Education Research, 26(1), 141-168.
정철상(2011). 가슴 뛰는 비전. 서울: 중앙생활사 .
정태영, 이기엽(2005). 대졸자 취업결정요인에 관한 연구. Korea Business Review, 8(2), 159-184.
조난심, 문용린, 이명준, 김현수, 김현지, 이우용(2004). 인성 평가 척도 개발을 위한 기초연구(연구보고 CRC 2004-4-14). 한국교육과정평가원.
조성진, 지희진(2014). 바른 인성과 자기계발. 경기: 정민사.
조연순(2007). 초등학교 아동의 특성 변화와 인성교육의 요구. 한국초등교육학회 학술대회. 초등학교 인성교육의 현상과 과제, 15-38. 12월 1일. 서울교육대학교.
차동엽(2008). 무지개 원리. 서울: 위즈앤비즈.
천세영, 김왕준, 성기옥, 정일화, 김수아(2012). 인성교육 비전 수립을 위한 정책 연구(2012-41). 교육과학기술부.
최숙영(2018). 4차 산업혁명 시대의 디지털 역량에 관한 고찰. 컴퓨터교육학회 논문지, 21(5).
최혜경, 강진경, 신수진(2004). 사랑학. 경기: 교문사.

한국고용정보원(2006). 청년층 직업지도프로그램.

한국산업인력공단(2016). 대인관계능력 교수자용 워크북. 한국산업인력공단.

한국산업인력공단(2016). 대인관계능력 학습자용 워크북. 한국산업인력공단.

한국산업인력공단(2016). 문제해결능력 교수자용 워크북. 한국산업인력공단.

한국산업인력공단(2016). 문제해결능력 학습자용 워크북. 한국산업인력공단.

한국산업인력공단(2016). 의사소통능력 교수자용 매뉴얼. 한국산업인력공단.

한국산업인력공단(2016). 의사소통능력 학습자용 워크북. 한국산업인력공단.

한국일보(2019. 08. 04). "대학 졸업 전 취업 목표 세워야 평균소득 높아져"

한국정보통신기술협회(2019). 정보통신용어사전.

한국컴퓨터교육학회(2018). 4차 산업혁명 시대의 디지털 역량에 관한 고찰.

한비야(2005). **지도 밖으로 행군하라**. 경기: 도서출판 푸른숲.

한제인(1995). 아동의 사회측정 지위에 따른 갈등해결전략 사용에 따른 연구. 숙명여자대학교 대학원 석사학위논문.

헤럴드경제(2013. 12. 19.). 〈왕따보다 무서운 사이버 학교폭력〉 "채팅방 욕설 다 보기 전엔 나갈 수 없어요"

황여정, 백병부(2008). 대졸 청년층의 노동시장 성과 결정요인. **고용직업능력개발 연구**, 11(2), 1-23.

황지인(2009). 재한 중국 유학생의 문화적응 스트레스와 대학생활 적응간의 관계. 원광대학교 대학원 석사학위논문.

Amabile, T. M. (1983). *The social psychology of creativity*. New York: Springer-Verlag.

Anderson, N. H. (1965). Averaging vs adding as a stimulus-combination rule in impression formation. *Journal of Experimental Psychology, 70,* 394-400.

Arkoff(1968). *Adjustment and mental health*. New York, McGraw-Hill.

Ashby, J. S., & Schoon, I. (2010). Career success: The role of teenage career a spirations, ambition value and gender in predicting adult social status and earnings. *Journal of Vocational Behavior, 77*(3), 350-360.

Baker, R. W. & B. Siryk. (1984). Measurity Adjustment to College. *Journal of Counseling Psychology. 31*(2). 179-189.

Barrick, M. R., & Mount, M. K. (1991). The big five personality dimensions and job performance: A meta-analysis. *Personnel Psychology, 44*(1), 1-26.

Berscheid, E., & Walster, E. (1974). A little bit about love. In T. L. Houton(Ed.). Foundations of Interpersonal attraction. *New York Ac ademy Press.* 359-374.

Biddle, B. J., Bank, B. J., & Slavings, R. L. (1987). Norms, preferences,identities and retention decisions. *Social Psychology Quarterly, 50,* 322-337.

Blanchard, Kenneth & Stoner, Jesse(2006). **비전으로 가슴을 뛰게 하라.** [Full steam ahead] (조천제 역). 경기: 21세기북스(원저 출판: 2003년).

Burnett, J. R., & Motowidlo, S. J. (1998). Relations between different sources of information in the structured selection interview. *Personnel Psychology, 51*(4), 963-983.

Cheng, H., & Furnham, A. (2012). Childhood cognitive ability, education, and personality traits predict attainment in adult occupational prestige over 17 years. *Journal of Vocational Behavior, 81*(2), 218-226.

Csikszentmihalyi, M. (1997). *Creativity: Flow and the psychology of discovery and invention.* New York: Harper Perennial.

Datu, J. A. D. (2012). Drawing predictive determinants of college adjustment: perspectives from two private sectarian collegiateinstitutions. *Journal of Arts, Science & Commerce, 3,* 16-24.

Deming, D. J. (2017). The growing importance of social skills in the labor market. *The Quarterly Journal of Economics, 132*(4), 1593-1640.

Deutsch, M. (1973). *The resolution of conflict.* New Haven: Wale University Press.

Ellis, Dave(2009). **세계 최고의 학습법.** [Becoming a master student] (펍헙 번역그룹 역). 경기: 아시아코치센터(원저 출판: 2006년).

Entwisle, D. R., Alexander, K. L., & Olson, L. S. (2009). The adult transition of at-risk youth: Mode of exit from high school. *Journal of Sociological Research, 1*(1), 1-30.

Gardner, H., Csikszentmihalyi, M., & Damon, W. (2008). *Good work: When excellence and ethics meet.* New York, NY: Basic Books.

Garmezy, N. (1994). Reflections and commentary on risk, resilience, and development. In R. J. Haggerty, L. R Sherrod, N. Garmezy, & M. Rutter (Eds.), *Stress, risk and resilience in childrenand adolescents.* New York Cambridge: Cambridge University Press.

Gerdes, H., & Mallinckrodt, B. (1994). Emotional, social, and academic adjustment of college students: A longitudinal study of retention. *Journal of Counseling & Development, 72*(3), 281-288.

Guilford, J. P. (1967). *The nature of human intelligence.* New York: McGraw-Hill.

Hall, M., & Farkas, G. (2013). Adolescent cognitive skills, attitudinal/behavioral traits and career wages. *Educational Studies, 3*, 25-58.

Hays, R. B., & Oxley, D. (1986). Social network development and function ingduring a life transition. *Journal of Personality and Social Psychology, 50,* 305-313.

Heckman, J. J., & Rubinstein, Y. (2001). The importance of non cognitive skills: Lessons from the GED testing program. *American Economic Review, 91*(2), 145-149.

Heckman, J. J., Stixrud, J., & Urzua, S. (2006). The effects of cognitive and non cognitive abilities on labor market outcomes and social behavior. *Journal of Labor Economics, 24*(3), 411-482.

Hitt, W. D. (1988). *The Leader-Manager; Guidelines for Action Columbus.* OH: Battelle Press.

Holland, J. L. (1985). *Making vocational choices: A theory of vocational personalities and work environments.* Englewood Cliffs, NJ: Prentice-Hall.

Hunter, J. E. (1986). Cognitive ability, cognitive aptitudes, job knowledge, and job performance. *Journal of Vocational Behavior, 29*(3), 340-362.

Johnson, W., Brett, C. E., & Deary, I. J. (2010). The pivotal role of education in the association between ability and social class attainment: A look across three generations. *Intelligence, 38*(1), 55-65.

Lancaster, L. C., & Stillman, D. (2002). *When generations collide: Who they are, why they clash, how to solve the generational puzzle at work.* New York, NY: Harper Collins.

Lazarus, R. S. (1976). *Pattern of adjustment.* New York: McGrow-Hill.

Luthans, Fred(1985). *Organiztional Behavior(3rd).* New York: McGraw Hill.

MacLeod, Les(2012). Making SMART Goals Smarter. *Physician Executive, 38*(2), 68-70.

Maslow, A. H. (1971). *Motivation and Personality.* New York: Happer & Raw.

McGowan, J. F., & Porter, T. L. (1967). *An introduction to the vocational rehabilitation process.* Washington, DC: US Department of Health, Education, and Welfare, Vocational Rehabilitation Administration.

OECD(2015c). OECD skills outlook 2015: Youth, skills and employability. OECD, Paris, France. Retrieved October, 4, 2018, from http://www.oecd.org/edu/oecd-skills-outlook-2015-9789264234178-en.htm.

Ones, D. S., Dilchert, S., Viswesvaran, C., & Judge, T. A. (2007). In support of personality assessment in organizational settings. *Personnel Psychology, 60*(4), 995-1027.

Pappas, J. P., & Loring, R. K. (1985). Returning learner. In L. Noel, R. Levitz & D. Saluri (EDs.), *Increasing student retention: Effective programs and practices for reducing the dropoutrate*(138-161). San Francisco, CA: Jossey-Bass.

Rhodes, M. (1961). Ananalysis of creativity. *The Phi Delta Kappan, 42*(7), 305-310.

Rothstein, R. (2004). *Class and schools: Using social, economic, and educational reform to close the black-white achievement gap*. Washington, DC: Economic Policy Institute.

Ryan, A., & Shim, S. (2007). Social achievement goals: The nature and consequences of different orientations toward social competence. *Personality and Social Psychology Bulletin, 73*(4), 1246-1263.

Schwab, K. (2015). The Fourth Industrial Revolution: What It Means and How to Respond. Foreign Affairs.

Schwab, K. (2016). The fourth industrial revolution. Retrieved October, 8, 2017, from http://www.weforum.org/.

Schwab, K. (2016). **제4차 산업혁명.** [Fourth industrial revolution] (송경진 역). 서울: 새로운 현재 (원저 출판: 2016년).

Stone, R. (2014). *Textbook on civil liberties and human rights*. Oxford, UK: Oxford University Press.

Sullivan, W. M. (2016). *The power of integrated learning: higher education for success in life, work, and society*. Sterling, VA: Stylus Publishing.

Terenzini, P. T., Lorang, W. G., & Pascarella, E. T. (1981). Predictingfreshman persistence and voluntary dropout decision: Areplication. *Research Higher Education, 15*, 109-127.

Thomas, K. W., & Kilmann, R. H. (1975). *Thomas-Kilmann Conflict mode in strument.* New York: XICOM, Tuxe do.

Torrance, E. P. (1974). *Torrance tests of creative thinking. Lexington,* MA: Personnel Press.

Tracy, Brian(2003). **목표, 그 성취의 기술.** [Goals!] (정범진 역). 서울: 김영사(원저 출판: 2003년).

Treffinger, D., & Isaken, S. G. (2005). Creative problem solving: The histroy, development and implications for gifted education and talent development. *Gifted Child Quartely, 49*(4), 342-353.

Williams, M. M., & Schaps. E. (1999). *Character education: The foundation for teacher education: Report of the National Commission on Character Education.* Washington, DC: Character Education Partnership.

World Economic Forum(2016). New vision for education: Fostering social and emotional learning through technology.

World Economic Forum(2016). The 10 skills you need to thrive in the Fourth Industrial Revolution.

World Economic Forum(2016). The Future of Jobs: Employment, Skills and Workforce Strategy for the Fourth Industrial Revolution.

World Economic Forum(2016). New vision for education: Fostering social and emotional learning through technology.

국가직무능력표준. www.ncs.go.kr

공무원닷컴. 0muwon.com

네이버 지식백과. terms.naver.com

다음 백과. 100.daum.net

메가스터디북스 유튜브. www.youtube.com/watch?v=T9nQUUvfFC8

미래써어치 컨설팅. www.miraesearch.co.kr

세계경제포럼. www.weforum.org

위키백과. ko.wikipedia.org

한국 MBTI연구소. www.mbti.co.kr

행동유형진단프로그램 DiSC. www.idisc.co.kr

찾아보기

ㅇ

ㅈ

저 / 자 / 소 / 개

- **김은영**
  수성대학교 유아교육과 교수

- **이우언**
  수성대학교 사회복지과 교수

- **김영아**
  수성대학교 간호학과 교수

- **김영희**
  수성대학교 피부건강관리과 교수

- **김이영**
  수성대학교 유아교육과 교수

- **노미라**
  수성대학교 스포츠레저과 교수

- **이종화**
  수성대학교 치기공과 교수

- **장현철**
  수성대학교 방사선과 교수

4차 산업혁명 시대
인성과 리더십

1판 1쇄 인쇄 ― 2021년 4월 12일
1판 1쇄 발행 ― 2021년 4월 16일

저 자 - 김은영 이우언 김영아 김영희
김이영 노미라 이종화 장현철
발 행 인 - 강철원
발 행 처 - 양성원
주 소 - 경기도 파주시 검산로 173번길 29-20
전 화 - 031-946-3861(代)
팩 스 - 031-946-3864
이 메 일 - tnwpub@naver.com
홈페이지 - tnwpub.co.kr
출판등록 - 2015년 8월 31일 제 2015-000211 호

ISBN 979-11-6126-375-5

정가 19,000원